千年海盗

李子迟 编著

重庆出版集团 重庆出版社

图书在版编目（CIP）数据

千年海盗/李子迟编著.—重庆：重庆出版社，2009.7
ISBN 978-7-229-00794-2

Ⅰ.千… Ⅱ.李… Ⅲ.海盗—历史—世界 Ⅳ.D59

中国版本图书馆 CIP 数据核字（2009）第 093888 号

千年海盗
QIANNIAN HAIDAO

李子迟　编著

出　版　人：罗小卫
统筹策划：温远才　李　媛
责任编辑：饶　亚
责任校对：杨　婧
装帧设计：回归线视觉传达

重庆出版集团
重庆出版社　出版

重庆长江二路 205 号　邮政编码：400016　http://www.cqph.com
北京嘉业印刷厂制版印刷
重庆出版集团图书发行有限公司发行
E-MAIL: fxchu@cqph.com　电话：023-68809452
全国新华书店经销

开本：787mm×1092mm　1/16　印张：14　字数：203 千字
2009 年 7 月第 1 版　2009 年 7 月第 1 次印刷
ISBN 978-7-229-00794-2
定价：28.00 元

如有印装质量问题，请向本集团图书发行有限公司调换：023-68706683

版权所有　侵权必究

前言

海盗简史
——从"骷髅旗"、"私掠船"到现代化海军

丹麦人绘出的维京人

我的海盗的梦,我的烧杀劫掠的使命
在暗蓝色的海上,海水在欢快地泼溅,
我们的心如此自由,思绪辽远无边。
广袤啊,凡长风吹拂之地、凡海波翻卷之处,
量一量我们的版图,看一看我们的家乡!

——拜伦《海盗生涯》

海盗,就是指那些专门在海上抢劫其他船只、财物或对人实施暴力行为的犯罪者。这是一门相当古老的犯罪行业,自有船只航行以来,就有海

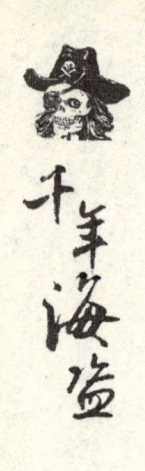

盗的存在。有人说,海盗行业是继卖淫、行医之后,人类第三个最古老的江湖行业。此话不无道理。

特别是航海大发展的16世纪之后,只要是商业发达的沿海地带,就有海盗出没。此犯罪行业的主要特点是:海盗多非单独的犯罪者,往往是以犯罪团体的形式打劫。

根据1982年制定的《联合国海洋法公约》,海盗行为包括任何基于个人利益的暴力、拘禁、掠夺,它是由海盗船或海盗飞行器的乘员发动,直接针对公海上的其他船只、飞行器,或者船只、飞行器上的乘员的行为。它也可以是任何在各国管辖范围之外针对船只、飞行器的攻击行为。

其实,早在1962年9月30日颁布的日内瓦《公海公约》中,对"海盗"一词下的定义与《联合国海洋法公约》的内容也是大同小异的:它包括私人船只和飞机在公海上进行的旨在牟取个人暴利的一切不法的暴力行动、绑架或劫掠。

海盗行为的历史,可以追溯到3000年以前。但其行为的准确定义,必须联系到"海盗"这个词。在英文中,"海盗行为"这个词有很多不同的意思。而在今天,这个词本身的一些意思已经几乎用不上了。

"海盗行为"这个词,最早的使用是在17世纪之前。海盗行为最早出现在荷马的两部史诗《伊利亚特》和《奥德赛》中。在之后的很多年里,"海盗行为"这个词仍然没有统一的定义。

而海盗"pirate(peirato)"这个词,则是在大约公元前140年被古罗马史学家波利比奥斯第一次使用。希腊史学家布鲁达克在公元100年左右给海盗行为下了最早的定义,他形容海盗为那些非法攻击船只以及沿海城市的人。公元9世纪到11世纪的挪威掠夺者不被称为海盗,人们叫他们"丹麦人"或者"维京人"。在中世纪的英格兰,这个词的另外一个比较流行的意思是"海贼"。与现代词汇连接最紧密的海盗解释出现在18世纪,即为"歹徒"。这表示,即使你不是军人,也可以随时杀死他们。最早的国际法中,也包括了关于针对海盗的法令。这是由于大部分海盗都在所有国家的国界之外活动。

Pirate来源于希腊语peira,意为"动机、经历",它暗示着"在海上撞大运",这个词和Peril(危险)同源。pirate的基本意思是指海上抢劫者;而

piracy 则是指在海军部的司法权以内的海上掠夺。Pirate 还有"盗版"之意，海盗由此也可以说是盗版海军。

海盗也可以称为江洋大盗。"江洋大盗"这个词，在中国最早出现于明朝。凌濛初《初刻拍案惊奇》卷十九云："小妇人父及夫，俱为江洋大盗所杀。"文康《儿女英雄传》第 21 回说："他一向本是江洋大盗，因他善于使船，专能抢上风，趄顺水。"

在东方语境中，江洋大盗已是为害甚烈，但与西洋的海盗相比，却只是小巫见大巫。西洋历史上，对海盗的记述可谓史不绝书。在西方文学作品中，海盗多是瞽目持刀之徒，飘零海上，劫船为业。

在世界上，有相当多的典籍记载海盗的行迹。因此，有许多古老的词汇专称某一时期的海盗。

如中文的倭寇，一般指 13 世纪至 16 世纪期间（中国主要是明朝时期），以日本为基地，活跃于朝鲜半岛及中国大陆沿岸的海上入侵者。据说，郑和下西洋的一个重要任务，就是肃清当时在南洋一带的海盗。其相对应的西方入侵者，是维京人和海上民族。倭寇曾被归于海盗之类，但实际上其抢掠对象并不是船只，而是陆上城市。随着时间的推演，倭寇一词所指的，不一定都是来自日本的海盗。《明史·日本传》记载"大抵真倭十之三"，即真正的日本海盗大概只占 30%；而朝鲜正史《世宗实录》亦记载"然其间倭人不过一二而本国民假着倭服成党作乱"。可见，所谓的倭寇，80% 以上不是真正的日本人，而是朝鲜人或中国人等冒名或混杂其间作乱。

英文的"buccaneer"，则尤指 17 世纪至 18 世纪在西印度群岛掠夺西班牙船只的海盗（一般译成"巴肯尼亚海贼"）。他们包括英国人、法国人、荷兰人等，都是海上强盗兼冒险家。

英文里还有个词叫"私掠船"，也叫"官方海盗"（Rrivateers）。他们其实就是被政府招安的海盗。政府给一些海盗船发"证书"，允许他们抢劫敌对国家的船只。美国 1787 年宪法就曾专门规定国会有权给私掠船颁发证书。

有时，西方政府竟赐予海盗代表本国参战的权利。最流行的形式，就是颁发给私人船只的所有者一个许可。他们可以代表国王攻击敌方船只——也就是私掠者。但事实上，很多私掠者在被敌国俘虏之后，都会无

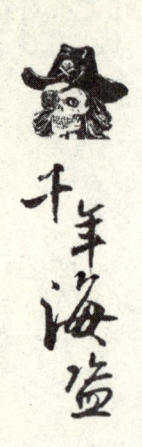

视他们拥有的许可而被作为非法的歹徒受到审判。

于是,随着时间的推移,"海盗"一词便出现了不少同义词,如"捕敌私船船主"、"劫敌船船主"、"海上走私者"等,但它们的含义都是指"海上强盗"。

1691年至1723年这段时间,被称为30年的海盗"黄金时代",成千上万的海盗活动在商业航线上,这个时代的结束以巴沙洛缪·罗伯茨的死为标志。

此外,有许多伟大的政治家、探险家也都出身于海盗家庭。如台湾郑氏王朝郑成功的父亲郑芝龙原是海盗,在"英西战争"中立下大功的英国航海家、探险家弗朗西斯·德雷克等。丹麦国王胡尔丹之子、后来自己也当上丹麦国王的海尔戈也是一个狂热的海盗。海尔戈生性狂暴,执政3年后,主动把政权交给弟弟哈拉利德,自己则干起了海盗行业。同一时期的挪威国王科列斯和日德兰半岛(今丹麦)公爵霍尔文季尔二人均为著名海盗。挪威王子奥洛绰号"快如风",受父王之命当了海盗,以便把其他强盗赶出海域。他在海上强大无比,实力雄厚,消灭了70个著名的海上强盗。

古代的海盗头子,许多是独眼龙。据说在16世纪以前,六分仪还没有被发明出来,用来确定海上坐标的是一种叫做"直角器"的东西。所谓直角器,是一种T形的木制量具。使用时先将其放在眼睛前,再将横向的长轴与水平线重合,而垂直的指针则需要指向太阳,操作者往往需要长时间直视太阳,因此有许多航海者活活看瞎了一只眼睛。当然,也有很多是在交战中失去眼睛的。

通常由于电影、游戏和动画片的关系,海盗船长留给人们的印象总是独眼、木腿、缺胳膊或断臂上套上一个鱼钩、脸上一道伤疤,总之不这样便没有霸气、匪气。而在真实的历史中,海盗船长长得和普通人一样,只不过船长的衣服的确比普通水手干净一些罢了。无论是海盗头还是一般海盗,都要遵守严格的纪律。

西方国家奉行重工商政策,政府大力兴办工业和发展海外通商贸易,同时也鼓励国人去海外从事商业活动,进行殖民与掠夺。许多西方国家和民族以当海盗为荣,视海盗为海洋勇士。德国的伊奥阿希姆·马耶尔教授说:"从前,海盗行为不仅得到允许,而且得到鼓励,因为人们认为这是光荣的事业。同平民中那些以强悍和勇猛而著称的勇士一样,国王和王子们也从事这一行业。"

这种对海盗的传统看法,至今仍在社会各个方面反映出来。英国有"海盗节",其老刀牌香烟以海盗为商标。北欧各国(挪威、瑞典、丹麦、冰岛等)也都有"海盗节"。挪威足球队称"北欧海盗团",男称海盗,女称挪威女海盗;瑞典足球队素称"北欧海盗"。英美有海盗式轰炸机、海盗Ⅰ型攻击机,美国航空航天局有火星探测器"海盗1"号和"海盗2"号等。

古代著名的海盗有地中海海盗(包括腓尼基人、迦太基人、克里特人、第勒塞尼亚人、色雷斯人、科西嘉人、撒丁人、希腊人、西利西亚人、伊利里亚人、阿拉伯人、北非人、土耳其人等)、北欧维京人(主要是瑞典人、挪威人、丹麦人、冰岛人)、太平洋上的波利尼西亚人、中国东海的倭寇(包括日本人、朝鲜人、中国人)、美洲加勒比海盗(他们大多数实际上是英国人)等。

随着人类文明的不断进步,海盗已渐渐失去生存的基础。但是,近几年,亚洲的印尼与马来西亚(马六甲海峡一带)、西非的尼日利亚沿海与几内亚湾、东非的索马里与也门(红海、曼德海峡、亚丁湾一带)的海盗出没较多。

尤其是2008年下半年以来的索马里海盗极端猖獗,搅得国际社会惶恐不安。中国出兵船护航,为前所未有之举。

在西方文学作品中,对海盗的形象总是付诸浪漫主义的描述,这当然与海盗的开拓精神有关。这些四海为家的海上强人,总给人十分惊喜的感觉。也许是因为17世纪地中海的海盗盛行,英国大诗人拜伦1814年的诗集《海盗》在发售当天便卖出1万册。拜伦之后,海盗的形象便频频出现在戏剧与芭蕾之中。

海盗的生活是残酷和艰苦的,但也是充满激情的,他们的故事在后世的民间传说中成了传奇。拜伦在《海盗生涯》中写道:"在暗蓝色的海上,海水在欢快地泼溅。我们的心是如此自由,思绪辽远无边。广袤啊,凡长风吹拂之地、凡海波翻卷之处,量一量我们的版图,看一看我们的家乡!这全是我们的帝国,它的权力到处通行……"

与海盗有关的游戏,如《怒海争霸》、《大航海时代》、《海狗》、《海盗王》、《新海盗王》等,动漫有《海贼王》,还有迪斯尼乐园里的海盗船;蔡依林则有一首歌曲就叫《海盗》,以及汤姆·史密斯的《像海盗一样交谈日》(每年9

月 19 日);小说与电影则有《喋血船长》、《小飞侠》、《虎克船长》、《金银岛》、《A 计划》等,而以《加勒比海盗》系列最为著名。

　　1883 年英国作家斯蒂文森的小说《金银岛》,使得骷髅船头海盗的形象赫然高大起来。海盗在此后的形象,总是与酗酒、女人、黑眼罩、假肢、鹦鹉相关——那便是"黑胡子"爱德华·蒂奇的"标准照"。西方海洋文明诞生了海盗文化,并将其美化。近年来的电影《加勒比海盗》便是一例,其第一集《"黑珍珠"号的诅咒》于 2003 年首映,引起全球轰动,海盗仿佛成了敢爱敢恨、敢作敢为、有勇有谋、叱咤风云的"海洋英雄"的化身。

　　"杀了上帝以后,我就是神!"他们叫嚣道。

目录 contents

前言 /1

上卷 | 当今海盗

第一章 索马里海盗——当今全球关注的焦点 /3

- 1 索马里海盗概况 /11
- 2 可怕的索马里海域 /23
- 3 重要海盗劫持事件 /28
- 4 国际力量联合出动 /37
- 5 中国如何与海盗"结缘" /41
- 6 中国军民"VERY GOOD" /44
- 7 索马里海盗问题的出路 /49

真实版「加勒比海盗」：美国姑娘从海盗枪口下逃生

今日「海盗王」：埃弗亚

中国记者：勇闯「海盗之乡」

第二章 马六甲海盗——"海盗集散地"已略为平静 /53

- 1 马六甲海峡概况 /61
- 2 马六甲海盗曾猖獗一时 /65
- 3 新马印三国警方合力打击海盗 /70

「他们什么都敢劫」

他在马六甲海峡抓海盗

1

第三章　尼日利亚海盗——"江洋大盗"的乐园 /74

　　1　尼日利亚及其海盗简要　/74
　　2　最近尼日利亚海盗事件　/76

第四章　当今海盗综述 /81

　　1　当今海盗三大活动"宝地"　/81
　　2　当今海盗三大类型　/83
　　3　当今海盗袭击五大招　/84
　　4　当今海盗强悍更胜"前辈"　/86
　　5　当今海盗为何日益猖獗？　/88
　　6　反海盗还应包括"反恐"　/90

下卷 | 古代海盗

第一章　地中海海盗——罗马帝国的死对头　/95

1	地中海及其海盗概要	/108
2	罗马帝国的难去之痒	/111
3	拜占庭帝国的破国之痛	/114
4	欧洲经济发展的拦路石	/115

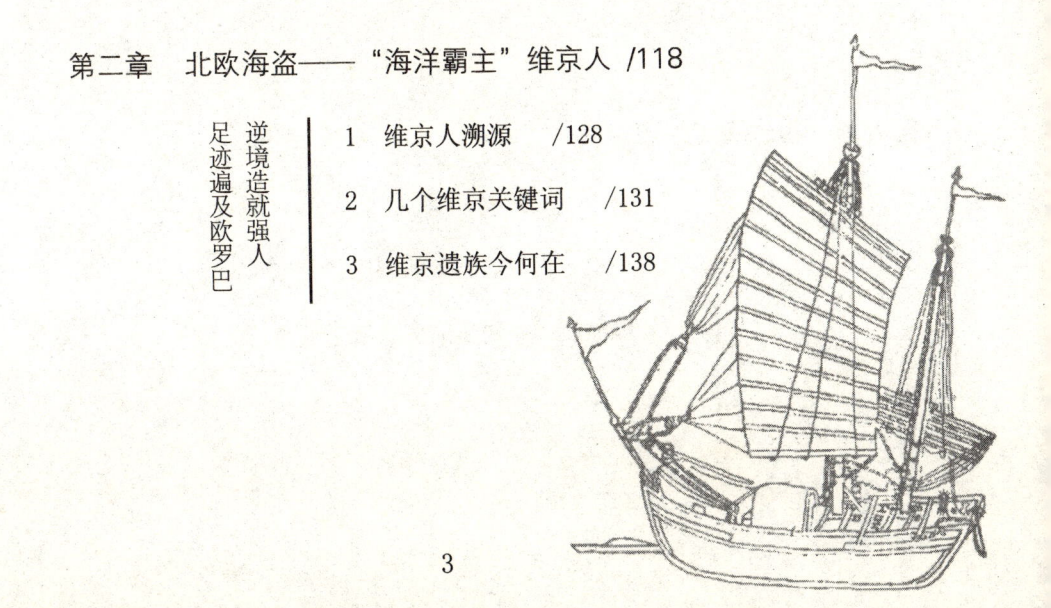

西里西亚人：让少年凯撒做了阶下囚

"巴巴罗萨"：史上绝无仅有的海盗王国

阿拉伯海盗：延续《一千零一夜》的传说

第二章　北欧海盗——"海洋霸主"维京人　/118

1	维京人溯源	/128
2	几个维京关键词	/131
3	维京遗族今何在	/138

逆境造就强人

足迹遍及欧罗巴

第三章　东海海盗——臭名昭著的"倭寇"　/143

1　前期倭寇与后期倭寇　/155

2　嘉靖时期倭患　/158

3　王直其人及后世对他的评价　/160

应永之战：事关对马岛倭寇

东海枭雄：中国历史上的海盗代表

郑和下西洋：剿灭世界最大海盗集团

第四章　加勒比海盗——"黑珍珠"的诅咒　/167

1　从当今一部著名电影说起　/187

2　加勒比海与西印度群岛　/189

叱咤风云的『海上王』：德雷克、基德船长、黑胡子、罗伯茨、黑山姆……

他们同样离奇：该时期另四位欧洲海盗

第五章　古代海盗综述　/194

1　史上五大海盗时期　/194

2　史上七大臭名昭著的海盗岛　/201

3　骷髅旗："快乐的罗杰"　/203

4　亡命大洋，自尝苦果　/206

后记　/211

上卷 当今海盗

第一章

索马里海盗——当今全球关注的焦点

真实版"加勒比海盗":美国姑娘从海盗枪口下逃生

2006年暑期,《加勒比海盗2》开始在英国上映。人们在银幕上看到了一个滑稽可爱、喜欢冒险的海盗形象。但在现实生活中,海盗可不是这个样子。犯罪和暴力困扰着公海,21世纪的海盗手里拿的是冲锋枪,不是弯刀短剑,他们不仅要钱还要命。

同年7月6日,英国《每日电讯报》向人们讲述了一个真实的海盗故事:25岁的美国姑娘吉米和她的家人如何从一群现代海盗手中死里逃生……

吉米和她的家人2005年3月在距也门海岸不远的地方遭遇海盗袭击,与全副武装的海盗进行殊死搏斗后,奇迹般地击退了海盗。恐怖的情景和近乎神话的结局,通常只在好莱坞大片里才出现。吉米现在回忆说:"那简直是一部激烈的西部枪战片。"

当时,吉米的叔叔罗德和婶婶贝吉决定开着自己的游艇进行一次环球航行。他们从亚洲出发,以色列是终点站,并邀请吉米加入此次航行的最后一段路程。"听到这个消息时,我特别激动,想都没想就答应了。"吉米说,"我12岁就会潜水了,从小就跟船和海打交道。有这么好的一个航海机会,实在是太难得了!"于是,她放下手头的工作,从夏威夷的檀香山飞到泰国,加入罗德叔叔一行。

罗德是一名退休的美国海军军官,他和妻子贝吉有十几年的航海经验。贝吉告诉记者:"我们一起动手造了一条船,有15米长。从1995年起,我们就一直住在船上,开着它去过25个国家。"罗德很喜欢这种悠闲自在的生活方式,他亲自制订了这次环球航行计划,还列出了一个长长的单子,里面的停靠点包括澳大利亚、俄罗斯、苏丹等。

吉米参与的这段旅程从泰国开始,经过印度,最后抵达亚丁湾。亚丁湾位于红海和阿拉伯海的中间,是夹在索马里和也门两国之间的一段狭长水域。这一带海盗活动十分猖獗,自古以来就是臭名昭著的不安全水域。为了保险,吉米一家和另一对来自波士顿的美国夫妇结伴而行,一方面两条船互相有个照应,另一方面也希望人多些,海盗攻击前也会有所忌惮。

开始一切还算平静。到3月8日,两条船离开泰国已整整1个月,他们当时在距也门海岸近50公里的海上航行。吉米刚从值班岗位上下来休息。由于当天早些时候她发现有两条小木船在离他们很近的地方行驶,临睡前她感觉有点不安。"航海时,每条船都有自己的空间。很少有船只离你这么近。而且,那两条船虽然看起来是渔船,却看不到捕鱼的装置。船上只有几个人冲我们挥手。"

后半夜,吉米被枪声惊醒了,一颗子弹划过她头顶,打进舱内。十三四个人拿着枪,已经冲上了他们船的甲板。但行伍出身的罗德丝毫不示弱,频频开枪还击。吉米吓坏了,躲在甲板下面,从舷窗里看到海盗正向罗德叔叔发动攻击。吉米说:"叔叔很勇敢,打死了两三个海盗,打伤了4个。外面子弹嗖嗖地飞来飞去,船上的火警警报器大声响着。"

罗德他们和海盗苦苦周旋。不久,遭遇顽强抵抗的海盗终于放弃攻击,从船上撤离了。枪声一停,罗德马上用无线电向海军和海岸警卫队求救,但两边都没有回应。幸运的是,两艘船只受了轻微的损伤,仍能按原计划继续航行,最后平安到达以色列。

如今,回想起当时的场景,吉米仍心有余悸:"海盗肯定以为我们跑不掉了,说不定想活捉我们当人质。我那时就下定决心,宁死也不让他们伤害或强奸我。多亏罗德叔叔!如果不是他勇敢地用枪还击,我恐怕早就不在人世了。"

今日"海盗王":埃弗亚

• 手下有个"海军陆战队"

眼下,威胁最大的索马里海盗,正是在2008年11月13日晚上劫持中国渔船"天裕8"号的那一伙人。他们以埃尔村为老巢，能对距海岸600公里水域内航行的各种船舶发动袭击。2008年以来，他们已经靠劫持过往船只勒索到了3000万美元的赎金。

带领这批海盗的阿巴迪·埃弗亚，对外号称"索马里海军陆战队司令"。他是娃娃兵出身，从小就心狠手辣。

1991年，索马里的西亚德政权被推翻，全国陷入军阀混战的乱局。当时，年仅12岁的埃弗亚被家乡邦特兰省的军阀抓去当兵，并很快以勇猛、毒辣而在军营里站稳了脚跟。一个熟悉埃弗亚的索马里记者说："有一次，埃弗亚随军阀头目杀回他出生的村子，当发现父母早已因贫困病死后，他一把火烧了整个村子。那一年他才15岁！"

埃弗亚这次的"勇猛表现"，令军阀头目当即对他刮目相看，很快就让他当上了排长，并在两年内将其提升为分队司令。然而，这并不能让贪婪的埃弗亚感到满足。21岁那年，他率亲信将一手提携他的军阀头目乱枪打死，自立为王，抢得邦特兰省头号军阀的交椅。

占山头拉队伍的埃弗亚，很快就体会到了"当家不易"。由于索马里是世界上最贫穷的国家之一，埃弗亚再怎么烧杀抢掠，也难以养活近千人的武装。如何弄钱维持目前的状况，成了他最头疼的问题。

他很快把眼光投向海洋——向每年在索马里附近海域过往的大约4.8万艘国际船只"讨钱"。但他首先得有个基地。埃尔村随即进入埃弗亚的视线。这里曾是一个捕鱼基地，有很好的港口设施，作为海盗的隐身场所最理想不过了。

在索马里近海，一些穷困潦倒的渔民已开始靠抢夺过往小渔船上的海货为生。但一心想发大财的埃弗亚，决定以军事组织结构与黑手党手腕相结合的方式，打造一支全新的海盗队伍。没花多长时间，他就靠手中的武装将附近的小海盗们统统收编旗下，队伍的规模迅速膨胀到1000人左右。接着，他设立了"舰队大帅"、"少帅"和"财政官"等职位，对海盗们实行严格管理，对外自称"索马里海军陆战队"。

• 按所劫船只价值确定赎金

埃弗亚的"部队"一出动，就跑到距离海岸线数百公里的水域。他强征当地仅有的几艘可出海的大型渔船，将其改造成"海盗母船"，后

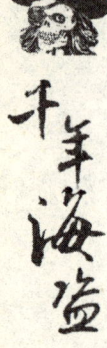

又高价买来数十艘快艇，分派给各艘"海盗母船"。

"海盗母船"每天轮流出港游弋。一旦发现"猎物"，伪装成渔船的"海盗母船"就马上放下快艇，向"猎物"包抄过去。面对全副武装的海盗，船员们往往只能束手就擒。

埃弗亚很讲"规矩"：只要船东愿意支付赎金，他就不伤害人质。在讨价还价期间，埃弗亚会根据所劫获船只的价值和船员的国籍来确定赎金。

据透露，精通国际洗钱手法的埃弗亚，靠劫持船只、勒索赎金，每年至少有3000万美元的"收入"。他将其中一部分金钱用于"论功行赏"，为他本人和手下购买豪华轿车和别墅，妻妾成群，美女在怀，并注巨资贩卖一种提取自阿拉伯茶树的自然兴奋剂"柯特"，过着挥金如土、花天酒地的生活；剩下的大部分钱则用于购买更好的快艇、更先进的通信设备以及更高级的武器。据说，埃弗亚的海盗队伍甚至已经装备了肩扛式便携导弹！邦特兰省居民描述说，他们几乎等同于"社会名流"。海盗在当地是不少年轻人向往的职业，是女孩们梦寐以求的"另一半"。

埃弗亚深知民众与地方官员支持的重要性。因而，他还拨出一部分赎金给当地的穷困渔民，或者向地方官行贿。为了让自己的海盗行为显得不那么卑劣，他甚至设立了"新闻发言人"，对外宣称："因为索马里政府无力维护海洋权益，外国船舶悍然侵犯我们的领海主权，抢掠索马里的渔业资源，向他们要钱不过是给我们的补偿。我们是索马里的海上保卫力量！"

• 心狠手辣，曾杀害过中国船员

目前，在中国登记注册的远洋船只有1000余艘，而有中国背景或中国海员的船只则远不止这个数字。索马里海域也是中国远洋船只和中国船员的必经之地。如此一来，埃弗亚带领的海盗团伙，也不可避免地盯上了中国船舶与船员。

2006年4月4日，韩国"东源628"号渔船在距索马里海岸线200公里的海域捕鱼时，被埃弗亚手下的哈桑等8个海盗劫持。他们坐在船上，扛着一枚火箭弹。经过长达4个月的艰苦谈判，在船东交了80万美元的赎金后，包括3名中国船员在内的25人才得以获释。

仅 14 天后，在索马里沿海作业的台湾"庆丰华 168"号渔船又遭到埃弗亚手下劫持。同年 5 月 25 日，由于与台湾船东的谈判陷入僵局，埃弗亚让手下杀害了辽宁船员陈涛。吉林厨师薛垂彬则被一颗子弹击中背部，所幸只造成擦伤。海盗控制渔船后，将其驶向索马里首都摩加迪沙东北方大约 400 公里的沿海城镇哈拉代雷，停靠在港内。自 1991 年索马里政府垮台，国家陷入动乱后，哈拉代雷逐渐成为索马里海盗在陆上的主要据点之一。船东和埃弗亚整整谈判了 7 个月，最后支付了 150 万美元赎金后，才让在海上囚禁了长达半年的 10 余名船员回国。

2007 年 5 月 15 日，两艘坦桑尼亚籍渔船在距索马里首都摩加迪沙近 400 公里的海域遭到埃弗亚劫持。船上共有 24 名船员，其中中国籍船员 10 名。次日，一艘台湾渔船也在索马里海域被埃弗亚手下劫持，船上有 8 名大陆船员、4 名台湾船员。

• **国际船东养肥了这帮海盗**

"劫持一艘船舶就能成功要到赎金，这简直就是对他们的纵容！"驻肯尼亚的索马里外交官穆罕默德愤怒地说，"这不是索马里的问题，而是国际问题。因为国际船东的纵容，埃弗亚和他的海盗团伙被养大、养壮了。"

被劫船只的船主通常都不愿配置武装警卫，而愿意支付高额赎金，"花钱买平安"（类似于中国民间的"破财消灾"），以避免船员受到伤害。这助长了海盗的气焰，也使得更多穷困的索马里人加入海盗行列。正因如此，如今的索马里，海盗营生已经成为一种颇为成熟的"产业"，江洋大盗们被"养"得甚是肥大，生活实在很是滋润。

但这也可以理解。前文也说过，一则，武装警卫必须身手不凡，但索价不菲；其次，注册国不准船只配备武装警卫；第三，许多港口不准船只携带武器，进港前若有武器，必须投入海里；第四，如果公海上的每艘货船都必须雇用武装保镖，而且是一些未受严格训练的杂牌军，那公海上岂不更是处处危机？

不过，随着国际社会加大对索马里海盗的打击力度，埃弗亚纵横索马里海域的日子应该不会太久了。

千年海盗

中国记者：勇闯"海盗之乡"

索马里的知名度一再提高，索马里海盗可谓"功不可没"。在局势动荡的索马里，海盗们自立山头，依靠先进的武器干起了劫船这一古老的行当，让全世界都记住了索马里海盗的名头。

2009年1月16日，中国记者从索马里的港口城市博萨索出发，赶到索马里邦特兰省首府加罗韦，而这里正是索马里著名的"海盗之乡"。记者了解到，紧邻加罗韦的海边小城埃尔，更是著名的海盗老巢。

在索马里港口城市博萨索历经一日惊魂，记者已经渐

索马里古城堡遗址

渐适应了该国动荡不安的局势。在5名政府武装人员形影不离的保护下，记者于当地时间16日上午7点从博萨索出发，前往加罗韦。此行目的十分明确，因为距离加罗韦仅数十公里的海边小城埃尔，便是鼎鼎大名的索马里海盗老巢。

博萨索与首府加罗韦都是邦特兰省的重要城市，两地路程约750公里。两个城市之间的公路，算得上是目前整个索马里国路况最好的一条，因为其他地方的公路大多在内战中已被人为破坏。车子刚刚驶出博萨索城区，就接连遇到两处当地政府武装设置的哨卡。由于有政府军士兵随行，记者一路畅行。

沿途基本都是一望无际的非洲荒漠，人烟稀少。索马里干旱的气候带来成片贫瘠的土地，当地居民主要依靠养殖骆驼和山羊维持生计。大约每隔数十公里才能看到一个村落，规模小的只有不到10户人家，规模大的也不足100户。

在沿途一个较大的城镇休整时，许多当地居民好奇地上前来围观两名

中国记者。这时,与记者随行的5名士兵便如临大敌,小心翼翼地站在记者身旁进行贴身保护。

整段公路如今都在政府军控制之下,记者在沿途总共通过了20多个武装哨卡,每个哨卡的士兵都会友好地向记者打招呼。将近7个小时的车程之后,记者终于抵达加罗韦。

海盗在哪里?之前,由于不少海盗在邦特兰省北部港口城市博萨索附近被捕,而且多次发生轮船被劫的亚丁湾海域又正好邻近博萨索,所以不少媒体都认为,海盗的老巢就在博萨索附近。《纽约时报》在2008年10月31日的一篇文章中指出,博萨索沿岸就是最大的索马里海盗窝点。所以记者也一度认为,此行的目的地应该就是博萨索,并以此为中心延伸开去,寻找海盗。

但答案是否定的。在《纽约时报》的报道中,还提到了另外3个最大的海盗窝点:加罗韦、埃尔和夏拉德西尔。事实上,在这几个地方当中,真正的海盗窝点只有一个——埃尔。

埃尔几乎就在北纬8度的纬度线上,是一个海滨城市。它位于加罗韦以东约120公里的地方。

在得到了几名邦特兰省政府士兵作为贴身保镖之后,记者询问他们:"你们认识一些海盗吗?"他们点头说:"是的,认识很多。"

随后记者又问:"海盗在哪里?"他们拿出地图,一下就指到了那个已经画了圈的地方:"就是这里,埃尔。"

"难道博萨索没有海盗吗?"记者问。"没有,他们不敢来这里。只要我们知道有海盗在这个城市现身,我们马上就会把他们逮捕。"

从博萨索到埃尔,海岸线就长达700多公里,更别说是从海面上过去。为什么海盗会选择这样一个离亚丁湾遥远的地方作为基地呢?"因为在那里,海盗们聚集在一起,实力比政府军还要强大。"26岁的士兵福伊德这样告诉记者。在完成了抢劫船只的原始积累之后,富有的海盗远比贫穷的索马里政府军更有实力去购买先进的武器装备。

在福伊德口中,海盗们拥有动力强劲的快艇、精良的枪支,甚至还有很多大炮和火箭发射筒。同时,聚集在那里的海盗人数众多。"超过2000人,我们不敢去那里。"福伊德说,最大的海盗头子叫做博雅赫,"他手下至少有200人,他们抢劫了很多船。"

海盗把加罗韦当作采购基地。加罗韦是目前邦特兰省最大的城市。在历经了多年战乱之后,索马里的商业正在慢慢恢复。作为地区中心的加罗韦,自然也有着当地最发达的商业。海盗总是成群结队到这里来进行采购。"他们很少单独行动,成群结队现身也不怕警察和军队。"

福伊德向记者描述了他不久前看到过的一个场面:"他们开着自己的车来到加罗韦,全都是好车。这些车在路上排成长长的车队,超过100辆,阻塞了整条公路。"这些车基本上来自日本,以丰田为主,包括一些最适合在沙漠中行驶的豪华越野车。在这里,一辆陆地巡洋舰可以卖到25000美元左右,便宜的也要6000美元。此外,还有三菱、尼桑等品牌的日本车。更高级的,还有奔驰、宝马。

"总之,他们就是一群有钱而疯狂的家伙。"福伊德总结说。

(2009年1月19日《新闻晨报》)

1 索马里海盗概况

一、索马里简介

索马里联邦共和国位于非洲大陆最东部的索马里半岛上,西与肯尼亚、埃塞俄比亚接壤,西北与吉布提交界,北临亚丁湾,东濒印度洋,海岸线长3700公里,为非洲之"榜眼"(仅次于岛国马达加斯加),渔业资源丰富。它处于亚洲和非洲的交界地,是亚、非、欧三大洲同太平洋、大西洋、印度洋三大洋的交通要冲,地理位置具有十分重要的战略意义。

索马里总面积637660平方公里。人口1040万,绝大部分是索马里人,主要分为两大族系:萨马勒族系(包括达鲁德部族、哈威伊部族、迪尔部族和伊萨克部族);萨卜族系(包括拉汉文部族和迪吉尔部族)。伊斯兰教为国教,讲索马里语,官方文字为索马里文和阿拉伯文。首都摩加迪沙,人口100多万,有制革、农产品加工等工业,还是港口城市,并有国际航空站。哈尔格萨,位于北部内陆,人口近10万,是北部地区的经济和交通中心。

索马里是世界上最不发达的国家之一,经济比较落后、贫穷,工业基础薄弱。以畜牧业为主,是世界上人均占有牲畜最多的国家之一。约80%的人口以畜牧业和半农半牧业为生。牲畜多羊、牛,也是世界上拥有骆驼最多的国家,素有"骆驼王国"之称。耕地主要集中在南部朱巴河和谢贝利河流域。农作物有香蕉、甘蔗、棉花、高粱、玉米等。特产乳香、没药和阿拉伯树胶,为世界最大的香料生产国之一。工业有食品、卷烟、皮革、纺织、制糖、建材、鱼肉罐头等企业。开采绿柱石、石膏、铀矿,尚未开采的矿藏有铁、锰、铌、铅、锌、锡等。牲畜及其产品占出口总值80%以上,香蕉为第二大出口商品,还出口皮革、乳香、没药和鱼品等。进口石油、机器、车辆、粮食、日用品等。境内无铁路,陆上运输以公路为主。

索马里历史悠久。公元前17世纪以前,这里就建立了以生产香料著称的"邦特"国。1960年6月26日北部地区独立,7月1日南部地区独立,

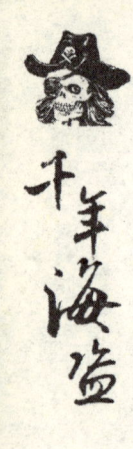

同日南、北两部分合并,成立索马里共和国。1969年10月,国民军司令穆罕默德·西亚德·巴雷发动"不流血政变"上台,改称索马里民主共和国,1991年2月改为现名。独立日为6月26日,国庆节为7月1日。

自从1991年西亚德政权倒台,索马里一直处于军阀武装割据、国家四分五裂、内战不断的无政府状态。两年内战,造成至少10万人死亡。时任美国总统的克林顿曾派特种兵前往索马里执行任务,结果在同当地反政府武装分子的巷战中大败,铩羽而归。美国人随后从当地撤走了全部维持和平的部队。于是,大大小小的海盗与土匪力量乘机发展、壮大起来,成为今天大海盗的前身。

"9·11事件"以后,美国将索马里列为恐怖分子巢穴国家和下一步可能打击的目标。2004年以来,索马里和平进程取得积极进展。当年2月23日,索马里和谈全体代表举行会议,通过索马里《过渡宪章》。同年10月10日,索马里过渡议会在肯尼亚首都内罗毕选举阿卜杜拉希·优素福·艾哈迈德为过渡政府总统。2005年1月15日,过渡政府正式成立。

2007年七八月份,索马里全国和解大会在首都摩加迪沙召开,各方代表就索国内停火、解除武装等众多议题进行了讨论,达成广泛共识。9月中旬,索马里总统、总理、议长等在沙特阿拉伯吉达市签署全国和解大会最后成果文件。

联合国是索马里托管和独立的创议者。2007年2月,联合国通过决议,授权非洲联盟向索派遣一支8000人组成的维和特派团。但到目前为止,只有乌干达和布隆迪派遣了总数约2600人的部队。2008年1月18日,非洲联盟和平与安全理事会决定将非盟索马里特派团任期再次延长6个月。联合国安理会于2008年8月19日一致通过决议,决定将非洲联盟驻索马里特派团的任期延长至2009年2月20日。今总统谢赫谢里夫·谢赫·艾哈迈德于2009年1月31日当选。

索马里党派林立,带有强烈部族色彩,各派不断分化组合,最多时达30余个。目前主要党派有:索马里民族运动、索马里救国民主阵线、拉汉文抵抗军、索马里民族联盟、索马里爱国运动、索马里救国联盟等。

20世纪70年代初,由于国有化政策过激,加上自然灾害等因素,索马里经济严重困难。80年代,在世界银行和国际货币基金组织支持下,该国调整经济政策,强调优先发展农业,逐步实行经济自由化,放宽贸易限制,鼓励外资和私人投资,取消农产品价格控制,实行先令贬值,美元拍卖,紧缩财政开支等措施,经济一度好转。1991年后,由于连年内乱,工农业生产和基础设施遭到严重破坏,经济全面崩溃。

由于内战不断,索马里治安情况恶化,物价飞涨,生活必需品短缺,居民生活没有保障。医疗保健水平在非洲国家中最为糟糕。2000年,首都摩加迪沙仅有1所公立医院和62家私人诊所,缺医少药情况严重,只有不到1/3的人口享有医疗服务,75%以上的人口没有安全的饮用水。2002年,索马里人均寿命为47岁,婴儿死亡率高达约25%。

2001年,随着索马里局势相对缓和,在国际社会的帮助下,滞留在埃塞俄比亚、厄立特里亚、肯尼亚等周边国家的部分难民先后自愿返回家园。截至2001年6月,已有约19万人从埃塞俄比亚难民营中自愿遣返回国。截至2001年9月,索马里在国外的难民总数约30万,主要分布在埃塞俄比亚和肯尼亚。

中国同索马里于1960年12月14日建交。从建交至1990年,两国友好合作关系顺利发展。1970年和1971年,索马里同其他国家共同向联合国提出恢复新中国合法席位的提案,为恢复中华人民共和国在联合国的合法席位作出了积极贡献。

1991年,西亚德政权被推翻,索马里自此陷入军阀武装割据的局面。中国驻索马里使馆、医疗队及有关专家被迫于1991年1月撤回,但两国仍保持外交关系。自索马里陷入内战以来,中国政府一直对其局势保持密切关注,支持国际社会和地区组织为和平解决索马里问题所作的努力,积极参与联合国关于索马里问题的讨论,并多次向其提供药品和救灾物资等人道主义援助。中国于2003年至2007年间担任安理会索马里问题协调员。

二、亚丁湾简介

亚丁湾是指印度洋西北在也门和索马里两国之间的一片水域,位于亚洲阿拉伯半岛和非洲索马里半岛之间,它东连阿拉伯海,西经曼德海峡与红海相连,是波斯湾石油输往欧洲和北美洲的重要水路,被称为"海上咽喉",但也是全球海盗活动的主要区域之一。亚丁湾沿岸的主要港口城市

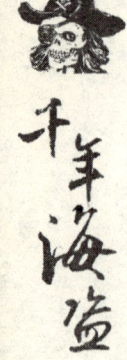

有：也门的亚丁，索马里的柏培拉、博萨索，吉布提的首都吉布提。

该海湾是以也门的海港亚丁为名。北面是阿拉伯半岛，南面是非洲之角，西部渐狭，类似喇叭口，形成塔朱拉湾，东面以瓜达富伊角的子午线即东经51度16分为界。东西长1480公里，平均宽度482公里，面积53万平方公里。希贝海脊横贯海底，为印度洋海脊的余脉，有许多大致东北—西南走向的断层，最大的叫阿卢拉—费尔泰海沟，深5360米，是整个海湾的最深处。希贝海脊湾口的深度达3900米，向西造成一条较浅的东西方向沟谷，即塔朱拉湾。

红海、亚丁湾和阿拉伯海之间海水的大量对流，强烈的蒸发作用和季风的影响，使水体结构十分复杂。表层水含盐度高，水温在25℃～31℃之间。

海湾中的生物种类繁多，浮游生物丰富，近海盛产沙丁鱼和鲭鱼，远海鱼类有海豚、鲔鱼（金枪鱼）、梭鱼和鲨鱼。当地居民一般仅限于在近海捕鱼，沿岸有许多分散的渔业村镇。

亚丁湾地域气候干燥炎热，8月份表层水温达27℃～32℃，是世界上最暖的热带海之一。表层水流一向随季风变换而易，盐度很高。海面以下100～600米深度的水从阿拉伯海流向红海，盐度较低；600～760米的水作反向流，盐度大；1000米以下又是一层较淡的水。

亚丁湾西侧有两个世界驰名的海港，即北岸的亚丁港、南岸的吉布提港，是印度洋通向地中海、大西洋航线的重要燃料港和贸易中转港，扼守着地中海东南出口和整个中东地区，具有重要的战略地位，是出入苏伊士运河的咽喉，每年通过这里的船只约有1.8万～2万艘。

三、索马里海盗简介

2005年11月5日凌晨，索马里海域发生的一场游轮与海盗大战，震惊了全世界。一艘美国嘉年华游轮公司旗下的豪华游轮"精灵"号在途经那里时，突然遭遇两艘海盗快艇的偷袭。"精灵"号在身中3枚火箭弹后船舱起火，船上300多人危在旦夕。虽然游轮最终凭借非致命武器——"声弹"化解了危机，但海盗问题再次引起全球关注，现代海盗也作为一个特殊群体"闯"入人们视野……

事实上,"精灵"号的被袭,只是全球海上劫掠事件的典型代表之一。近年来,海盗袭击联合国运粮船、油轮和多国游船的事件屡见不鲜。

据美国《时代》周刊2008年11月20日报道,近年来,索马里海盗大有越来越猖獗的趋势。他们的目标越来越大,赎金也越来越高。索马里海盗史无前例地劫持了沙特巨型油轮"天狼星"号;加上近来的连续劫持,他们正以前所未有的曝光率成为全球媒体焦点。"天狼星"号是被海盗劫持的最大船只,全长300多米,比美国"尼米兹"级核动力航母还要大两倍。

目前活跃在索马里海域的海盗主要有四大团伙:

一伙叫"邦特兰卫队",他们是索马里海域最早从事有组织海盗活动的团伙;

一伙叫"国家海岸志愿护卫者",规模较小,主要劫掠沿岸航行的小型船只;

第三伙叫"梅尔卡",他们以火力较强的小型渔船作为主要作案工具,特点是作案方式比较灵活;

势力最大的海盗团伙叫"索马里水兵",其活动范围远至距海岸线300公里处。

(1)海盗是什么人

他们都是出身贫困的索马里青年,通常搭乘快艇,装备有火箭筒、AK-47步枪,以及大口径机关枪。他们先拿绳子套在船上,然后快速登船。实际上,如果有防备,还是可以预防的。

(2)为什么是索马里海域

这里紧靠亚丁湾,狭窄的航道是海盗活动的理想地点;而且,这一海域上有世界上最繁忙的航道,可供海盗袭击的目标众多。

(3)海盗何以如此猖獗

自1991年以来,索马里一直处于实际上的无政府状态,这正是有组织犯罪孳生的理想环境。海盗犯罪在索马里基本上不会有任何坐牢的风险。尽管有多国战舰巡逻,但海盗活动的范围超过了150万平方公里,军舰疲于应对。

（4）海盗何时开始如此猖獗

索马里海盗活动始于20世纪80年代。海盗最初宣称，目的在于打击非法捕鱼以及倾倒垃圾活动。自20世纪90年代初索马里政府倒台后，海盗活动迅速增加；随着航运公司开始支付赎金，海盗活动日益猖獗。因此，有人批评说，正是航运公司支付赎金的举动使海盗问题更加严重。

（5）海盗以哪类船只作为袭击目标

目标多种多样。曾劫持化学品货轮、渔船、小型货船以及散装货轮，甚至还劫持过豪华游艇。最近劫持超级油轮的行动表明，海盗的行动已经非常高效。几年前，海盗只会劫持渔船和小型货轮。而"天狼星"号则相当于3艘美国航空母舰的大小。

以下是2008年11月媒体的另一次对话式报道。

——"为什么当海盗？"

——"只是收些过路费。"

最近，42岁的"海盗头目"阿萨德·阿卜杜拉接受了英国《卫报》的专访。他透露，他和兄弟们其实曾是在亚丁湾和印度洋上靠捕鱼为生的渔民。但是，他们的船经常受到一些外国船只的挑衅和攻击，甚至船毁人亡，最终被迫四处逃生。

阿卜杜拉是9个孩子的父亲，他和弟兄们视自己为"摆脱贫穷的英雄"。他说："我们从来不将劫船看做犯罪，只当是收取过路费。"

——"如何袭击过往船只？"

——"不费一枪一弹。"

海盗们的行动大多数依靠埃尔港，那里已经20多年处于无政府状态。他们通常乘坐"母船"进入大约距离海岸几百公里的海洋航路，然后将装备有AK-47步枪、手榴弹、爪钩等武器和工具的高速游艇放下水，伺机袭击过往船只。通常，他们可以不费一枪一弹地俘虏一艘船。

——"有多少船只被扣？"

——"39艘。"

截至2008年11月，索马里海盗已经扣押39艘各式船只，其中最大的就是沙特油轮"天狼星"号。这艘船是 11 月 15 日被一伙海盗劫持的,上面有 200 万桶原油,价值 1 亿美元。沙特外交部长称,沙特不会与劫持者谈判,但是暗示油轮所有者可能会付赎金。

——"如何获取赎金?"

——"直升机空投。"

一般情况下,遭遇海盗的大多数船主会选择付赎金。到 2007 年已有 25 个船主付赎金,海盗收到的赎金高达 1.5 亿美元。这些钱或者被装进粗布麻袋,通过直升机空投;或者装入防水袋后运上船,让船漂往指定地点。

——"强硬手段打击海盗是否可行?"

——"未知数。"

索马里是个穷困潦倒、几近崩溃的国家。海盗们在当地大肆花费勒索得来的赎金,他们建造巨大的别墅,购买进口昂贵汽车,开设旅馆等,在"海盗之乡"埃尔港受到当地民众欢迎。因此,要想阻止海盗们的抢劫行为,不太容易。尽管上周一艘印度护卫舰曾击沉过一艘海盗"母船",但那只是偶然,下一艘海盗船何时被击沉还是未知数。

——"如何自我保护?"

——"最好夜间航行。"

其实,保护自己最简单的方法,就是避免走印度洋、亚丁湾、红海以及苏伊士运河航道。但是,那样也就意味着需要绕整个非洲大陆一圈,经过南非好望角,到达地中海和欧洲港口。那就要多走 8000 至 10000 公里的冤枉路,航程增加 5 至 10 天,每天的支出超过 2 万到 3 万美元,大大增加了货运成本以及运输时间,也对国际航运业造成严重影响。

据肯尼亚《商业日报》报道,在过去 12 个月内,海运至肯尼亚蒙巴萨港的物资保险金已暴涨 9 倍。目前,蒙巴萨港已被海运商列为世界上收费最高的港口之一。

目前,已经有多个国家在海上派出军舰,包括俄罗斯、法国、马来西亚、丹麦以及美国,土耳其和英国护卫舰也开始在亚丁湾护航,但是海军行动受到联合国条约的限制。一些船运公司已经考虑雇佣私人安全公司保护船只,甚至武装船上的水手。国际海洋组织建议那些必须通过海盗控制水

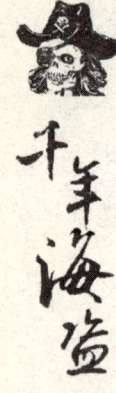

域的船只最好在夜间航行,船员们也可以使用高压水龙头抗击接近的海盗。

四、索马里海盗猖獗的根源和背景

(1) 美国人的影响

"9·11事件"发生后,美国着力在全球进行反恐活动,布什政府怀疑当时的索马里政府为国际恐怖分子提供支持和庇护,想方设法要阻止教派武装组织控制索马里政权。2006年10月,美国政府支持埃塞俄比亚出兵入侵索马里,推翻了当时的索马里政权。在埃塞俄比亚军队的帮助下,在索马里组建了由美国支持的索马里过渡政府。

但是,由于该政府能力有限,不能有效控制全国局势,仅能管束首都摩加迪沙一带,而全国大部分地区陷入了无政府状态,形成武装割据,出现了几十支武装力量。一些海盗组织甚至得到了与临时政府有密切关系的军阀的支持(英国《卫报》报道,索马里海盗多数成员来自当地军阀或部族武装,或者与这些组织有联系,后者能够为海盗提供必要的武器和军事补给),使得他们能成为"乱世枭雄",遂使索马里2880公里的海岸线变成海盗们劫持财物的好去处。混乱的局势为海盗提供了生存空间,使他们可以肆无忌惮、为所欲为、从容作案而不必担心受到任何惩罚。

(2) 难民激增,生活所迫

索马里是世界上最不发达的国家之一。经济以畜牧业为主,工业基础薄弱。20世纪70年代初,由于国有化政策过激,加上自然灾害等因素,经济严重困难。连年战争,给索马里人民带来了无穷的灾难。2006年底,索马里过渡联邦政府在埃塞俄比亚军队的帮助下击败反政府武装,控制了摩加迪沙和索马里大部分地区。但此后反政府武装不断在摩加迪沙等地发动袭击。目前索马里已有200万难民,首都摩加迪沙每月就会新增约2万名难民;有些还远远逃到国外,仅在邻国肯尼亚的难民营里就住着20多万索马里人。由于难民不断增加,他们的生活没有着落,粮食价格飙升,过度的通货膨胀和干旱等自然灾害更加剧了国内危机。而其频繁的暴力活动,使联合国等机构的人道主义努力也无法实施,难以向索马里运送粮食等生活必需品,即使运进去了也无法进行合理的分配,还会遭到抢劫。

近来,索马里安全形势进一步恶化,针对联合国工作人员及援助机构人员的袭击事件频频发生,国际援助机构大多已撤离索马里。难民们缺衣少吃,饥寒交迫,度日如年,更使暴力活动增加。因此,海盗只是在海上的一种暴力活动表现形式。这些举动得到了难民和居民的支持,使海盗活动有了广泛的群众基础。由于得到老百姓的支持,海盗活动变得更为频繁、凶残。

(3) 无本万利,可使利益最大化

海盗活动的投入非常少,只需小船和其他枪支、通信等装备,与劫持所带来的巨大利润是不成比例的。被劫船只的船东宁愿支付高额赎金,也要保护船员的生命安全。海盗每劫持一艘船,平均可获 100 万至 200 万美元。他们劫持了"斯特拉·马丽丝"后,索要赎金高达 300 万美元。2008年赎金则可能在 1800 万美元至 3000 万美元之间。全球每年为此损失 250 亿美元。

数目巨大的赎金,使海盗活动变得更加疯狂。这样一次劫持成功,就可一夜暴富,买名车、建别墅、娶妻纳妾,远离贫穷生活;从而诱使更多的人铤而走险,参加海盗活动。通过海盗活动还可进行走私、贩运毒品、武器交易和偷渡等赚钱活动,使海盗活动的利益得到最大化。

(4) 海盗人数增加,装备更新

过去五六年间,索马里海盗的总人数一直在 100 人以下;目前,这一数字已上升到 1100 人到 1200 人。由于被劫持船只的船东往往采取纵容、妥协的方式处理船只的劫持,这一心理也被海盗所掌握。他们认为:"船只和船员才是最值钱的。"这样便"养大、养壮了"索马里海盗。

海盗除了人数增加外,其武器装备也得到了更新,已不再使用绳索、大刀和长矛等传统手段;快艇、重型武器(AK-47 突击步枪和火箭筒)和现代化的全球定位系统、卫星通信等高科技手段在劫持活动中得到了充分的应用,使攻击范围从索马里沿岸扩展到数百公里之外的公海,劫持活动变得更加得心应手。

索马里海盗心狠手辣,当碰到国际海军舰艇,就把被劫持的人员放到

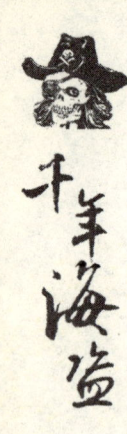

甲板上,如采取强硬手段就杀死被劫持人员。为保护被劫持人员的生命安全,国际海军船只往往只能让步,使海盗得寸进尺,气焰更加嚣张。

(5)国际打击不力

随着索马里海域海盗活动的不断升级,国际社会对索马里海盗的打击也在加强。

欧美已派出军舰加强对该海域的巡逻。北约国防部长布达佩斯会议2008年10月10日决定要在印度洋保持军事存在,"保护向索马里运送救济物资的世界粮食计划署的船只",派遣意大利、美国、英国、希腊、土耳其军舰各1艘、德国2艘总共7艘战舰开赴索马里开展行动。俄罗斯也派出"无畏"号护卫舰奔赴索马里执行任务。2008年10月16日,印度国防部宣布,向亚丁湾部署1艘海军舰艇,展开巡逻。日本也考虑派遣海上力量。肯尼亚也准备参与打击海盗,保护世界粮食计划署的运粮船。

联合国2008年10月7日一致通过第1838号决议。这是安理会自此年6月1816号决议通过以来第二份有关打击索马里海盗行为的决议。决议呼吁关心海上活动安全的国家根据《联合国海洋法公约》,通过采取部署海军舰只和军用飞机以及与索马里过渡联邦政府合作等行动,积极参与打击索马里沿岸公海的海盗行为。

但是,打击海盗及其他犯罪行为的国际合作仍存在着一些法律障碍:许多国家担心国际合作会损害其主权,加之许多相邻的沿海国之间本来就存在着主权和海洋资源争议;部分有争议海域犯罪管辖权不明,越境犯罪控制机制不完善,相关国家未能就海盗、恐怖主义等定义达成共识。这就造成国家之间合作打击海盗的积极性并不高,打击效果不佳。

在1816号决议达成之前,经过一番博弈,当协议起草时,法国曾想将该协议适用于打击所有海盗猖獗的海域,但是遭到印度尼西亚、越南等国的反对。印尼方面担心此举有可能成为外国干涉他国内政的先例。所以,后来在1816号决议里就有这样的内容出现:决议的适用范围仅限于索马里,而不应被视同订立习惯国际法。

(6)船主难于自保

一般人毕生难得遇上海盗,所以,提到海盗,人们脑海里浮现的,大都是电影或文学作品里塑造的形象:满襟油污,一身酒臭,踩着一只木制假腿,满嘴粗话,独眼凶光,脾气暴烈,胡须上的火药渣还冒着烟。

遇到花钱消灾的船东,或侥幸脱险的水手则会告诉你,现在的海盗其实与生意人并无两样。只是他们做的是一本万利的勾当,只要钱财能到手,不见得要杀生。

船东也是生意人,遇上海盗劫船,只要肯讲价码,条件都好谈;最怕的就是买卖变成一场枪战,那可会惊醒保险公司,把海运保险费调成天价。

船只出海前,当然可以预为防范:装设必要的照明、雷达及热感监控系统的 24 小时警卫、消防水喉、防止攀登的障碍设施、音爆武器等。

但是,一般人最先想到的武装警卫,却是船东非到万不得已最不愿采取的手段。首先,武装警卫必须身手不凡,索价自然不菲;其次,注册国不准船只配备武装警卫;其三,许多港口不准船只携带武器,进港前若有武器,必须投入海里;最后,如果公海上的每艘货船都必须雇佣武装保镖,而且基于成本考虑,雇佣的是一支未受严格训练的杂牌军,那公海上岂不更是处处危机?其后果,思之令人悚然。

要一劳永逸地解决索马里海盗问题,唯有彻底解决内陆冲突。但是,如果联合国出面都解决不了索国的内乱,船东最好还是干脆避开这条航道。

只是,马不吃险草不肥,生意人利字当头,自然会另有盘算。据统计,每 600 艘货船,只有一艘会遇劫付出可观赎金,这个机率值得一搏。

出事率高,保费自然便水涨船高。船东要抑制保费飙涨,只能联手向相关政府施压,以改善公海航道的安全。

海军也必须遵守各国法律规定的交战守则。2009 年 1 月,英国皇家海军逮到一批海盗纯属幸运,因为海盗沉不住气首先开火,给海军予以痛击的借口。不过,海盗也不会笨到再犯同样的错误。别忘了,他们其实是生意人。

五、索马里海盗的特点

(1)编制:"索马里海军陆战队"

海盗组织编制"健全",他们设立了"舰队大帅"、"少帅"和"财政官"等

职位,对海盗们实行严格管理,对外自称"索马里海军陆战队"。

同时,海盗手里还有马来西亚的"YasaNeslihan 7"号拖船、非洲货船和拖船、一些打鱼船,而法国快艇则被海盗用来作为"战舰"使用。真可谓如虎添翼。

(2) 武器:装备先进,训练有素

索马里海盗装备先进,训练有素,所以得手几率很高。海盗出击时,往往配备卫星电话、全球定位系统等先进通信器材,拥有自动武器、火箭筒等。这些海盗大都参加过索马里内战,拥有一定的作战经验,所以在抢劫过往民船时很容易得手。

特别是他们竟然敢劫持"天狼星"号并顺利获得成功,说明他们确实非比一般。"天狼星"号油轮长330米,长度与美国"尼米兹"级航空母舰相仿;载重达31.8万吨,是"尼米兹"航母的3倍,最多可装载200万桶原油,堪称海洋上的"巨无霸"。一名能源咨询公司分析师认为,劫持油轮并非易事,因为巨型油轮通常有武装护卫。这表明,索马里海盗装备先进、武力强大,足以在对方远距离航行后下手。

(3) 战术:擅长"子母船"战术

以沙特油轮"天狼星"号事件为例,海盗可能利用一艘大型拖船为"母船",作为海上移动"基地";锁定目标后,即出动各载有6至10名武装人员的3艘快艇对油轮下手。由于有后勤补给,所以既可以维持较长时间的海上活动,又能兼顾打劫船只时的隐蔽性与突然性。由于满载原油,油轮在海中的身位较低,为海盗登船创造了条件。

(4) "海盗王"心狠手辣

活跃在索马里海域的海盗主要有4伙,其中威胁最大的,正是劫持中国渔船"天裕8"号的那一伙,叫做"索马里水兵"。带领这批海盗的阿巴迪·埃弗亚,对外号称"索马里海军陆战队司令",是娃娃兵出身,从小就心狠手辣。他早在21岁那年,便率亲信将一手提携自己的军阀头目乱枪打死,自立为王。

2 可怕的索马里海域

贫瘠的索马里

索马里海盗2009年成为全球关注的焦点。据设在肯尼亚东部港口城市蒙巴萨的"海员援助组织"统计,新年来临之际,索马里海盗手里仍劫持有17条船、2艘快艇、300名船员当人质,其中至少包括"天裕8"号等7艘中国船只或中国租用的船只。而且,尽管多国海军出征索马里,但似乎还是没有能制伏索马里海盗的迹象。

俄《观点报》2008年12月30日报道,"新年怎么开始,以后就会怎么继续"。那些被索马里海盗劫持的人质应该最能体会这句话的含义了。据联合国国际海事组织统计,2007年索马里沿岸共有37起海盗劫持事件,而2008年全年将近125起,造成45艘船只被劫持,600多名船员遭绑架。每艘船的赎金平均为180万美元,平均会扣留60天。

北纬10度线是国际海运业的黄金航道,同时又是令人胆寒的恐怖水域所在地。世界海盗高发区恰好分布在这条线附近,以亚洲的马六甲海

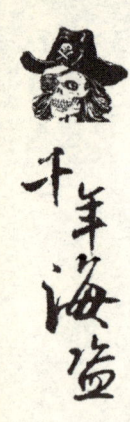

峡—印尼群岛、东非的索马里—亚丁湾海域和几内亚湾—尼日利亚沿岸最为出名。国际海事局海盗报告中心的统计数据显示，2007年全年马六甲共发生21起海盗袭击事件，索马里31起，尼日利亚42起——索马里还排在尼日利亚之后；但进入2008年以后，索马里海域的危险系数急升。据设在肯尼亚蒙巴萨的海员救助组织说，2008年前10个月，该海域已发生87起海盗袭击事件，平均不到4天就有一艘船遭劫，占全球同期海盗袭击事件总数的40%以上。

种种迹象显示，位于非洲之角、拥有漫长海岸线的索马里水域，已经取代传统的"海盗集散地"马六甲海峡，成为继现代"海盗乐园"尼日利亚海域之后的全球海盗活动最猖獗的地点。2008年，索马里海盗们顶风作案，连续出击，不断刷新历史纪录，使这一海域处于"危急水平"。

索马里面向浩瀚的印度洋，漫长的海岸线使它拥有几百个大小不一的港口和内地机场。然而，良好的运输能力，反倒成了一些恐怖犯罪分子猖獗走私的条件；而且，他们驾驶着飞机、汽艇等进行公然交易的，即是用于恐怖活动的一些武器、弹药。近日联合国的一份调查报告草案明确指出，索马里已经成了恐怖分子猖獗活动的大本营和中转站，他们肩扛导弹，甚至在策划着新一轮的恐怖袭击事件。

位于红海和印度洋之间的索马里海域，自古以来就是海盗出没的地方。20世纪90年代初，一些军阀武装以"保护索马里海洋权益"为名，对那些在索马里领海或专属经济区内非法捕鱼或倾倒有毒废物的船只处以罚金。但他们很快发现，劫持船只、绑架船员、勒索赎金，是一项获利更丰的"产业"。从此，现代索马里海盗登上国际舞台。而随着索马里内战加剧，生活无以为继的贫苦百姓纷纷铤而走险，或成群加入军阀队伍，充当炮灰；或结伙出海劫掠，混口饭吃。后者往往风险低，获利高，且无性命之虞，因此成为索马里贫民的"择业首选"。

2006年6月，带有原教旨主义色彩的反政府武装组织"伊斯兰法院联盟"在控制索马里首都摩加迪沙及中南部地区期间，赶走了盘踞在首都长达15年之久的军阀，同时也强硬打击各种海盗活动，出动部队清剿了他们在陆地上的据点。迫于严厉的伊斯兰法惩罚，海盗们一度偃旗息鼓。国际海事局官员指出，这种法规很有效，"2006年整个夏季，几乎没有海盗袭船事件发生"。

但好景不长。美国的"反恐大业"绵延至非洲,布什政府怀疑当时的索马里政权为国际恐怖分子提供支持和庇护,即全力阻止教派武装组织掌控索马里政权。半年后,随着"伊斯兰法院联盟"被由美国暗中支持、前来帮助过渡政府的埃塞俄比亚军队赶出首都,索马里海盗再度活跃起来。索过渡政府忙于应付首都摩加迪沙以及过渡议会驻地拜多阿等少数几个重要城镇的袭击事件,根本无力顾及其他地区。这给了海盗东山再起的机会,他们在2007年卷土重来。

另有报道称,近期活跃在该海域的海盗中,还掺杂了许多已经"走投无路"的"伊斯兰法院联盟"的武装分子,他们干起了自身曾一度排斥的勾当。

2008年秋季,由于谣传欧盟新组建的"海空混合反海盗部队"将在年底部署到索马里海域,感受到危机的海盗们急于"捞上一票"。在此危机映衬下,当年10月17日尼日利亚海盗劫持8艘渔船共96名船员的事件却并未引起多大反响。

比起索马里海盗的猖獗,索过渡联邦政府的影响力显得有些力不从心。其目前仅能控制摩加迪沙及拜多阿等少数几个重要城镇,且时刻面临教派武装和反政府势力的威胁,处于绝对守势。

如今的索马里,海盗营生已经成为一种颇为成熟的"产业"。据东非"海员援助组织"估计,索马里海域的海盗至少在1000名以上(而过去五六年间一直在100人以下);而为海盗提供情报、后勤服务的人则难以计数。索马里海盗成分复杂,来源广泛,其中既有本国贫苦的农民和走投无路的当地居民,也有嗜战成性的部族武装分子及军阀残部,还有来自周边国家与地区的"外来务工"人员(这些海外劳工可能是吉布提人、厄立特里亚人,也有可能来自肯尼亚或其他国家)。

而据《环球时报》驻俄罗斯特约记者2008年12月12日说,联合国安理会一观察组织近日出台一份报告显示,索马里沿海共分布着1500名左右海盗,他们共配有小船、快艇、大船总计60艘。安理会计划于12月16日审议针对索马里海盗的新议案,该议案将允许对索马里海盗实行海陆空一体打击。

该报告还说,索马里当地政府掌握很多海盗头目情况,包括宣布独立

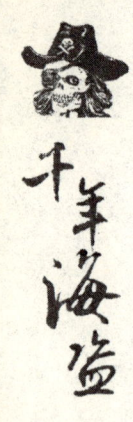

的邦特兰。但所有当地政府领导对海盗问题都采取放任不理的态度。报告指出,索马里海盗其实已经形成了一个价值数百万美元的工业体系。而且,海盗为了使自己的行为合法化,他们以当地人民的名义,认为自己的行为实际上是在保护本地海洋资源不受外国人的侵犯和保护自然生态环境。这些赎金只是这些船只主人对索马里的必要补偿。他们甚至宣称,自己就是索马里的"海军"。这才是真正的"强盗逻辑"。

但他们的观点其实也有一定的道理:"我们索马里人才是真正的受害者。多年以来,世界上很多大国都到索马里海域捕鱼,几千吨上万吨的现代化渔船,一网下去,刮尽大陆架的海产,就连深海老鱼也不放过(还包括向海里倾倒废物)。索马里国弱民穷,小小木帆船,一支钓鱼竿,怎敌得过欧美、俄罗斯、日本等国家越洋而来的海上霸王?既然联合国规定所有沿岸国家水域有200里专属经济区,那么东洋和西洋帝国主义为何不尊重穷国索马里的主权?"

"况且,人总得活下去,我们只是在美国支持的索马里'内战'政府的曾经'授权'下,在生计渐渐断绝中,万般无奈时才'逼渔为盗',拿起土枪洋炮,继续这下海收取买路钱的事业,哪算什么抢劫和绑架?这不过是在替政府合法地收回'专属经济区'的海洋权益,与合理地对过往船只收取必要的管理费罢了。"这很有些中国古代农民起义"官逼民反,民不得不反"的意味了。

据此,大洋彼岸的美国流行一则笑话说:索马里海盗准备发行赎金债券来购买花旗银行,纽约证券交易中心给了这种债券AAA的评价,美国财政部长鲍尔森认为海盗产业基本良好,而坑了投资人500多亿美元的麦道夫更担保它稳赚不赔。

长期内战,让索马里海盗深谙"枪杆子里出财路"的道理。一个让人啼笑皆非的现象是,索马里人参军,往往是领了枪就瞅准机会开小差逃跑,因为有枪就有一切。国家分裂、法度废弛,造就了繁荣的黑市军火贸易;加之周边各国或明或暗的军事援助,使得索马里国内枪支泛滥成灾。如今,AK-47冲锋枪、肩扛式火箭筒、枪榴弹发射器、手榴弹、大马力渔船、挂机快艇、卫星电话等,已经成为海盗们的"制式装备"。2006年3月17日,与美军狭路相逢的13名索马里海盗为逃避检查,居然对一艘美国巡洋舰和一艘导弹驱逐舰进行"先发制人"式的打击,虽然最后被全歼,但其仰仗的火箭筒、枪榴弹等武器装备，着实让美军吃惊不小。

索马里海盗还有一个显著的特点，就是只为赎金而来。这一点不同于其他地方的海盗：印度洋的海盗以上船偷盗为主；马六甲和印尼的海盗则杀人越货，无恶不作；尼日利亚的海盗主要是冲着石油运输船而去，且多附加政治要求，尤其是在尼日尔三角洲一带；索马里海盗则"全心全意"只要赎金，并一再声明其行动与恐怖主义无关，不附带任何政治诉求。这种"纯商业化"的操作模式（劫持船舶—绑架船员—勒索赎金—放船走人），从一个侧面反映了索马里战乱所导致的赤贫现实。

另一方面，身为天性豪放的非洲人，索马里海盗一向高调行事，其熟练的身手、过人的胆量，让其他水域的海盗望尘莫及，也让国际社会苦不堪言。从法国的豪华游艇，到联合国的运粮船，再到乌克兰的军火船，来者不拒，盗而无道。英国皇家国际问题研究所曾经发表的报告称："索马里海盗2008年每劫持一艘船只，索要50万至200万美元不等的赎金。2008年在索马里沿海活动的海盗已索得的赎金总额可能在1800万至3000万美元之间，赎金高涨使海盗活动更加有利可图。"这份题为《威胁全球贸易，支持局部战争》的报告认为，海盗活动迫使船只绕道航行，增加航行时间和船运成本，正日益威胁全球贸易；而且，好战组织勒索的大量赎金不仅纵容了海盗行为，还为索马里内战提供了支持。

历史上，除了疯狂掠夺自然资源之外，西方殖民者并没有为这片土地上的现代民主政体留下更多的发展空间；相反，他们依据自身利益，确定势力范围，人为划定疆界，给索马里留下无尽的隐患。例如如今隶属于埃塞俄比亚的欧加登地区，还在刺激两国之间的民间对立情绪。

落后的政治经济发展水平，使索马里长期处于世界最不发达国家行列。联合国人道主义事务协调厅指出，目前索马里100万人流离失所，320万人急需人道主义援助。而当越来越多的索马里人陷入生存危机的时候，挥金如土的海盗们却过着豪华奢侈的生活，海上打劫简直成了他们的"印钞机"。在索马里北部半自治区邦特兰出没的海盗西亚德和他的党羽，最近就释放了他们在2008年5月劫持的一艘德国船，并从中赚取了75万美元赎金。这极大地刺激了周围贫民们脆弱的神经，让他们"毅然"投身海盗事业。

27

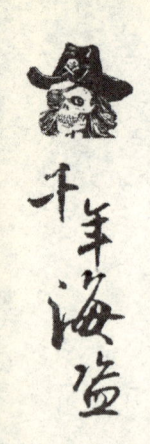

可恨之人也有可爱之处。为笼络人心,争取舆论支持,不少海盗头子"慷慨"地拿出数目可观的赎金给当地建造公路、学校和医院,并购买发电设备,让海盗窝点附近的普通索马里人也享受到了"前所未有的幸福生活"。由于海盗给当地人带来了"众多实惠",因此索马里北方人并不讨厌海盗,也不关心那些被海盗们扣押了数个月的人质的安危。

受害者方面,除了法国政府态度强硬拒绝妥协、曾两度出动突击队解救人质外,其他被劫船只的船东通常做法都是先表面谴责,后私下谈判,再秘密支付高额赎金。这极大地助长了海盗的嚣张气焰,也吸引了更多的贫民加入。

除了经济凋敝的压迫,部族的纷争更是"太难之篮"。索马里现有两大族系、六大部族、几十个部族分支。这些建立在血缘基础上的部族分支,彼此间的历史冲突难以调和,也为国家分裂埋下了伏笔。1991年西亚德独裁政权垮台后,以部族势力为基础的军阀武装割据,相互倾轧,18年来一直如是,形成了霍布斯所描述的"所有人反对所有人"的可怕景象,索马里从此烙上"失败国家"的烙印。

虽然联合国、非盟、阿盟和伊加特等众多国际组织先后为其主持过12次部族和解、秩序恢复和政府重建工作对话会,但大都无功而返。而国际势力的纷纷介入,却让索马里局势愈加复杂。目前,索境内除了有经联合国授权、由非盟派驻的乌干达和布隆迪维和部队2600人之外,还有埃塞俄比亚军队8000人、厄立特里亚军队2000人,并且有约10个国家向冲突各方提供武器,直接或间接地参与其中。如此混乱不堪的政治军事环境,最终成就了"海盗天堂"。

3 重要海盗劫持事件

2007年2月25日,索马里海盗劫持联合国救援船。

2007年4月2日,一艘印度籍货船在索马里沿海被劫持。

2007年5月2日,3艘外国渔船在索马里沿海被劫持。

2008年4月4日,法国一艘豪华远洋帆船在索马里海域遭海盗劫持,船上32名船员沦为人质,最后缴付赎金才放行。

2008年4月5日,一艘德国货船被劫持。

2008年4月20日,一艘载有26人的西班牙渔船在索马里海域遭持榴弹发射器的海盗劫持。26日,索马里海盗释放了全部26名船员。索马里官员透露,西班牙政府支付了120万美元赎金。

2008年5月19日,荷兰一家船运公司的一艘货船被海盗劫持,船上共有9人。6月25日,在船主支付了110万美元的赎金后,货船及船员获释。

2008年5月底,一艘德国货船与一艘土耳其船只一起被海盗劫持。土耳其船只于6月底获释。7月8日,德国货船付赎金后获释。

2008年7月20日,悬挂巴拿马国旗的"斯特拉·马丽丝"号日本货轮在索马里港口阿卢拉附近遭劫,海盗向船主索要350万美元赎金。

2008年8月12日,一艘悬挂泰国国旗的货船遭劫持,船上有28名船员。10月15日,该船获释。

2008年8月19日,马来西亚国际航运公司旗下的"文加梅拉提·杜奥"号遭劫持,船上有39名船员。8月29日,同一航运公司的"文加梅拉提5"号遭劫持,船上有39人。海盗对两船索要470万美元赎金。

2008年8月21日,索马里海盗一天之内在亚丁湾海域先后劫持3艘外国大型船舶,创下近年来一天之内船只遭劫的最高纪录,被称为"最具速度的劫持"。海盗首先向一艘在该海域行驶的伊朗货船连续开火,并于当地时间凌晨2时20分强行登船;1个小时内,海盗在同一海域劫持一艘日本油轮;当地时间8时前后,又一艘德国轮船被劫。

2008年9月2日,索马里海盗上了一艘法国游艇,劫持船上一对法国夫妇,要求逾100万美元赎金。

2008年9月3日晚,一艘悬挂埃及国旗的船只在索马里附近海域被劫持。

2008年9月10日下午,一艘韩国籍货船在索马里附近海域遭海盗劫持,船上有8名韩国人及多名其他国籍人员。10月16日,该船获释。

2008年9月18日,希腊的一艘散装货轮在索马里海域遭海盗劫持,25名船员成为人质。

2008年9月25日,乌克兰货轮"法伊尼"号在肯尼亚印度洋沿岸附近

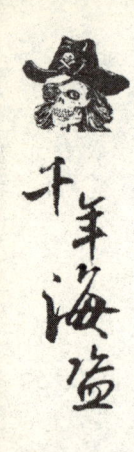

的国际海域遭海盗劫持,船上载有33辆T-72型主战坦克、大批装甲运兵车,以及炮弹、发射器等小型武器。武装人员乘3艘摩托艇截击这艘名为"法伊尼"号的散装货轮。船上有21名船员,包括17名乌克兰人、3名俄罗斯人和1名拉脱维亚人。被劫货轮悬挂伯利兹国旗,当时正驶往肯尼亚。索马里海盗一开始索要3500万美元赎金,10月下旬又将赎金数量降至2000万美元;并威胁要炸毁军火船,气焰十分嚣张。至少有6艘外国军舰监视着被海盗劫持的乌克兰货船,海盗们与他们眈眈相向,正面对峙,似乎毫无畏惧。此举可谓索马里海盗一次"登峰造极"的行动,被称为"最生猛的劫持"。直到12月,海盗已经与"法伊尼"号船主达成协议,对方愿意支付350万美元赎金赎回轮船、武器与船员。

2008年10月1日,索马里海盗一天之内在亚丁湾袭击了4艘船只,但均未得手。

2008年10月9日,一艘悬挂巴拿马国旗的货船在索马里与也门之间的海域被武装海盗劫持,船上共有11名船员,包括9名叙利亚人和2名索马里人。

2008年10月10日,索马里海盗登上一艘挂巴拿马国旗的化学品运输船。船上载有17名格鲁吉亚人和3名西班牙人。

2008年10月15日,一艘菲律宾货船从约旦亚喀巴出发,计划前往中国,在索马里附近海域遭劫持。

2008年10月中下旬,来自泰国和韩国的各一艘货船及共50名船员,在海盗收到赎金后获释。但同期,又有一艘菲律宾货船和一艘土耳其货船遭劫。

2008年10月29日,一艘满载77吨铁矿、由加拿大航向中国的土耳其货船"雅沙尼斯利汗"号,在亚丁湾海域遭到海盗劫持,船上共有20人。另一艘装载化学原料的"卡拿高"号货船(也是航向中国),同年10月12日航行至印度孟买港遭劫持,船上有4500吨化学物品。

2008年11月7日,一艘丹麦货船在索马里附近海域遭海盗劫持,船上共有13人。这艘船是在巴哈马注册的,船主是丹麦的一家船运公司。

同日,开往印尼巴淡岛的"CEC Future"号货船被劫持,船上有11名俄罗斯公民、1名爱沙尼亚人和1名格鲁吉亚人,并有金属物资。

2008年11月10日,一艘运输化学品的菲律宾船只在索马里附近海域遭海盗劫持,船上有23名船员,都是菲律宾人。

同日,日本"思多而特尼尔森"航运公司的第二艘运输船被索马里海盗劫持。近2个月前,该公司前往印度的一艘货船也曾在途中被劫持。

2008年11月11日,英国皇家海军与企图劫持丹麦船只的索马里海盗交火,3名海盗死亡。

2008年11月15日,日本船舶公司所属的2万吨级"切穆斯特·维纳斯"号巴拿马货船在距亚丁港以东130公里的海域被劫。船上共有23人,包括5名韩国人和18名菲律宾人。货船上装有化学制品。

菲律宾是世界上国际船员最多的国家之一。自2008年7月以来,武装人员已先后在索马里附近海域劫持182名菲律宾船员,其中仅有74人获释。菲政府宣布索马里附近海域为"危险区域",建议本国船员不要在途经该区域的船只上工作。

2008年11月18日,沙特阿拉伯巨型油轮、世界第二大油轮——长达330米的"天狼星"号在肯尼亚以东700多公里的印度洋上被劫持。船上装有200万桶石油,总值逾1亿美元;以及25名船员,分别来自克罗地亚、英国、沙特、菲律宾和波兰等国。整个劫持过程才用16分钟,实可谓"快如闪电"。这是索马里海盗"空前绝后"的一次大劫持,被称为"最以小搏大的劫持"。

2009年1月10日,沙特阿拉伯石油和矿产资源大臣纳伊米说,"天狼星"号油轮已经获释,船上人员健康状况良好。纳伊米当天在一份声明中说,他从"天狼星"号油轮所属的沙特阿美石油公司获悉,"天狼星"号油轮已经离开被扣押的港口,驶向安全海域,全体船员的人身安全没有受到伤害。至于他们交了多少赎金,他没有明说。

劫持"天狼星"号与劫持"法伊尼"号的是同一个海盗组织。2009年1月9日,海盗头子Shamun Indhabur在接受美国《新闻周刊》专访时说:

"在当海盗前我是个渔民,是捕虾的……在索马里,所有的年轻人都对生活感到绝望……我们很绝望,谁派军队来都不能阻止我们……真正的解决办法是重建索马里的和平,唯一能结束海盗问题的是在索马里建立一个强有力的政府……在索马里海域,最友好的军事力量是美国海军。他们抓

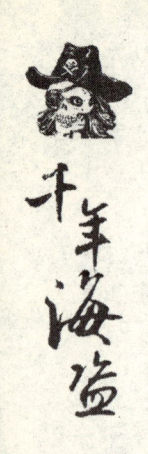

住我们后都会把我们放了,因为他们知道我们不会伤害他们。但法国人和印度人对我们很糟,有时他们不知道自己在做什么。印度人击沉了泰国的船,然后说那是海盗;但我告诉你,那条船上,一个海盗也没有……我们的行动是正当的,因为那些在外国军队保护下所进行的才是肮脏的生意,他们从事非法捕捞,往海洋倾倒有毒的污水……海盗属于不同的组织,但主要是两股力量,一个在邦特兰,另一个在索马里中南部,就是我的组织。我是一个七人委员会的成员。我们是一个有规矩和纪律的组织,我们很尊重这些规则……我知道这(即干海盗)是邪恶的,但这是唯一的解决办法。"

2008年11月18日前后,海盗还在亚丁湾海域先后劫持了3艘船,它们分别是一艘载有16名船员的泰国渔船、一艘载有25名船员的伊朗散货船以及一艘船员人数在23至25人的希腊散货船。

2008年11月28日,"Biscaglia"号货船被劫。其中25名印度人、2名印尼人被劫。该船还雇有专业保镖。

到2008年11月,各国仍有11艘船只和200多名船员被扣在索马里水域。

2008年12月5日,土耳其货船"Bosphorus Prodigy"号被海盗劫持,船上有8名乌克兰人和3名土耳其人。在此前后不久,一艘马来西亚拖船又被劫持。而一艘荷兰船则在坦桑尼亚东部600公里的地方遭到攻击,显示海盗们的行动范围已经大大延伸。

2008年12月16日,索马里海盗在亚丁湾劫持了2艘商船和1艘小游艇。

2009年1月1日,埃及货轮"蓝晶"号被海盗劫持。

在国际力量联合出动的打击下,索马里海盗得手的机会越来越少。

最新动态:美军特种兵击毙海盗,救出被俘船长

据人民网2009年4月13日讯(记者高铁军),本月8日被索马里海盗扣为人质的美国船长菲利普斯,在昨天即12日获释,已被安全转送到停靠在附近的一艘海军舰艇上。

当天晚些时候,美军"海豹突击队"同看押菲利普斯的海盗在谈判

索马里海盗

（对方是代表海盗的索马里一名部落长老）破裂以后，结束了长达5天的僵持状态，进行了短暂的交火，并在打死3名海盗之后（还有1名海盗已被逮捕）救出了这名人质。

菲利普斯在本次事件中没有受到任何伤害。已经停靠在肯尼亚蒙巴萨港的该船船员们，当听到自己那位英勇解救大伙的船长被成功营救的消息以后，都情不自禁地激动欢呼。在获救前，这名船长与4名全副武装的海盗一起，乘坐一条失去动力的救生艇，在索马里东部的印度洋上漂流了5天之久。

美国CBS电视台报道说，在4月10日时，菲利普斯曾试图从关押他的救生艇上逃走，但最后还是被海盗们抓了回去。

据悉，本次武力营救活动，得到了刚刚上台的美国黑人总统奥巴马的关注与批准。就连著名的五角大楼、FBI（美国联邦调查局）也参与了此次活动。

4月8日，当地时间8日4时30分（北京时间12时30分），一艘满载联合国救援物资的货轮（悬挂美国国旗，其实属于丹麦）"马士基亚

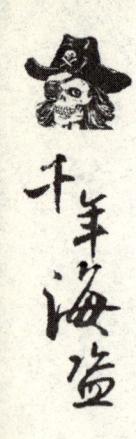

拉巴马"号，在距离索马里首都摩加迪沙以东大约 645 公里处遭到 4 名海盗的偷袭，并一度被海盗控制。

该货轮大副沙恩·默菲当时曾通过电话，对媒体描述了那惊险的一幕：当他们发现乘快艇而来的海盗时，试图掉头躲避。但海盗的船只速度很快，双方随即在印度洋上展开了一场追逐战。海盗船还从后面对货轮猛烈开火，货轮始终不能将其甩掉。最终，海盗所乘快艇从侧翼追上货轮，几名手持 AK－47 机枪的海盗成功登船。

为避免船员受到伤害，该船 53 岁的船长理查德·菲利普斯在海盗已经登船，并且不断鸣枪的情况下，首先要求自己的船员集体反锁在一间安全的屋子内（并切断一切通讯），然后挺身而出，主动上前，成了海盗的俘虏。"那是他愿意做的，因为他就是那样的人，这也是他作为船长的责任。"菲利普斯的一名亲戚事后对媒体说。

几个小时后，菲利普斯手下 20 名赤手空拳的美国籍船员自发反击，重新夺回了货轮控制权（他们还抓住了一名海盗），最终迫使海盗挟持着船长作为人质跳入救生艇逃跑。

此后，数艘美军军舰赶到现场，并且同海盗方面进行了一系列艰苦的谈判。由于美方坚持要在确保人质安全的同时，将 4 名涉及此事的海盗"逮捕法办"；而索马里一方认为"这一条件是不能接受的"。海盗们还很嚣张，说只要美军动用武力，强行解救人质菲利普斯，就会杀死他。

由于海盗们乘坐的救生艇缺乏燃料，失去了动力，因此只能在索马里东部的印度洋茫茫海面上"漂流"，距离索马里海岸线最近时只有 50 公里左右。只要他们成功上岸，就将回到"海盗老窝"的怀抱，解决此事将变得更为困难。美军因此采取了一切必要措施，一方面阻止海盗的"增援部队"赶赴现场，一方面始终让这条小船处于自己的有效监控范围内，使其没有带着人质登陆的可能。但人质在对方手中，他们投鼠忌器，只能多日与海盗处于对峙状态。

为防止海盗带着其他被劫持的外国货轮与船员赶往现场"助威"，美军参与营救的 7 艘军舰和 P－3 侦察飞机采取了各种措施，全力阻止海盗的"增援部队"抵达该救生艇附近海域。一艘计划前往助阵的被劫持德国万吨货轮，因"找不到救生艇位置"，只好重返其陆上基地附近。

海盗们曾要求美方通过支付200万美元的赎金外加提供安全通道的方式，来换取菲利普斯的安全。此前，其他国家为被俘万吨货船提供的赎金最多也不过300万美元，海盗本次可谓"狮子大张口"。

现在，同美方谈判的海盗已经被捕。有关方面（如美国司法部）正在考虑，是否在美国本土起诉这名海盗。如果根据美国法律审判海盗，此人将被判处无期徒刑。

美国人对索马里有着极为"黑色的记忆"。1993年，美军特种兵在索马里首都摩加迪沙同当地民兵武装展开巷战，结果造成18名官兵伤亡和多架直升机坠毁的惨剧。后来，美国时任总统克林顿宣布从索马里撤走全部美军。美国从此不愿再涉足这个战乱不止、多灾多难的"东非之角"。

统计数字显示，现在世界各国悬挂美国国旗的远洋货轮，总数不到200艘。上述这艘排水量达1.7万吨的集装箱货轮上，共装有400多个满载食品的集装箱，其中有232个集装箱属于联合国有关机构向索马里和乌干达等国难民提供的食品援助。这条船于12日已经抵达了预定港口卸货。

美国曾多次宣称，他们不会通过向"邪恶势力"支付赎金的方式来换取人质的安全。因此，虽然菲利普斯是自19世纪初至今的200多年里第一名被海盗俘虏的美国水手，有关方面还是宣称将拒绝接受对方提出的各种条件。万幸的是，菲利普斯最终平安无恙，已被送到美军军舰上接受各类治疗和调养。毕竟，海盗不会轻易将其杀害，否则他们就失去了最好的"防身武器"。

美国海军预计，即使不去索马里东部的印度洋巡逻，仍然至少需要61艘军舰才能确保海盗最为猖獗的亚丁湾水域畅通无阻。美军中央司令部司令彼得雷乌斯4月9日承诺，美国将增加在"东非之角"的海军兵力。他没有介绍具体情况，但是他表示："我们将确保，我们拥有未来几天可能需要的所有能力。"

不过，海盗们也叫来了增援力量。一位不愿透露姓名的驻肯尼亚首都内罗毕的外交官说："海盗们已叫来了帮手，小艇和母船正从海岸驶

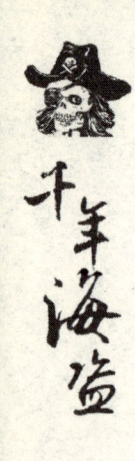

往出事海区。我们知道，他们进行了集结。"海盗据点艾尔镇的一位居民说，4艘被海盗劫持的外国船只正驶向救生艇，其中的两艘船上有54名人质。

一位名叫巴多威的海盗说："他们要求我们增援，我们已派去了数名装备精良的同事，这些同事扣押着德国货船。我们无意伤害美国船长，我们希望我们的同事不要遭到伤害。我们需要的首先是一条带着船长出逃的安全路线，随后再进行赎金的谈判。"

目前，索马里当地只有12～16艘来自不同国家的军舰在开展护航行动，给海盗留下了巨大"活动空间"。如何处理那些被俘海盗，也是一个难题。最近，索马里海盗的活动范围最远已抵达非洲东南部的莫桑比克海峡附近。他们目前仍关押着世界各国的270多名人质。

据中新网4月13日电，美联社消息说，索马里海盗头目当天声称美军在"搞偷袭"，他们扬言将对美国展开报复。但该头目并没有透露即将展开海盗活动的细节。

而且，据新华网快讯，肯尼亚当地一个海事组织说，4月12日，就在海盗们同美国方面在索马里东部的印度洋上讨价还价的同时，另一伙海盗却在亚丁湾各国海军眼皮底下再度出手，成功劫持了一艘前往苏伊士运河的拖船（由美国公司所有，悬挂意大利国旗），并将船上16名船员扣为人质，其中包括10名意大利人、5名罗马尼亚人和1名克罗地亚人。4月13日，该船已经被海盗释放，抵达索马里港口抛锚。

分析人士说，索马里海盗在多国军舰的威慑下沉寂了一段时间后，最近又有卷土重来的趋势。近10日之内，该附近海域已先后发生7次海盗袭击过往轮船事件。4月4日，索马里海盗在印度洋上劫持1艘德国货轮；5日，1艘悬挂法国国旗的船只和1艘也门船也被索马里海盗劫持；6日，索马里海盗还劫持了1艘中国台湾渔船和1艘英国3.2万吨级散装货船。10日，法国海军曾对被索马里海盗扣押的5名该国人质展开营救行动，结果成功救出4人，1人在交火中丧生。

索马里海盗再度猖獗，其原因不外乎：1. 天气转好，海盗作案容易；2. 海盗开始与军舰"躲猫猫"；3. 各国舰队协同作战不够。

有专家认为，打击海盗，除了需要舰队护航外，还需要做其他工作。美国第五舰队军官说:"只有国际舰队,绝对不可能完成打击海盗的任务。"观察人士也认为,遏制索马里海盗,必须解决海盗产生的土壤。目前索马里仍然四分五裂,战乱不断,很多人除了做海盗就没有其他事可做——更何况这还是一个暴利行业。

4 国际力量联合出动

2008年以来,索马里附近海域日益猖獗的海盗活动引起了国际社会的广泛关注。仅2008年一年,全世界已经给索马里海盗支付赎金共1.2亿美元(据联合国秘书长索马里问题特别代表艾哈迈德·乌尔德·阿卜杜拉2008年12月11日所说)。而由此产生的间接损失,是海运保险费增加和航线路线变更。

尤其危险的是,在这些海盗的背后,有一个更为庞大的犯罪网络,其中一些幕后指挥者往往住在肯尼亚或阿联酋,他们用劫船获得的赎金从事其他犯罪活动,例如走私毒品和武器以及组织偷渡等;甚至,它还可能与"基地"组织或其他恐怖组织有关联。

与此同时,据联合国世界粮食计划署称,索马里海盗还威胁到当地人道主义救援行动。2008年2月底,索马里海盗曾劫持一艘世界粮食计划署租用的货船,直到4月初才将其释放。这严重影响了当地人道主义救援效果。最近,世界粮食计划署准备向因躲避战乱而逃离索马里首都摩加迪沙的12万民众提供食品援助,但海盗的频繁袭击已使这种援助面临瘫痪。有鉴于此,埃塞俄比亚总理梅莱斯指出,海盗行为是索马里问题的外部体现,索马里问题既影响了该地区的安全与稳定,也影响到世界的安全与稳定,任何国家都不能接受像海盗行为这样的罪行。

联合国安理会在2008年6月全票通过第1816号决议,授权外国军队经索马里政府同意后可进入索马里领海打击海盗及海上武装抢劫活动,授权有效期为6个月。此后,安理会又先后通过第1838号、第1843号、第1846号和第1851号决议,呼吁关心海上活动安全的国家积极参与打击索

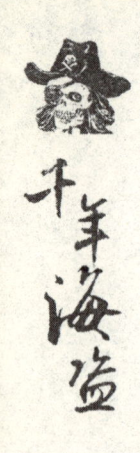

马里海盗的行动。其中,安理会2008年12月16日一致通过的第1851号决议决定,从即日起,授权有关国家和国际组织在12个月内可以在索马里境内"采取一切必要的适当措施,制止海盗行为和海上武装抢劫行为"。索马里过渡联邦政府也在乌克兰货轮"法伊尼"号遭劫之后,于2008年10月1日呼吁各国进入其领海打击海盗。

联合国粮食计划署等国际组织多次发出呼吁,请求一些海上军事强国派军舰在索马里附近海域巡逻,以遏制海盗活动,保护国际救援组织向索马里提供援助物资的海上通道,以及红海与印度洋之间重要国际航道的安全。

为共同打击索马里水域的海盗活动,在联合国号召下,已有十多个国家派出军舰参与巡航该水域。美国、德国、法国等国组建了联合特遣队,在索马里附近海域巡逻,保护本国船只。索马里当局也正在与部分国家谈判,以便让外国海军能够开进索马里领海缉拿海盗。但美国海军女发言人斯特凡妮·默多克日前表示,保护每天约有150~200艘货船驶经的这一宽阔海域,实在有相当的难度,军舰远远不够。

总部设在西亚巴林的美国海军第五舰队(共有12艘军舰),早就加强了在索马里一带海域的活动。自2006年10月下旬以来,美国军舰已多次出手对付海盗。10月28日,一艘日本化学品运输船在索马里沿海被劫,附近海域一艘美军导弹驱逐舰接到命令后,对其进行了跟踪监视。数日后,又一艘朝鲜货船遭到劫持。船员们经过激烈战斗制伏了海盗,赶来救援的美国军舰随即派人登船提供了医疗援助。

2006年11月5日,遭劫已达半年多的台湾"庆丰华168"号的船员们终于盼来了久违的自由。在拿到赎金的海盗离船而去后,美国军舰与渔船靠接,美军人员登船向船员们提供了食品等援助。此后,在另一艘军舰拖拽下,"庆丰华168"号开始缓缓驶离索马里海域。经过一夜航行后,美军舰与"庆丰华168"号分离,并在继续护航一段后离去。渔船则继续向南航行,驶向肯尼亚蒙巴萨港。

仅从2008年8月到11月,第五舰队就已经击退了近20起海盗袭击。

2008年9月23日,俄罗斯海军总司令维索茨基上将宣布,俄罗斯决定出动军舰前往索马里海域,以打击在非洲沿岸劫掠船只的海盗。10月21日,俄罗斯驱逐舰"无畏"号通过苏伊士运河驶往索马里海域。11月20

日,维索茨基再次表示,俄罗斯将增派军舰赴索马里附近海域定期巡逻,防止海盗袭击过往商船。进入 2009 年,驱逐舰"无畏"号由该国太平洋舰队所取代。

2008 年 9 月 29 日,美国海军向索马里附近海域增派多艘军舰,并与俄罗斯等国的军舰一起,包围了遭海盗劫持的乌克兰军火船。

2008 年 10 月 17 日,印度国防部宣布,派遣一艘大型军舰前往索马里附近海域巡逻,舰上备有直升机,搭载有多名突击队员。11 月 19 日,印度海军宣布他们已击沉一艘海盗"母舰"。

2008 年 10 月 24 日,北约派遣 3 艘分别来自英国、意大利和希腊的军舰,前往索马里海域执行保护世界粮食计划署运粮船的任务。这一行动于 12 月 12 日暂告一段落。

2008 年 11 月 10 日,欧盟成员国外交部长在布鲁塞尔举行的月度例会上,批准欧盟向索马里海域派遣军舰和飞机,以保护世界粮食计划署运粮船安全,并在该海域打击海盗活动。该行动的代号为"阿塔兰塔"。

2008 年 11 月 11 日,英国皇家海军在索马里附近海域与一艘拦截丹麦货轮的海盗船发生交火,共有 3 名海盗在交火中死亡。这是英国海军获得正式授权以来,首次在该海域与海盗正面交火。英国国防部公布的调查结果宣称,所有英军人员的行为都是合法的自卫行为。此前,英国外交部已与索马里政府举行谈判,索马里政府也已经授权英国海军进入亚丁湾海域武力攻击海盗船,并将抓捕的所有海盗移交给索马里政府。

2008 年 12 月 8 日,欧盟正式启动代号为"阿塔兰塔"的军事行动。根据计划,欧盟 8 个国家(包括英国、法国、德国、西班牙、荷兰、比利时、希腊和瑞典)向索马里地区大约 100 万平方公里的海域共同派遣 6 艘军舰、3 架海上预警机和 4 架直升飞机,组成打击海盗特遣舰队。一方面保证世界粮食计划署运粮船及其他商船的安全,另一方面在该海域预防和打击海盗及其他武装抢劫活动。这项军事行动将持续 1 年,总指挥部设在英国诺斯伍德。该舰队由英国皇家海军少将菲利普·琼斯指挥。公报称,欧盟舰队只在必要时使用武力,并可以扣押海盗船以及船上人员。这是欧盟海军首次在海外的军事行动。

2008 年 12 月 10 日,俄罗斯海军总司令助理伊戈尔·德加洛表示,该

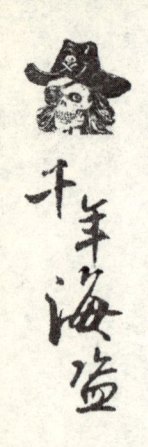

国"无畏"号护卫舰和英国护卫舰在亚丁湾联手防止了一场海盗劫持丹麦船只的事件。一架俄海军的"卡－27"型直升机和一架英国"山猫"直升机，分别从俄"无畏"号舰和英国"坎伯兰郡"号舰上起飞，阻止了正在向丹麦船只射击并企图控制该船的海盗。英国海军18日还将在此次行动中抓获的8名索马里海盗移交给肯尼亚警方。

2008年12月20日，据伊朗国家电台报道，伊朗已派遣一艘军舰在亚丁湾巡逻，以保护过往的伊朗船只免遭海盗劫持。伊朗一名官员曾经表示，他们自己有能力应对海盗。

法国政府早在2006年就派遣了一艘军舰前往索马里沿海协助打击海盗。2009年1月1日，法国总统府宣布，参加欧盟联合打击海盗"阿塔兰特"军事行动的法国海军，当天在亚丁湾挫败了一起海盗行动，并抓获8名海盗，全部是索马里人。总统府当晚发表新闻公报说，8名海盗分乘两艘摩托艇，试图强行登上一艘航行在亚丁湾的巴拿马籍货轮。法军的一艘护卫舰成功拦截了这两艘摩托艇并抓获了船上的8人，缴获了一批武器弹药。被捕的索马里人已经移交索当局处理。法国总统萨科齐对法国海军的行动表示高兴，并且重申法国将坚决打击海盗行为。

在此前后，欧盟军队还使1艘新加坡油轮、1艘意大利货船和1艘希腊船只免于被劫持的命运。

此外，韩国政府已宣布向索马里海域派遣军舰，加入国际海上军事行动，从而防止该国商业货船落入索马里海盗之手。据当地媒体称，韩国军方希望向索马里海域至少派遣1艘驱逐舰。在计划获得韩国国会通过后，韩国军舰于2009年部署到位，一艘携带大量先进武器装备的4500吨重量级的驱逐舰即将出发。

日本也在积极寻求通过特别措施法案，为自卫队舰船进入索马里海域提供法律依据。日本首相麻生太郎就近来在索马里海域频繁发生的海盗事件称，"如果等到日本船只被海盗袭击、人员成为人质时就晚了，必须尽早研究对策"，再次表露出制定法律以灵活运用海上自卫队打击海盗的想法。

尽管国际社会已经承诺，或者正致力于打击海盗行动，但现有巡逻措施仍难以取得明显效果，与海盗得势形成鲜明对比。已经到达索马里附近海域的多国海军部队正面临重重难题：巡逻一个面积相当于红海和地中海总和的海域（250万平方英里），有的海域处于巡逻真空；海盗善于伪装，难以在劫持行动发生前确定其身份；海盗一旦控制了船只和人质，各国巡逻军舰出于对人质安全考虑，难免投鼠忌器等。

多国部队加强巡逻的海域目前主要是在亚丁湾。虽然他们已经使海盗得手率从2008年8月的53%降低到2009年初的31%，但巡逻仍难以覆盖到所有区域，无法有效遏制海盗的"神出鬼没"。另据《泰晤士报》报道，前来巡逻的多国部队，其主要任务是反恐和打击武器走私，打击海盗只属于"兼职"，这也给打击行动的力度打上问号。

而海盗正是利用多国海军部队的这些弱点，寻找远离索马里沿岸的地点发动袭击。

现在，亚丁湾共聚集了来自欧盟、俄罗斯、美国、中国、印度、伊朗和马来西亚等多国军舰，共计20余艘。但是，解决索马里海盗问题，除采取海上护航行动、阻止海盗袭击外，国际社会还应帮助索马里尽快恢复秩序，促进索马里实现和平与稳定。

5 中国如何与海盗"结缘"

曾经只在电影大片中看到的"江洋大盗"，如今离中国船员已不再遥远。

中国与索马里的关系素来不错，这是因为中国一如既往的以无私援助为宗旨的非洲政策。中索两国自1960年建交后，双边关系稳健发展；尤其是在20世纪70年代，中国为索马里援建了一批重大项目：摩加迪沙体育场、贝纳迪尔妇女儿童医院、国家大剧院、香烟火柴厂等。据一些曾经在索马里工作过的中国外交官说：索马里人"最喜欢中国人，但这只是'相对而言'；劫匪并不会格外开恩，有绑架照绑"。

新华社首尔2006年4月5日电：韩国外交通商部宣布，当天，该国一艘渔船在索马里附近海域被劫持，包括3名中国船员在内的25名船员被扣留。当日凌晨3时40分左右，韩国"东源628"号渔船正在索马里附近公

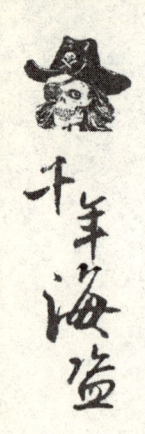

海上捕鱼。此时,8名不明身份的武装人员分乘两艘汽艇向渔船开枪扫射,并将渔船劫持。正在附近海域的另外两艘韩国渔船获悉"东源628"号被劫持后,向邻近的一艘荷兰军舰求援。约50分钟后,这艘荷兰军舰联络美国军舰共同追寻"东源628"号下落,但未能发现其踪影。

"东源628"号属于韩国南部港口城市釜山的东源水产公司,船上除3名中国船员外,还有8名韩国船员、9名印度尼西亚船员和5名越南船员。韩国外交通商部已就此事马上向中国驻韩国大使馆进行了通报。当天5时30分,"东源628"号船长崔成植在给釜山的家人打电话时说,所有船员都处于安全状态。韩国海洋水产部官员说,根据卫星定位系统的跟踪结果,"东源628"号被劫持后,一直停泊在索马里一个港口附近的海域。韩国外交通商部成立了以第一次官柳明桓为部长的紧急对策本部,紧急处理这一事件。

中新网2007年5月17日电:据韩国媒体消息,韩国外交通商部一位官员当天表示,载有4名韩国船员的2艘远洋渔船,在索马里公海上遭到劫持。该官员称,当地时间15日中午12时40分,离开肯尼亚前往也门的2艘韩国渔船,在距离索马里海岸250多公里的海上,被推定为索马里海盗的武装分子劫持。这2艘渔船上共有30名船员,其中包括10名中国人。渔船是坦桑尼亚船籍,船长及船主是韩国人。韩国外交部当天召开了第一次对策会议,并将召开由有关部门负责人组成的恐怖对策工作会议,讨论营救对策。该官员说,政府将致索马里外交部长书函,请求索政府为使他们早日获释予以协助。

上文还提到,2006年4月18日,在索马里沿海作业的中国台湾"庆丰华168"号渔船遭到海盗劫持,辽宁船员陈涛遇害。不到1个月后,哈拉代雷港内又来了2艘被劫持的韩国渔船。这两艘船于2006年11月4日被海盗释放,船上共有24人,包括10名中国人、4名韩国人、4名印度尼西亚人、3名越南人和3名印度人。2007年5月15日,2艘坦桑尼亚籍渔船遭到劫持,船上共有24名船员,其中中国籍船员10名。次日,一艘台湾渔船又被劫持,船上有8名大陆船员、4名台湾船员。

据中国外交部发布的数据,从2008年1月至11月,中国有1265艘商船通过亚丁湾、索马里海域,其中20%的中国船只遭遇过海盗袭击。

2008年9月15日,一艘在中国香港注册的运输船在索马里附近海域被劫,船上共有22人。

2008年9月18日,索马里海盗劫持了一艘中国香港籍化学品运输船,船上有24名中国船员和1名斯里兰卡籍船长。船舶和船员在同年11月29日上午已经获释。中国驻肯尼亚大使馆参赞韦宏添已经向记者证实,索马里当地时间上午9时(北京时间14时),这艘属于中国对外贸易总公司的货轮已经离开索马里海岸,驶往阿联酋首都阿布扎比。他说,船上的船员都很健康、安全。

随后几天,一艘希腊货船在索马里附近海域被海盗劫持。船上19人中,有1名中国船员。

2008年11月13日晚,中国渔船"天裕8"号在肯尼亚沿海海域被携带榴弹发射器和自动武器的索马里海盗劫持。中国有关各方立即行动起来。中国外交部当晚就"天裕8"号被劫持一事发表声明称,他们正会同有关部门和驻外机构,全力营救被劫的船员、船只。中国驻肯尼亚大使馆参赞韦宏添表示,根据此船代理公司提供给大使馆的人员名单,被劫持的渔船上有船员25人,其中包括17名中国人,16人来自中国大陆、1人来自中国台湾;8名日本、菲律宾、越南人。

在远洋渔业中,渔船出海一般都是两艘结伴而行,为的就是彼此有个照应。"天裕8"号也不例外,它也有一个"孪生兄弟"——"天裕7"号。按照惯例,这两艘船作业的距离应该不会很远。"但这回事发在凌晨,而且都是武装海盗,7号很难施以援手。"该公司物资科员工朱春霞说。

2008年11月,一艘悬挂着香港区旗的伊朗万吨货轮"DELIGHT"号在亚丁湾被劫,船上有3.6万吨小麦。美国第五舰队司令事后透露,外界目前还无法知道这艘货轮及其船员的下落。

2008年12月18日,中国运输船"振华4"号的船员英勇逼退索马里海盗。

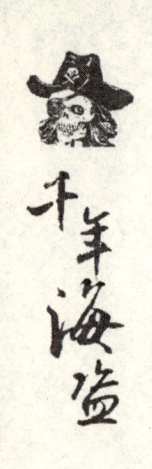

6 中国军民"VERY GOOD"

一、中国船员逼退登船的索马里海盗

北京时间 2008 年 12 月 17 日,在海盗肆虐的亚丁湾海域,上演了一场惊心动魄的战斗。当天 16 时 45 分,在亚丁湾海域遭海盗袭击的中交集团"振华 4"轮,在中国交通运输部组织指挥并协调有关方面支援之下,经船长率领全体船员与海盗沉着周旋近 5 个小时,终于逼退登船海盗,"振华 4"轮及船上 30 名中国籍船员成功脱险。

据中国海上搜救中心总值班室有关负责人介绍,北京时间 17 日 12 时 43 分,中国交通建设集团总公司 6 万吨级特大件运输船——圣文森特籍"振华 4"轮,在从苏丹卸货后返回上海途中,于亚丁湾海域遭遇海盗袭击。9 名持火箭筒、重机枪等武器的海盗登上甲板,企图劫持船舶。"振华 4"轮船长彭维源立即通过公司总部向中国海上搜救中心总值班室求救,并组织全体船员利用消防水龙头及自制"燃烧弹"等与海盗对峙周旋。

接到报案后,交通运输部领导高度重视,立即启动预防海盗应急机制。交通运输部党组副书记、副部长翁孟勇亲自坐镇总值班室,组织指挥并协调有关方面支援。他要求应急工作组一方面与遇险船舶保持联系,指挥船长继续在确保船员生命和船舶财产安全的前提下见机行事,与海盗周旋,等待支援;一方面协调国际海事局马来西亚海盗报告中心及多国海军联合舰队的舰艇和直升机,火速赶往事发海域提供援助;同时向国家有关部门及时通报事件进展情况。

在武装直升机和舰艇的支援下,"振华 4"轮全体船员在生活区设置防障,与海盗顽强抵抗了近 5 个小时,阻止他们进入设备间,为赢得军事援助争取到了宝贵的时间;随后赶来的一艘联合舰队的军舰和两架直升机向海盗频频开火,最终迫使海盗放弃攻击,狼狈逃窜。

成功逼退海盗后,交通运输部应急工作组有关负责人通过电话向"振华4"轮船长和全体船员表示亲切慰问,并提醒他们与应急工作组保持联系,加强瞭望和警戒,尽快驶出海盗活动猖獗海域,早日安全回归祖国。世界多家媒体在第一时间纷纷对此事进行了报道。

国际海事局海盗报告中心主任宗诺埃尔表示:"我很惊讶这些船员居然设法阻止了海盗的进攻。我不知道他们是怎么做的,可他们确实做到了。"他告诉法新社记者:"正是因为他们的勇敢行动,直升机才有足够的时间赶到现场,和船员一起击退了海盗。本来已经登上甲板的海盗最后不得不放弃目标逃走。"

法新社说,此次中国船员获救,是欧盟成立反海盗海军力量以来取得的最新成功。

中国船员大无畏的斗争精神,博得了国内人民的赞赏和国际民众的喝彩:"Very Good!"

二、中国考虑派军舰到索马里海域护航

自从中国船与中国人在印度洋频频"触盗"以来,中国政府与中国海事局多次发出紧急通知,明令禁止本国船员、船只进入索马里附近海域,外交部领事司也多次发出安全提醒(如2008年9月12日和9月18日)。2008年11月15日,中国外交部网站发布消息,再次提醒中方船只切勿进入、靠近索马里附近海域;并要求各船东提高防范意识,采取积极措施,以免遭受不必要的损失。

2008年12月4日,国防大学战略教研部副主任、战略研究所所长金一南少将表示,中国海军应出动打击索马里海盗。金一南声称,若中国人民海军出动,他们获得的将不仅仅是打击海盗的经验,还有执行远洋准作战任务的能力。中国海军的出动,也有助于恢复世界航运信心。

金一南还说,索马里海盗虽然力图表现出与国际恐怖分子的区别,但是,他们与恐怖分子行为的最终效果是一样的。索马里海盗采取的同样是恐怖主义手段,这种行为还是要归于恐怖主义。

中国外交部副部长何亚非2008年12月16日在安理会索马里海盗问题部长级会议上表示,中国正积极考虑近期派军舰赴索马里海域参加护航活动。

何亚非在安理会通过有关打击索马里海盗的第1851号决议后发言

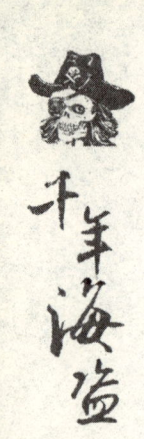

说,中国欢迎国际社会就打击索马里海盗开展有效合作,支持有关国家根据国际法和安理会决议派军舰打击索马里海盗的努力。中国正积极考虑近期派军舰赴亚丁湾、索马里海域参加护航活动。

何亚非就打击索马里海盗行为着重阐述了中国的四点主张:发挥联合国特别是安理会在维护国际和平与安全方面的核心作用,以有效协调各国打击索马里海盗的行动;国际社会打击海盗行动应严格遵守国际法和安理会决议;国际社会应制定综合性战略,在政治、军事、经济、外交、司法等领域齐力推进索马里问题的综合解决;国际社会应帮助索马里加强本国能力建设,并开展区域内协作。

何亚非指出,海盗猖獗只是索马里政治、经济、社会、人道各方面深刻危机的表象。国际社会要重视打击索马里海盗,更要重视铲除海盗产生的根源。各方应继续推进索马里政治进程,尽快授权联合国在索马里部署维和行动,防止索马里人道局势进一步恶化,并加大对索马里基础设施和发展项目的援助。

次日,索马里外长与过渡议会议长谢赫阿丹·马多贝分别表态,表示欢迎中国政府向索马里附近海域派遣军舰参加护航活动,并感谢中国对索马里和平进程的支持。马多贝说,索马里与中国在历史上就有着非常好的关系。如果中国向索马里附近海域派遣军舰打击海盗活动,必将进一步增进两国的友好关系。

三、中国海军舰队远征索马里海域打击海盗

2008年12月26日中午13时45分,中国人民解放军海军舰艇编队从海南三亚起航,赴亚丁湾、索马里海域执行护航任务。舰上海军特战队员挥手与送别人群告别。

护航编队由"武汉"号(舷号169)和"海口"号导弹驱逐舰(舷号171)、"微山湖"号综合补给舰(舷号887)3艘军舰和两架"卡-28"舰载直升机和部分特战队员组成,共800余名官兵。他们的任务是保护中国航经亚丁湾、索马里海域的船舶和人员安全,保护世界粮食计划署等国际组织运送人道主义物资船舶的安全。第一阶段的任务期大致为3个月。

这支力量可以为更大的一支特混舰队甚至航母编队提供防空、反潜作

战支持,随行的补给舰可以支撑它长时间远离沿岸港口的行动。

此前不久,中国南海舰队航空兵某直升机团与舰艇、特种部队在海上进行了联合反恐演练,着重演练了海上巡逻、海上救护、垂直输送兵力、货轮灭火、解救人质等不同环节。

这是中国首次使用军事力量赴海外维护国家战略利益,是中国军队首次组织海上作战力量赴海外履行国际人道主义义务,也是中国海军首次在远海保护重要运输线安全。

中国外交部发言人刘建超宣布,中国舰艇将严格按照联合国安理会有关决议和相关国际法执行护航任务,也愿与有关国家的护航舰艇开展合作,必要时参与人道主义救援行动。

中国政法大学国际公法博士李居迁表示,中国这样做是合法的。各国打击海盗要获得"双授权",此次中国军舰赴索马里护航也不例外,是获得了联合国安理会的授权和索马里政府的许可后进行的。

12月24日,中国常驻联合国代表张业遂说,联合国安理会秘书长潘基文和联合国本月轮值主席、克罗地亚常驻联合国代表尤里察,对中国政府派军舰前往亚丁湾和索马里海域实施护航的决定表示欢迎。他们对此给予了积极评价,认为这是对安理会工作的有力支持。

这个消息引起了国际主流媒体的高度关注,美联社、《华盛顿邮报》、美国《新闻周刊》都将中国海军的这次行动比作"郑和舰队剿海盗"。

12月31日,美国《世界论坛报》说:"中国军舰此番经过印度洋进入亚丁湾,显然是中国长期驻留印度洋的第一步。而在印度人看来,中国海军长期进入印度洋,毫无疑问是对印度在这一地区权威的挑战。""中国要想实现复兴,进入印度洋是必然选择。""中国已经通过'珍珠链'战略——建立穿越亚洲的一系列海上据点,对印度形成挑战。"

据一些媒体反映,日本和印度对中国海军的行动感到忧虑——尤其是印度。印度海军专家阿文德·库玛则说:"索马里海盗是全世界面临的问题,印度和中国都是受害者。要解决这个问题,所有国家必须一道行动。"

12月30日,中国军事专家宋晓军在接受《环球时报》记者采访时说,进入印度洋是中国护航舰队行程中自然而然的一步,却让一贯对中国崛起保持警惕的西方媒体制造了新闻点。

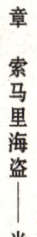

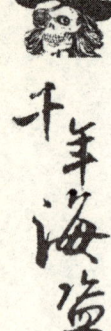

四、中国海军护航编队在亚丁湾护航

2009年1月12日,中国海军护航编队为包括台湾商船"宇善"号在内的4艘船舶组织实施护航。

这是海军护航编队在1月6日抵达亚丁湾以来的第二次护航行动。被护航的商船是:"振华13"号、"振华14"号、"宇善"号和"SAGAHORIZON"号。其中,"振华13"号、"振华14"号来自上海,"宇善"号来自台湾,"SAGAHORIZON"号是在中国注册的菲律宾商船。这次护航行动由曼德海峡东口起航,全程800余公里。

亚丁湾海域当日天气晴好,接受护航的4艘商船单纵队一字排开,驶离会合点,"武汉"舰在一侧靠近中部位置伴随护航。两组特战队员分别登上位于船队队首和队尾的"振华13"号、"振华14"号实施随船护卫。进入海况较为复杂的区域后,"海口"舰将加入编队,实施机动护航。

编队指挥员杜景臣少将表示:保障海上运输通道畅通,维护过往船只安全,是包括海峡两岸同胞在内的所有爱好和平的人们的共同心愿。

在船只安全没有受到威胁的情况下,中国海军不会主动发起攻击。如果中国军舰附近的其他国家过往船只受到威胁,中国海军将按照联合国有关决议,对受到海盗攻击的船只进行救援。

此前,护航编队结束第一次护航后,在预定海域进行了海上补给和巡逻。

据国内一些军事专家预测,中国海军护航编队与索马里海盗必有正面一战。若从综合实力来说,中国护航舰队比海盗强大得多。但是,海盗也有一些难于对付之处(小群多路,神出鬼没,实行的基本是海上游击战术,所以通常使用的海上作战的正规战法往往效力大减)。

目前看来,中国海军与索马里海盗之间有可能发生小规模海战、两栖作战、驰援追击、不期而遇、遭袭应变五种冲突样式。

7 索马里海盗问题的出路

一、国内动乱才是顽疾病根

国际问题专家娜塔莎表示,索马里海盗猖獗的主要原因,是由于当地混乱的政治局势。从根本上解决这一问题,并非取决于军事手段,而是长期处于战乱的索马里何时恢复政治稳定。

1991年1月,索马里逐步陷入无政府状态和部族间流血冲突之中。国内各派不断分化,逐渐形成多个政权并存的格局。2005年1月,索马里过渡政府成立。由于由西方撑腰的过渡政府缺乏实力,境内的混乱局面并未得到有效控制。政府根本无法有效管治国家,更不要指望它能够遏制海盗活动,遂使得该片海域成了"江洋大盗"们的"天堂"。

二、国际法空白纵容海盗行为

中国政法大学国际海洋法专家辛崇阳指出,索马里海盗行动很多发生在公海。根据国际法的规定,其他国家没有在那里打击海盗的义务,这为海盗行为提供了温床。

据辛崇阳介绍,目前中国已经是世界第二大贸易国,也是世界运力第四的海运大国,每年有上千艘悬挂五星红旗的海轮经过索马里附近的亚丁湾海域。日益猖獗的索马里海盗,给中国贸易运输、人员生命和财产安全造成了巨大威胁。更可怕的是,他们可能为恐怖主义作伥,威胁到国际政治安全。

辛崇阳表示,我国政府相关部门应与海盗多发海域的相关国家和国际海事组织加强联系,建立预警机制,发布警报并寻求合作。

三、治标不如治本,治贫终须治愚

国防大学教授、军事专家张召忠认为,中国军队必须做好与索马里海盗正面冲突的准备。索马里海盗产生的根本问题,是因为贫穷和动乱。要解决这个问题,"首先从海上打击海盗,进入一个严打阶段。下面如果能够在陆上进行维和,联合国再派一大批维和部队去,一方面是剿灭海盗的老巢,另外是帮助索马里建立政权,把它扶持起来,给它武器、训练、维持治安,让他们自己长大,长大以后可以维持自己的安全,这样的话自己慢慢地治理海盗就会好了。国际再给他们运上一些粮食、药品,帮他们渡过难关。打击海盗光靠出舰艇打还是治标的问题,真正治本还是我刚才说的这些问题"。

如今的索马里海盗属于半民半贼、又盗又恐的复合体,从历史渊源上说是国家经年动乱下的流民,也曾是心地善良的渔民,如今为谋生计不惜铤而走险,做上了绑人越货的勾当。如果国际海军一上来就围攻海盗,有可能激起当地民众与国际海军对抗,把事态扩大。不妨汲取当年郑和解决海盗问题的经验。明朝郑和曾率中国海军七下西洋,在马六甲海峡应当地民众之托,平定陈祖义部5000余名海盗,采取的主要是关注民生、建立治安的做法。

专家杨凯也在 2008 年 11 月的《南风窗》上撰文指出:

海盗问题之所以在索马里尾大不掉,一则由于该国国内长期处于无政府状态;二则因为缺少国际制衡力量,其附近海域虽然早有美、英、法、德、意等国组建的"150 联合特遣队"在巡逻,但特遣队的主要任务是反恐,其次才是打击海盗;三则是源于国际法的盲区。1982 年的《联合国海洋法公约》在诸如"发生在一国领海之内的劫掠活动是否属于海盗行径"、"海盗在公海上作案后逃入该国领海,而该国暂无合法政府存在或合法政府崩溃的情况下,是否可以进入其领海缉拿海盗"等问题上陷入盲区,导致索马里的海盗们钻了法律的空子,在公海上干完"活"后就往索马里领海跑,然后在那坐等赎金。如果外国军舰胆敢追到索马里领海内,就会被当地部族、军阀或教派贴上"帝国主义"的标签,群起而攻之。

幸而,索马里于 2004 年成立了过渡联邦政府,又于 2 年多前打回国内,恢复了主权,这样联合国安理会才能援引《联合国宪章》第 7 章,通过决议授权外国军舰:在索马里政府同意的情况下,进入其领海清剿海盗。这一决议,也为欧盟国家联手打击索马里海盗铺平了道路。

索马里海盗横行不仅损害了世界贸易,恶化了其国内形势,更可怕的是他们可能为恐怖主义作伥,威胁到国际政治安全。为此,国际社会采取了标本兼治、双管齐下的办法,合作打击海盗。而在外界的批评声浪中,索马里政府也开始承担起责任来。

从全球治理上说,联合国安理会应索马里过渡联邦政府的请求,先后于2008年6月2日和10月7日通过了2项决议,呼吁各国积极参与打击索马里沿岸公海的海盗行为,必要时可临时申请进入索马里领海内缉凶。此前的2007年11月到2008年6月期间,出于救助索马里饥民的需要,法国、丹麦、荷兰以及加拿大等国海军为世界粮食计划署的运粮船提供了护航。

而针对愈演愈烈的海盗活动,"150联合特遣队"还在2008年8月底设立了索马里"海上安全巡逻区",为来往船只提供稳定的海上安全通道。10月中下旬,索马里安全部队出手,先后解救了2艘开往索马里、分别来自巴拿马和印度的货船。随后,法国海军在距索马里海岸大约185公里的亚丁湾公共海域抓获了9名海盗嫌疑人,并移交给索马里地区当局。

从地区治理上说,东非7国早在2006年3月的伊加特峰会上,就通过了《内罗毕宣言》,表达了合作打击索马里海盗的决心。只可惜雷声大雨点小。2008年,在国际海事组织的协调下,西印度洋19个国家欲效仿《亚洲地区反海盗及武装劫船合作协定》,酝酿执行一项非洲地区协议。对此倡议,索马里在亚丁湾对岸的邻国也门十分热心。也门总统萨利赫在2008年11月对约旦和埃及的访问,其主要目的就是协调红海国家的反海盗行动。而借鉴新加坡、马来西亚和印尼3国在治理马六甲海盗问题上的成功经验,非洲各国正商讨开展类似的情报交流与联合巡逻行动。

但是,归根结底,索马里海盗问题仍然是和平与发展的问题。

首先,在其国内各派军阀混战的情形下,国际社会既需要"扬汤止沸"式的停火协议与和解大会,也需要"釜底抽薪"般的武器禁运与经济制裁;同时应协调周边各国立场,增加对非盟派驻索马里维和部队的资金援助,这样才能扑灭索马里内战之火,提高其国民的平均寿命。

其次,从"透明国际"2008年公布的《全球贪腐印象指数》排行榜上索马里赫然垫底来看,其国内治理依然糟糕。国际社会应把对索马里的援助与索国政府落实整肃贪污、改善民生的进程挂钩,加强对索马里财政使用的监管,合理分配援助物资;在此基础上,发展经济,削减贫困,提高居民生活水平,如此才能从源头上遏制海盗活动的疯长。要知道,在1/9的人流离失所、近1/2的人需要国际粮食援助的索马里,能够解决温饱都是一种幸运。曾一度控制大半个索马里的"伊斯兰法院联盟"之所以能迅速崛起,皆因它为贫民提供了必需的食物、医疗和教育等公共产品,并恢复了社会的法律和秩序,而非人人都支持其极端教义。

最后,治贫终须治愚,发自人们内心深处观念的改变,才是最根本的改变。在索马里这样一个前现代国家,要推行民主政治,树立法制观念,消除海盗行为,仍然需要依靠普及教育,培育公民社会——尽管"路漫漫其修远兮"。

第二章

马六甲海盗——"海盗集散地"已略为平静

"他们什么都敢劫"

马六甲海峡风光

基于多年的情报搜集和研究工作，国际海事局认为，大多数大规模劫持事件，是多个犯罪团伙所为。他们的老窝就隐藏在沿海的港湾、海边茂密的树林里。印尼苏门答腊岛北端的大小海湾，是他们比较集中的聚集地。他们的故事也被记者不断披露，让人一窥其中究竟。

• 团伙一：当海盗还得有勇气

穿着拖鞋和夏威夷式短裤的海盗头，从他的双弦高速快艇跳到木制码头上，指着岸边那些外表看起来破破烂烂，却装着强劲引擎的小船说："那是从马六甲偷来的；那是从新加坡偷来的。"这时，一个胖胖的中年妓女从海边的吊脚楼走出来，对着记者傻笑，用蹩脚的英文说："你好吗？"记者走进灯光暗淡的小屋，正在玩撞球的青年一齐望向记者，问："你们要出海吗？需不需要人手？"海盗头没理他们，径直打起电话。在屋子的一角，有3个男人正在喝啤酒，其中一个咧嘴笑了起来，露出他的金牙，说："嘿，我还以为你死了呢！"

在小岛里醉生梦死

这3个男人和记者身边的海盗头，就是这个海盗团伙的首领。他们

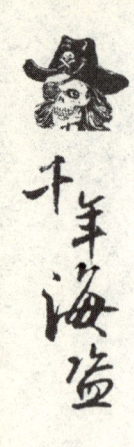

的总部就在这里——印度尼西亚的巴比岛，海的那一边就是新加坡了。这里到处都是吊脚楼，大约有 1000 人。这里的职业也很简单，不是海盗就是卖淫。

不像其他水域，印尼海盗很少杀人，而且遇到反抗时就会逃跑。但是，随着印尼经济的滑坡，海盗袭击的次数在上升。

巴比岛海盗首领相互之间都是朋友，一起分享"猎物"和女人。他们都是矮小、黑黑实实的中年壮男。

现在他们聚集在屋子里闲聊，回忆他们过去的日子。有人说，一次他们居然上了一艘美国军舰。还有人说，他们有次跟上了一艘俄罗斯油轮，谁知人家的装备齐全，荷枪实弹。还有一次，他们闯上一条船，哪知另外一伙人正在那里打劫。大家都拼命往自己嘴里灌酒。话题很快转到他们一个同伙身上，他最近刚劫了近 9000 美元。

海盗头说，他现在已经没有以前疯狂了。曾经，在一个没有月亮的晚上，他们能洗劫 15 条船，不管是现金还是货物。在新加坡和巴比之间，最窄的地方仅 4 公里，而一天有大约 300 条船经过。但现在，很少船只会携带现金。

有老板来请他们"出手"

大部分巴比海盗都是海盗中的精英。他们会被请去偷大型的货船（比如 100 米长、1 万吨重）和上面的货物。举例说，只要花 5000 美元，就能请到 8 名巴比海盗。他们驾着高速快艇驶向目标，隐藏在船尾下，然后用 20 米长带钩的竹竿（称为"飞虎爪"），敏捷地爬上货船。在清空保险箱和他们能发现的一切——电脑、手表、冰箱（海盗头称之为"购物"）——之后，他们把船交给职业"航海人"（他们早就在另一艘船上等着），然后迅速离开，整个过程一般在 10 分钟以内。海盗头说："这都是一些熟能生巧的功夫。我们不用枪。"他们身上还佩带着弯刀和短剑，就像他们前辈所用的。"印度尼西亚人用刀的技巧很高。"

在巴比，有一名来自三基尔岛的海盗。他曾是一个预备军的队长，在 20 世纪 70 年代"转行"做了海盗。三基尔岛靠近菲律宾南端，这里有印尼最好的水手，因此在海盗界非常有名。这名现年 50 多岁的"队长"曾被抓过两次，每次都靠他的雇主向当局行贿而被放出来。但他怀疑其实是他雇主安排好的，这样可以让他少收点雇佣费。因此，"队长"说挑选雇主是很不容易的事情。但他也说："我们有时也会收了定金就跑掉，因此被人玩花招也无话可说。"

分工合作责任明确

他还跟记者说起他最近的一次"出动"：一艘满载棕榈油的泰国油轮的雇员，给了他油轮的布局图和经过马六甲海峡的时间和地点。"队长"联系了香港的买家，他们同意首期先付 9000 美元，得手后再给 5 万美元的运输费。香港买家雇请了另外一队海盗，并伪造好油轮改名后的假证。在约定的夜晚，"队长"和他的同伙分乘 2 艘船出动，驶到约定水域，一边等待油轮到来，一边"顺手牵羊"，打劫过往船只。

当油轮驶近时，一艘船上的海盗伸出带钩的竹竿，搭住船舷，迅速爬到船上，扣住船长和船员。船员的手被铐在脑后，船长的手则被铐在身前，这样他可以打开保险箱。有一名海盗专门负责用英语和外界联系，假装油轮一切正常。"队长"说："他们是真正的海盗专家。我们称他们为'(印尼)特种部队司令部'。然后他们向我们做'OK'的手势，我们就上去接管船只。"

黎明到来，海盗把人质丢弃在苏门答腊海岸的一个荒岛，留下一些食物和清水给他们。对线人海盗也是这样处置，以免他引起别人的怀疑。在接下来的 7 天里，油轮向西北方向航行。"队长"掌舵，其他 14 个同伙则把油轮重新油漆一番，在船首挂上新的英文名。

最后，在马尔代夫海域，"队长"他们和另外一艘油轮与香港买家会合。棕榈油被运到第二艘油轮上，"队长"他们劫持的油轮则被拍卖。一名菲律宾买家以 10 万美元的价格，压倒了来自泰国的买家。至此，"队长"的任务完成。收到钱后，他们跟着菲律宾买家随船先到马尼拉，再飞到雅加达，然后大家散伙。"队长"并不清楚，那船棕榈油会被卖到哪里。

生活无继靠水吃水

海盗的横行，令公众开始谴责印尼安全部队。船舶安全顾问特雷弗·霍令斯比说："人们相信他们(印尼安全部队)肯定也参与其中，和海盗有瓜葛。"但人们也同意，印尼的经济不景气、社会秩序混乱，是

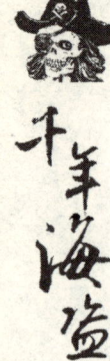

海上安全状况恶化的主要原因。"队长"说："船员的工资越来越少，正当的工作越来越难找。我们很难拒绝'改行'。"

几年前，印尼方面曾指责新加坡在合作打击海盗方面没有诚意。印尼称：当他们追踪的海盗船进入新加坡海域时，新加坡方面不会跟进并且配合。他们还说，新加坡城是走私石油、木材和藤的中心。

对于自己在巴比岛上的生活，"队长"说就像其祖先过的生活一样。"对我们来说大海是一个宝库，不仅有鱼，我们的生活所需都靠它。我们的祖祖辈辈一直这样过活，也包括我和我的儿子。"

海盗头也半开玩笑地说，他是因生活贫困而被迫当海盗的。他也承认，在每次抢劫之后，他都会花大把的金钱在女人与酒上。他说："我们从来不算我们赚的钱，我们只是把它从口袋里掏出来花掉。"最后，海盗头说："我们的文化就是水上文化，这里从12世纪或13世纪就开始有海盗了。想当海盗，你还得要有勇气和精神力量。"至于记者提到的法规，海盗头差点没笑死。

●团伙二：他们是国际海盗集团

以下要说的这个海盗团伙浮出水面是在1995年，而实际上它存在的时间可能要比这早得多。他们引起人们的注意，是在袭击了著名大货船"安娜·希尔热"号后。这伙海盗的操作方式是很典型的、经常出没于东南亚海域的海盗团伙的操作方式。通常，他们很快就组成一个团伙，四处作案，逍遥法外。这个团伙在1998年袭击了一艘名叫"天宇"的货船和1999年袭击了"阿隆德拉彩虹"号油轮。

被抓海盗很快被释放

"安娜·希尔热"号船上载满了食糖，从泰国的寇西章岛开往菲律宾的马尼拉。1.2万吨白糖，价值约400万至500万美元。

1995年9月13日，"安娜"号在驶出泰国海岸后，遭到25至30名海盗的袭击。海盗驾驶着摩托艇接近"安娜"，他们戴着头套，拿着机关枪。他们很快控制了货船，把船员铐起来关在轮船机舱里。船员被关了2天。在这段时间里，"安娜"号被重新涂漆，名字被换成"北冰洋"号。然后，海盗把船员身上值钱的东西搜刮一空，再把他们赶上一只救生船。船上没有任何设备，让他们自生自灭。

不过这些船员还算幸运。在漂流 1 天后，他们最终被越南渔民救了起来。他们在越南通知了船主，船主于 9 月 17 日知会了海盗报告中心。很快，这 14 名海盗被一网打尽。在 14 名海盗中，2 名是马来西亚人，12 人是印尼国籍。两年后，14 名海盗中的 10 名被释放，遣送回印尼。

各环节构成完整网络

记者第二次听说这个海盗团伙，是在 1998 年。1998 年 9 月，货船"M. V. Tenyu（天宇）"号载着大约 3006 块铝锭，从苏门答腊岛北部出发前往韩国。就在出发后一天，"M. V. Tenyu"号消失了。

几个月后，有关部门怀疑该船已以全新面目出现在国际航运界，新的名字、新的船员，挂着巴拿马国旗，失踪的船员可能已经全部遇难。

该船也曾进入中国水域。因为它是 14 年的旧船，但又有几处被重新喷漆，因此引起中国海关注意。中国海关通报吉隆坡的海盗报告中心。"M. V. Tenyu"船主的代表律师化装成中国边检人员上了船，他认出引擎上的号码正和"M. V. Tenyu"号一样。随后有关部门扣留了该船，有 2 至 3 个新船员闻风而逃。16 个印尼籍船员被捕，不久被遣送回印尼。有 2 到 3 个海盗被认出曾经参与劫持"安娜·希尔热"号。

后来查明，这个海盗团伙成员是由数个国家组成的，有韩国的计划人员、印尼的凶手、缅甸的码头工人和黑市商人。各个环节紧密配合，形成一个完整的网络。

1999 年 6 月，"M. V. Tenyu"号被移交给原来的日本船主。

对抗海盗任重道远

这伙海盗团伙第三次浮出水面，是在 2001 年 10 月。当时，一艘名为"彩虹"号的日本货轮刚刚驶出印度尼西亚的港口，10 名武装海盗就乘坐一艘高速快艇驶近该船，并登上了"彩虹"号。海盗将 17 名船员扔在一个救生筏上，随后驾驶"彩虹"号扬长而去，该船的船员在一星期后获救。

不久，印度海军在其领海内追踪一艘悬挂拉美国家伯利兹国旗的货船。虽然该船使用了新名字，但是极可能就是失踪的"彩虹"号。经过两天跟踪，在鸣枪警告无用后，印度海军最后用炮弹制伏了该船。后

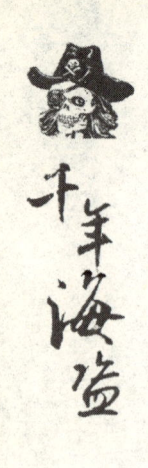

经权威部门鉴定，该船确实就是失踪的"彩虹"号。海盗分子已经将抢来的货物——铝锭出售，用于购买军火。而且，这些海盗还曾参与袭击"安娜·希尔热"号和"M. V. Tenyu"号。

2003年，印度法庭宣判这14名海盗罪名成立（另有1人在监禁期间死亡），分别入狱6个月至7年。人们希望，这起案例能对那些仍在疯狂作案的海盗起点威慑作用。国际海事局甚至称它为"对抗海盗的一个突破"。

但是，辩护律师表示还要上诉，因为他觉得在审判中还有很多疑点没有解决。比如，"彩虹"号的船长并没能辨认出这14名海盗中的任何一个。也许这也预示着，各国在对抗海盗行为中遇到的困难将是多种多样的，这也需要各国通力合作，打击犯罪活动。

他在马六甲海峡抓海盗

宗诺埃（国际海事局下属海盗报告中心负责人）收到呼救信号时已经是深夜了。那是2005年3月的一个夜晚，在马来西亚海岸附近的水域，一艘日本驳船正遭到海盗袭击。这些人全副武装，手上持有AK-47型、M-16型步枪和火箭筒，他们挟持了船长和另2名船员做人质。

这艘名叫"黑潮"号的驳船上的154名船员惊慌失措。远在马来西亚吉隆坡的海盗报告中心里，40多岁的宗诺埃通过电话叫海员不要轻举妄动。"我提醒他们，海盗有大火力武器，而船员赤手空拳，没法跟海盗斗。"他告诉海员，海盗的目标通常只是财物，不把他们逼急了，他们一般不会杀人，所以千万不要主动挑衅。

• **海盗的淘金地**

马六甲海峡是世界上最具战略价值的水道之一，同时也是海盗猖獗的水域。这个狭长的海峡是连接东西方世界的水陆捷径，每年通过的船只有数万艘，相当于全球近一半的商用船。如此繁忙的水域，自然吸引了众多海盗前来"淘金"。

许多海盗都是投机分子，有些还是贫穷的渔民，因抵制不住金钱的诱惑才铤而走险。"他们认为抢劫手无寸铁的船员比抢银行要容易得多。"另一些是更野心勃勃的职业海盗，他们与犯罪团伙、军阀、腐败官员甚至地区恐怖集团相勾结。这些职业海盗组织严密、手法专业，每次行动之前都会周密部署。

近年来，这些胆大妄为的海盗更趋老练。他们伪造护照和其他证件，改造船只搞毒品走私和人口贩卖。他们甚至用上了卫星电话、全球卫星定位仪和电脑。

• 通过线人追踪海盗

宗诺埃的办公室位于马来西亚首都吉隆坡一幢大楼的第35层，那里距离波涛汹涌的马六甲海峡150公里。在以抓海盗为主要工作的海事局，报警中心的职责相当于中国的"110"——通过每天的形势评估报告，向过往船只提供早期预警，指导船员安全通过有海盗出没的水域。

宗诺埃是1997年到海盗报告中心工作的。此前，这位身板结实的马来西亚人曾在商业船队里干过，对海盗袭击的恐慌有切身体会。他平时滴酒不沾，也不抽烟，保持一种职业的冷静和愤怒，对海盗深恶痛绝，但绝不感情用事。他的办公室里挂了多张世界地图，上面用红点标出最近发生海盗事件的区域。他关注从东南亚、索马里到孟加拉等世界各地的海域；但显然，最让他头疼的还是马六甲海峡。

宗诺埃发展了一个由线人、码头工人和渔民组成的情报网络，通过这些人获得情报，然后去追查那些遭劫持的船只。有时候情报很难搞到手，他不得不用钱收买，而资金主要来自船主和保险公司。宗诺埃说："我们告诉线人，我们会给他们钱，但没法保证他们的安全。一些线人被杀，我们也无能为力。我们不跟他们发展私交，不然他们被杀我们会很难受。"

为保护自己和家人的安全，宗诺埃从不公开自己的照片，还经常变换路线上下班。曾有线人替海盗传话，说对方只要出500美元就能叫他彻底消失。宗诺埃说："我明白他的意思，我确实感到害怕。但我告诉这些人，杀了我一个，其他人会接替我的工作；如果炸掉我们工作的地方，会有另一个地方建起来。没人能把我们赶尽杀绝。"

• 拒绝在媒体曝光

在文章开始提到的那个深夜，海盗绑架3个人后离开了。当海事警

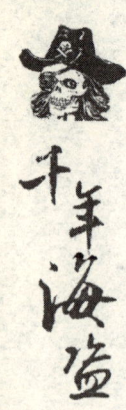

察局护送船只回到港口时，宗诺埃提醒船主要注意与海盗谈判释放人质的手段。

随后几天，船主与海盗持续进行对话，宗诺埃则在一旁提建议。在船主支付了数目不明的赎金后，人质最终在泰国南部的丛林中被释放，但海盗逃走了。在媒体对这起海盗事件的报道中，没有只言片语提到宗诺埃。但他毫不介意，他不喜欢被媒体曝光，那样太危险。"这次总算没有死人，结局还不错。不过，整个过程很危险。"宗诺埃说。

1 马六甲海峡概况

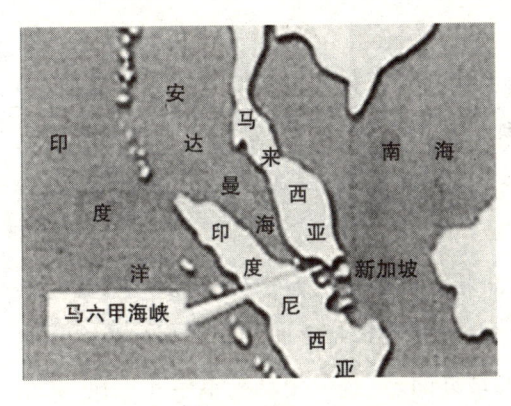

马六甲海峡位置

马六甲海峡是位于马来半岛与苏门答腊岛之间的海峡,连接安达曼海(印度洋)和南海(太平洋)的水道。其西岸是印度尼西亚的苏门答腊岛,东岸是新加坡、西马来西亚和泰国南部,面积为 65000 平方公里。海峡长度为 900 公里,呈东南—西北走向,状似漏斗:其南口宽只有 65 公里,向北渐宽,到印尼的沙璜和泰国的克拉地峡之间的北口已宽达 249 公里。马六甲海峡因在马来西亚海岸上的贸易港口——古城马六甲而得名,该城在 16 和 17 世纪时是重要的港埠。

马六甲海峡曾经长期成为西班牙、葡萄牙、荷兰、英国、法国的殖民地。二战结束后,由沿岸的新加坡、马来西亚和印度尼西亚三个国家共管。1971 年 11 月 16 日,三国发表联合声明,宣布共管马六甲和新加坡海峡的事务。

马六甲海峡处于赤道无风带,全年高温多雨(暴风雨一般历时短暂),风平浪静的日子很多。海峡底质平坦,多为泥沙质,水流平缓。但东南峡口有许多小岛,一些小岛边缘有岩礁和沙脊,妨碍航行,不时发生巨轮搁浅事件,载重 20 万吨以上油轮只得绕道印尼的龙目海峡,要多航行 2000 多公里。主要深水航道偏于海峡东侧,宽度 2.7~3.6 公里,可通航吃水 20 米的巨轮。海峡西岸地势低平,多大片沼泽、泥质岛屿和红树林海滩,大船不易靠岸。

马六甲海峡是连接、沟通太平洋与印度洋的国际水道,是印度和中国之间最短的海上航道,也是亚洲与大洋洲的十字路口,是亚洲、大洋洲、非洲、欧洲四大洲之间的海上交通枢纽,直接扼住东亚国家的能源咽喉,附近又有世界上人口最多的几个大国(中国、印度与印度尼西亚等),地理位置与经济、军事地位非常重要,可与苏伊士运河或巴拿马运河媲美,海运繁忙。其东端有世界大港新加坡,吞吐量为全球第四。港内码头岸线长达三四公里,可同时容纳30余艘巨轮停泊。拥有40万吨级的巨型船坞,能修理世界最大的超级油轮。

约在公元4世纪时,阿拉伯人就开辟了从印度洋穿过马六甲海峡,经过南海到达中国的航线。他们把中国的丝绸、瓷器,马鲁古群岛的香料运往罗马等欧洲国家。公元7～15世纪,中国、印度和阿拉伯国家的海上贸易船只,都要经过马六甲海峡。

大约600年前,明朝郑和波澜壮阔的7次下西洋(历时28年,涉及亚非37个国家和地区),竟有5次到达马六甲,每次即率领官兵驻扎在三宝山上。郑和船队驻扎在马六甲海域期间,没有占领马六甲一寸土地,甚至一芥不取,是名副其实的和平使者。郑和还护送马六甲苏丹祖孙三代朝贡往返,并对入侵的邻国军队进行调和,消灭了大海盗陈祖义的侵扰,还在当地建立了许多军事设施,制订了一整套警卫制度,为马六甲王朝奠定了关键性的基础。此后,马六甲臣民在百多年来均过着安居乐业的美好日子,并成为当时东西贸易活动的主要商港,马六甲王朝亦很快成为东南亚经济繁荣的国家。所以,当地人民至今仍对郑和顶礼膜拜,郑和在马六甲的事迹家喻户晓。

16世纪初,葡萄牙航海家开辟了大西洋至印度洋航线。1869年,苏伊士运河贯通,大大缩短了从欧洲到东方的航路。马六甲海峡的通航船只急剧增多。

近年来,过往马六甲海峡的船只,包括集装箱货船、油槽船、游艇等,每年达8万～10万艘(每天有200～300艘),占世界海上贸易的1/4到1/3份额(大多数为油轮,占世界近一半),与其南部的龙目海峡、巽他海峡和望加锡海峡成为仅次于多佛尔海峡—英吉利海峡的世界最繁忙的航道之一,历来有"东方的直布罗陀"之称。日本从中东购买的石油,绝大部分都是通过这里运往国内的,故常称马六甲海峡是其"海上生命线"。随着中国的经济崛起,经过马六甲海峡的中国船只更多,几乎占所有经过这里的船只的

60%。而各国的海上竞争,又使得它成为"欲望之峡"。

曾经,这里是一个"和平门"。英国作家伊莎贝拉·伯德在游记里这样描绘马六甲:"在许多方面,这里有一种中古遗风。现代世界的喧嚣在这里只有最微弱的回声。"然而,如今的马六甲不再宁静。一边是城市的喧嚣和繁华,一边是海盗的肆虐和疯狂。

由于马六甲海峡是繁忙水道,且海峡有很多宽度狭窄处,早在19世纪时,这里就是一个海盗猖獗的海峡,海盗经常抢劫来往的商船。21世纪海盗不仅没有消失,反而日益猖獗。进入新千年,海盗在地中海、北欧、加勒比等地已基本绝迹,而在亚太地区却开始活跃起来。据统计,前几年全世界70%以上的劫船事件发生在亚洲公海,尤其是马六甲海峡。每天经过马六甲海峡的大量客货轮,有50%以上可能成为海盗劫掠的对象。由于海盗横行,这块黄金地段2001年的损失高达160亿美元。

这是由于东南亚爆发金融危机后,印尼、菲律宾乃至马来西亚等国政局动荡,经济萧条,贫困人口和失业率陡增,各国政府无暇也无力顾及海上航道的安全问题。在这种情况下,一些国际恐怖分子趁机在这一海域扎根,同当地的海盗以及其他各类恐怖分子勾结起来,共同作案。

此外,马六甲海峡货船增多,而马来西亚、印度尼西亚、新加坡三国海军的实力有限,马六甲海峡又是三国交界,国际间合作有些问题;还有恐怖主义的威胁、印尼造成的烟雾、水面狭小、深度渐浅等因素。在新加坡附近最狭窄处,海峡宽度仅为2公里,过往船只极易遭到袭击。一旦海盗袭击这个地方,或者海盗与海军或水警在这里爆发激战,这条联系全球物资的生命线将会中断。

前些年在马六甲海峡发生的海盗事件,从1994年的25宗增加到2000年的220宗,而在2003年则发生了150宗,占世界海盗事件的1/3。故人们称其为"海盗集散地"。

马六甲海峡的客观环境,对海盗来说就是"天堂"。在海上打拼了整整15年的中国船长秦文礼(化名)颇有感触地说:"海峡太窄,船又太多,所以大家都要按照事先规定的海道分道航行,速度也不能太快,海盗的快艇很容易就追上了。尤其是走到一些浅滩时,如果碰到海盗,连走'Z'字形加速摆脱的空间都没有,只能眼睁睁地看着他们把自己的船包围。"

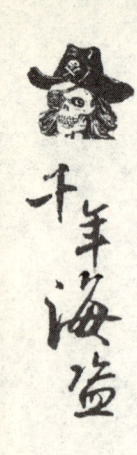

在美国敦促下,马来西亚、新加坡和印度尼西亚于2004年7月开始正式协调巡逻900公里的马六甲海峡。美国声称,恐怖分子可能会与马六甲海峡的海盗建立合作,炸毁油轮或劫持油轮作为轮船炸弹。

为对抗海盗,马来西亚、印尼、新加坡三国海军在2004年已经增加了马六甲海峡的巡逻次数,尽量保证全年全天候巡逻。经过不断打击,近两年马六甲水域的海盗事件已大为减少,航路顺利很多。据国际海事局说,到2007年10月,这里全年仅发生了4起海盗袭击事件,而2006年同期这个数字是8起。与尼日利亚、索马里海盗开始猖獗的状况相比,马六甲显得"相对平静"。

中华人民共和国从中东进口的85%的石油依靠水路运送,大多数需要经过马六甲海峡。除台湾海峡外,马六甲海峡同样是中国的核心利益所在。对中国来说,与日本、韩国、中国台湾一样,这也是一条名副其实的"海上生命线"。专家们预测,一旦由某个大国控制了马六甲海峡,那就卡死了中国发展的脖子,也会影响到祖国的统一进程。

2006年4月20日,马来西亚交通部长陈广才在当地《星报》中说,由于马六甲海峡频频发生的海盗活动,增加了人们对该海峡受到恐怖主义攻击危险的担忧。以抢劫过往商船"为生"的海盗们与"基地"组织、"脏弹"搅在一起,为这个著名的海峡平添了几分诡秘的色彩。此后陈广才访问北京时,马六甲海峡保安成了双方领导人谈论的主要话题之一。

中国提出,为加强马六甲海峡的保安提供帮助。协助的形式是交换信息,以及派送专家训练马来西亚海事人员。马来西亚政府已同意中国提议的一份两国海事合作谅解备忘录。中国政府曾在同年4月底派出一组专家到马来西亚,商谈备忘录细节。

由于马六甲海峡的地位重要,美国近年来一直渲染马六甲面临着严重的海盗和恐怖主义威胁,以借此介入马六甲海峡。

2005年6月,美国国防部长拉姆斯菲尔德在新加坡出席第四届亚洲安全会议期间,就多次提及沿岸国海军力量难以应付海盗和恐怖袭击,希望美军能够进驻该地区,并称美国愿意与沿海国家组成联合巡逻队,以确保马六甲海峡安全,但是遭到马来西亚与印尼的拒绝。

有专家认为,美国介入马六甲海峡,是为了遏制中国崛起。但美国官方表示否认。

北京大学教授张锡镇认为,东南亚国家一直极力保持该地区的战略平衡,希望与各大国保持平衡外交,避免让任何一个大国占有压倒性优势。而马六甲海峡的重要战略意义,东南亚国家不会不知道,让美国进来,必然会引起周边其他大国的紧张,该地区的战略平衡必然会被打破。这些大国不会这样做的。

2 马六甲海盗曾猖獗一时

马六甲古城堡

在20世纪最后几年与21世纪前几年,世界最繁忙的航路马六甲海峡成为世界最危险的水域。

从1991年到1999年,亚太地区共发生了300多起海盗攻击事件。在2000年,全球海盗事件达到历史的顶峰,为469起。2001年有所回落,2002年又继续回升。其中,东南亚每年发生的海盗攻击事件占全球海盗事件的1/3还多。

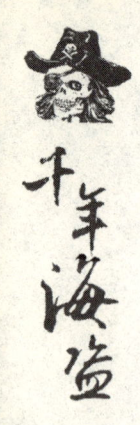

国际海事局 2004 年发表的报告中提到,尽管从全世界范围看,当年前 9 个月的海盗活动减少了 1/3,但仅在马六甲就发生 25 起,几乎相当于该地区 2003 年的袭击事件的总数。国际海事局说,事故发生在海峡两侧的三个国家的海域:马来西亚、新加坡和印度尼西亚。马六甲的海盗袭击事件,有段时间竟占到了全球总数的 56%(而此前还只占大约 30%)。

2004 年全年马六甲海盗事件为 37 起,如果再算上马六甲海峡西部的印尼、孟加拉海域和南中国海,这一数字达到惊人的 169 起(由于印尼方面没有给予足够重视,政府忙于镇压亚齐省的分离主义运动,以及维护众多岛屿的安全和稳定,其中 93 起发生在该国海域,而马来西亚只有 9 起,新加坡 8 起),占 2004 年全球海盗案件数的将近 60%。在这些海盗事件中,总共有 30 名船员被杀害,另有 30 人下落不明,生死未卜。而 2005 年 3 月仅仅一个月,东南亚海域有报案记录的海盗事件就达 28 起。

其中风险最高的地区又属北纬 2 度、东经 102 度,这是让所有船长和水手们心惊胆寒的地区,经过此地的商船遭到武装海盗洗劫的可能性极高。

这些还不过是已知案例。据国际海事局估计,至少有一半遇袭事件并没有报告。新加坡国立大学研究东南亚海盗问题的许可博士也持类似看法。依照国际海事局数年前的统计,在过去 10 年间,全球范围内的海盗劫船事件以 3 倍速度增长,而马六甲海峡则为全球海盗事件的中心。更令人担忧的是,"9·11"事件后,马六甲海峡成了恐怖分子的诱人目标。

国际海事局研究中心负责人波滕加尔·穆昆丹说:"过去,袭击事件是孤立的,工具就是一两艘小船,而如今的袭击行动是相互协调配合的,海盗在袭击过程中动用五六条小船。此外,他们的武器装备越来越精良,有些甚至使用了火箭筒。"

马六甲海峡的海盗活动,已经造成了无数的人身伤害。国际海事局海盗活动报告中心负责人宗诺埃说:"暴力性在不断增强。"原因在于,在马六甲海峡出没的海盗,越来越多地采取绑架人质勒索赎金的做法。而且,现代海盗还懂得用验钞机检验钞票真伪。

2003 年 3 月 26 日的"黛维·马德伦"号遇袭事件,就是发生在马六甲海峡。当天凌晨 3 点,他们在一片漆黑中出现了。10 余名男子身穿黑衣,头戴巴拉克拉瓦盔式帽,抛出绳索,用钩子钩住"黛维·马德伦"号的甲板,沿着船侧爬了上去。他们用自动步枪砸碎驾驶室的窗户,一名男子把唯一一个值班的船员堵在角落里,用枪顶着他的脑袋。

当时在那艘油轮上担任船长的苏拉赫马特·乔哈尔后来回忆说:"他们要我说出其他船员所在的位置。我正在自己的舱里睡觉。后来,他们把所有人赶到了同一个房间。"苏拉赫马特担心他们驾驶不了这艘3900吨的大船,于是请求这伙人允许他到驾驶室里去。可他们要他闭嘴,还说:"别操心了,我们的头儿会驾驶你的船。"

苏拉赫马特说,海盗们后来把他押进了驾驶室。"我到了那儿才意识到,他们对所有设备了如指掌。我过去以为海盗只不过是一伙小毛贼,可这些海盗完全出乎我的预料,他们都是专业人士。"

2003年8月9日夜,中国台湾渔船"东亿"号航行到印尼苏门答腊岛北侧海岸时,遭到海盗袭击,船长腿部中弹。船员驾驶"东亿"号加大马力冲出包围,成功逃过了海盗的毒手。

第二天,装有1000吨燃油的"潘莱德"号在同一水域遭遇海盗。海盗拥有火箭炮和M-16、AK-47步枪,驾驶着七八艘渔船对油轮穷追猛打,最后劫持了油轮。海盗大摇大摆地驾驶着油轮来到印尼海域,洗劫了所有船员,并劫持船长等3人,最后驾驶一艘渔船逃走。海盗开出的赎金是10万美元。

2003年10月,4名水手在一艘拖船上遭到绑架,至今仍有2人下落不明。而在2004年1月份的一起事件中,由于绑架者与船主谈判破裂,有4名船员惨遭杀害。

2004年6月,一名30岁的马来西亚渔民郑楚舟像往常一样,在夜间来到马来西亚半岛西侧的海上捕捞鱼虾。这时,一伙手持步枪的人驾船靠近了他的小木船。"他们对天鸣枪,要我上他们的船。他们很年轻,大约25岁左右,板着脸,看起来像电影里的匪帮,其中一些人的头上缠着印花头巾,所有人都端着步枪,有几个人还扛着火箭筒。我吓傻了。他们要我哥哥把船开回去等电话。"郑楚舟后来回忆说。

对郑来说,这是8天噩梦的开始。他觉得,海盗把他带到了苏门答腊岛的某个地方,然后每天晚上从一片丛林中的空地转移到另外一片丛林中

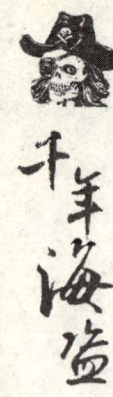

的空地,白天就隐藏在深密的树林里。一天早上,郑被捆绑着押上一条小船,在枪口下登上一艘渔船,返回了马来西亚(郑和他的家人坚持说他们并没有付赎金)。

郑生活的渔村距离首都吉隆坡200公里。他的遭遇在村里引起了恐慌。当地政治家蔡同山说:"这是我们的渔民首次遭到绑架,就好像孩子在自家起居室里被抢走一样。""如今,全村人都不敢出海了。看看这些拴着的船,这会儿本来应该在海上打鱼的。我们要靠海盗的恩赐吃饭了。"

2004年12月26日发生的印度洋大海啸是震惊世界的大悲剧,多达16万人丧生。但它也使凶悍无比的马六甲海盗暂时没了踪影。当地有消息称,这是因为印尼分离组织"自由亚齐运动"在这次灾难中元气大伤,而分离组织与海盗又有着千丝万缕的联系。分析家指出:"这些海盗要么在灾难中死了,要么就是抢劫工具被毁。"

"不光是平民,海盗组织在海啸中可能也损失惨重,需要时间重新积蓄力量。"新加坡的专家许可博士这么认为。而据新加坡《海峡时报》分析,这主要是因为前往灾区援助的各国军舰"对海盗活动强大的威慑作用"。

但海盗的"复原"能力非常惊人。在沉寂了短短的两个月后,他们又马上蠢蠢欲动,制造了几起劫船事件,海盗险情再度反弹。就其发案频率之高来说,尚无先例。海盗报告中心不无忧虑地指出:"马六甲海峡的海盗重新活跃起来了。"

2005年2月28日,马六甲海峡北部水域发生海盗袭击拖船事件,被掳走的拖船船长和1名船员一直下落不明。据马来西亚中部的马海军"红土坎"基地发言人卡丽玛说,红土坎海军基地巡逻艇"KD佩达纳"号当晚9时左右在槟城(即槟榔屿)以西约70公里的水域,协助救起1名受伤的工程师(该工程师的腿部被海盗开枪击中)和5名船员。海盗还绑架了船上的船长和轮机长,两人后来被释放。

2005年3月12日,一伙武装人员在马六甲海峡使用火箭弹发射器,袭击并一度劫持一艘满载不明可燃化学品的日本运输船。海盗报告中心说,35名海盗登上了"MT特里—苏木都刺"号运输船,船长和轮机长被挟为人质。

2005年3月14日傍晚6点半,30多名海盗手执火箭筒,在马来西亚槟城海面袭击了一艘名为"伊达藤"号的日本拖船,扛走了装有2万多美元现金的保险箱,导致3人失踪(1名日籍船长、1名日籍工程师和1名菲律宾籍船员)。据报,"伊达藤"号船员曾向中心求救。报告说,拖船遭到人数不详的武装海盗袭击。

在这几起案件中,海盗都无一例外地动用了火箭筒这样的重型武器,"这在国际海盗史上也是第一次",国际海事局发布的一份研究报告这样写道。

2005年7月2日,两艘联合国包租的船只,在相隔很短时间内也在马六甲海峡遭到海盗袭击。事发时,这两艘船均从印度尼西亚苏门答腊前往亚齐途中。海盗偷走了船上一些属于联合国世界粮食计划署为印度尼西亚亚齐特区的海啸灾后重建准备的现金和建筑材料,但没有人员受伤的报告。

2005年7月13日夜12时30分,6名海盗手持长刀,面蒙黑纱,在新加坡海域劫持了一艘油轮。他们绑架了包括船长在内的5名人质之后,抢走了船上所有的现金和值钱的东西,然后在12时45分左右逃离现场。

2005年12月下旬,一艘新加坡油船在南中国海失踪,很可能也是被海盗劫持,25名船员生死不明。事件再次引起世界各国对马六甲海盗问题的关注。国际海事局11月初公布的报告说,该年头9个月全球的海盗袭击案共有205宗,其中1/3在东南亚发生,而马六甲海峡更是重灾区。

此外,离马六甲海峡不远的孟加拉国,大约750万人靠捕鱼为生。每年5月至10月,是孟加拉湾经济价值高、孟加拉人喜食的鲥鱼的捕捞季节。其中10月份鱼群最多,是捕捞鲥鱼的黄金季节,同时也是海盗活动最频繁的季节。在海盗最猖獗的时候,仅仅20天里,就有上百艘渔船遭到海盗抢劫,2名渔民被杀害,82人被海盗抛入大海,被掠夺财物价值36万美元。而且,由于海上巡逻队规模小,人员不足,巡逻艇设备落后,并缺乏有力的后勤保障,孟加拉湾海盗活动目前还没有得到有效遏制。

2007年10月12日,在孟加拉吉大港散货码头,5名海盗从船尾登上一艘普通货船。他们刺伤了船上的值班船员,把船上的货物抢劫一空。两船东拉响了警报,但海盗已趁机逃跑。情况被通报给了港口监控部门和海岸卫队。

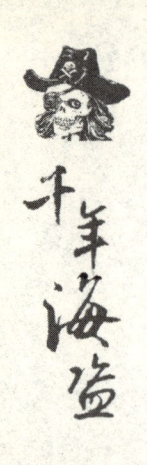

就在两天前,即 10 月 10 日,印度卡基纳达锚地,3 名强盗用锚钩住船尾,登上一艘散装货船。值班水手发现他们后,拉响警报,船员集合,强盗偷走船上货物并迅速逃跑。

3　新马印三国警方合力打击海盗

马六甲海峡水域的海盗活动,给海运安全、沿岸经济发展以及社会稳定带来了极大威胁。

近数年,新加坡、马来西亚、印度尼西亚三国警方合力打击马六甲海盗,取得了明显成果。

据一些长年在海上航行的人说,海盗这些"鸡毛蒜皮的事",各国海军曾经"懒得管"。但是马六甲海峡周边的这三个国家,他们的海军还真没把海盗当成是"鸡毛蒜皮"。

其实,为对付海盗,马六甲海峡两岸的国家早有合作。1992 年初,马来西亚、新加坡、印尼三国商定开展反海盗联合行动,以遏制马六甲海峡的海盗活动。三国的海军和警察部队开始汇编和分享有关情报,组织联合巡逻,扫荡海盗据点,并在吉隆坡建立反海盗中心,向航行在该地区的船只及军警通报海盗活动情况。三国还建立了一个联合监视系统,以确保该地区海上航行的安全。

但是,这还远远不够,海盗活动依然频繁,事故屡屡发生。

针对猖獗的犯罪活动,马、新、印方面又在 2004 年 7 月敲定了"马新印马六甲海峡联巡协作"架构。三国派出总共 15 到 20 艘军舰(其中印尼 7 艘,新加坡和马来西亚各 5 艘),携手全年全天候巡逻马六甲海峡。取三国各自英文国名中的一部分,联合巡逻的代号定为"MASINDO"。三国在两个方面达成了共识:一是要确保这条占世界贸易水上运输的 1/3、世界石油水上运输的 1/2 的水路,不会受到恐怖分子和海盗的攻击;二是沿海国家应承担起保卫海峡的任务,其他国家的军事援助是不需要的。

马来西亚官方新闻社援引该国警察副总长穆萨的话说,由于警方采取了为经过马六甲海峡的船只护航等一系列行动,马六甲近来海盗的袭击活动有所减少。国家间的合作能形成一张打击海盗的网,让海盗无法四处逃窜,这是打击海盗最有效的方式。根据三国国防部公布的相关统计数据,在三国联合巡逻的海域,2004年只有1起海盗案件的记录。

马来西亚政府在2005年4月1日宣布,他们将派武装警察登上选定的穿越海峡的拖轮和驳船。不久之后,新加坡官员说,他们建立了一个能够24小时不间断工作的情报中心,已经在2006年投入使用。马来西亚警方2006年3月11日说,该国警方正在马六甲海峡采取一系列行动,打击海盗团伙,维护马六甲海峡航道的安全。

印尼已在马六甲海峡部署了26艘军舰和10架侦察机,并有3艘军舰在马六甲一带执行巡逻任务。2005年5月,印尼还与拥有共同边界的马来西亚、菲律宾签署了一个反恐协议,其中的一项内容就是合作对付利用共同边界避开军队追击的海盗。泰国、老挝与新加坡也有意加入该协议。

分析人士认为,海峡沿岸三国邀请泰国入局,是制衡美国野心的一个新举动。此前,三国曾考虑邀请印度入局,因为印度的海军力量在亚太地区相对强大。但是,印度的整体国力较强,找这样一个"拍档"恐怕会触动美国、中国、韩国、日本等相关国家的敏感神经。

泰国入局则不会引发强烈反应。同时,泰国的加入,可以作为三国加强海峡安保工作的亮点。因为,装备了小型航空母舰和从中国等国进口了水面舰艇的泰国海军,其实力相对强大。这还可以回击个别国家以海峡沿岸三国军力薄弱,欲派本国军队进驻海峡的企图。

2005年8月2日,马来西亚副总理兼国防部长纳吉卜·拉扎克在吉隆坡宣布,马来西亚、新加坡和印尼三个国家原则上已同意,从9月开始在马六甲海峡进行联合空中巡逻。他同时表示,泰国虽然不是马六甲海峡沿岸国家,但在维护马六甲海峡安全方面也表现出了浓厚兴趣。

马来西亚警察副总长穆萨·哈桑当天在东马来西亚沙巴州首府哥打基纳巴卢参加一个打击犯罪会议时说,马来西亚海事警察在"没有完全对外公布"的行动中,已成功打击了4个海盗团伙,逮捕了一批海盗。穆萨说,警方的行动仍在进行中,有些具体情况不宜对外公布。

2005年7月4日,一艘日本货船在印度尼西亚管辖范围内的马六甲海

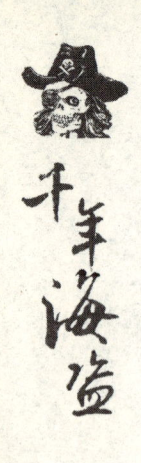

峡粉碎了一次海盗袭击阴谋。这是继两艘联合国货船2日在同一区域遭到海盗袭击以来又一宗同类事件。

同日，一艘没有照明的蓝色快艇载着海盗，跟踪一艘将近27000吨的日本货船，尝试从船尾登上。一名当值官随即启动警报。船员随后开灯，以消防喉射水，阻止海盗登船。被怀疑持枪的海盗追逐该货船5分钟后才放弃。

英国劳氏市场协会属下的战争风险评估委员会，曾在2005年6月把马六甲海峡列为战争风险区域。但印度尼西亚海军加强巡逻后，当地的海盗活动自2005年底开始大为收敛。据国际海事局说，在2006年头3个月，马六甲海峡还没有发生海盗袭击事件。

但印尼依然是世界上海盗行动最活跃的地区之一，2007年头9个月已经发生了37次海盗袭击。但跟2006年同期的40次相比，已经有所减少。

目前，以维护马六甲海峡安全为目标的多种联合军事演习不断，以反海盗、反恐怖行为、反海上跨国犯罪、维护海上安全为目标的多种双边、地区和国际合作机制也纷纷建立起来了。

但是，打击海盗的工作还是有一定难度的。当地安全官员说，日益猖獗的海盗袭击活动，不可能在短期内受到遏制。新加坡和马来西亚当局竭尽全力加强本国海域的安全警戒。但在印尼海域，海盗们把数百个岛屿和海湾当作基地和避难所，比较猖狂。

还有一位要求匿名的有31年航海经验的船长告诉新加坡《海峡时报》的记者，当他发现有疑似海盗的快艇跟踪他的船只时，就立即通知新加坡海军要求支援。但是新加坡海军给他的答复是让他的船"尽快返航"，因为当时他的船已经进入印尼管辖的海域，新加坡海军"爱莫能助"。

新加坡海军的一名中校在一次关于海盗问题的研讨会上也不得不承认，17艘巡逻艇对付整个马六甲海峡和周边海域的海盗，"确实是杯水车薪"。事实相当残酷。此前仅仅1个月，就在该海峡发生了4次胆大妄为的海盗攻击，使得沿海国家为自己的自信付出了代价。

新马印三国对付强大的马六甲海盗与恐怖组织，可谓实力有限，捉襟见肘。它们需要同时也希望、欢迎东西方其他大国（如中、日、美、印度等）

的合作与协助。但是,它们又担心以美国为首的西方集团干涉本国主权,进而控制本国海域,所以它们又显得顾虑重重,犹豫不决。

"总之,对付海盗,一切都还是要靠自己。"前面提到的那位不愿透露姓名的船长一再强调。

第二章 马六甲海盗——「海盗集散地」已略为平静

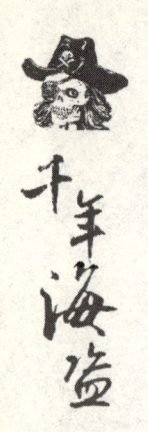

第三章

尼日利亚海盗——"江洋大盗"的乐园

1 尼日利亚及其海盗简要

尼日利亚位于西非东南部,南濒大西洋几内亚湾,海岸线长800公里;西同贝宁接壤,北与尼日尔交界,东北隔乍得湖与乍得相望,东和东南与喀麦隆毗连。人口1.5亿,是非洲人口最多的国家。有250多个部族,也是非洲民族最多的国家,其中最大的是北部的豪萨—富拉尼族。尼日利亚联邦共和国的独立日、国庆日与中国是同一天——10月1日(1960年)。

尼日利亚是非洲古国,早在2000多年前就有了比较发达的文化。著名的诺克、伊费和贝宁文化,使尼享有"黑非洲文化摇篮"的美誉。公元8世纪,扎格哈瓦游牧部落在乍得湖周围建立了卡奈姆—博尔努帝国。14至16世纪,桑海帝国盛极一时。1472年葡萄牙入侵,16世纪中叶英国入侵。1914年沦为英国殖民地,称"尼日利亚殖民地和保护国"。1947年英国批准尼日利亚新宪法,成立联邦政府。1954年尼日利亚联邦取得内部自治权。1960年10月1日宣布独立,并成为英联邦成员国。1963年10月1日成立尼日利亚联邦共和国。独立后多次发生军事政变,长期由军人执政,政坛频变,社会很不稳定。

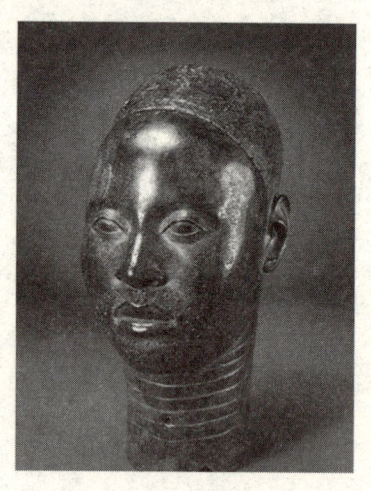

尼日利亚古代陶器人像

尼日利亚奉行不结盟、睦邻友好和"以本国利益为中心"的多元化外交政策。积极维护非洲团结,促进地区合作,推动西非地区经济一体化进程。

积极参与联合国和非洲地区组织的维和行动,谋求发挥非洲大国作用。中华人民共和国与尼日利亚联邦共和国于1971年2月10日建交。建交以来双边关系发展顺利。

由于尼日利亚领土面向大西洋与几内亚湾,海岸线很长,且该海域是世界上最繁忙的航路之一,而尼日利亚本身又是世界上最主要的产油国与石油输出国之一;这些巨型运油船像行走在海洋上的大象,缓慢而笨重,缺乏保护,遭到袭击时无处躲藏,打劫简直是"易如反掌",故为海盗肆虐创造了条件,成为"江洋大盗"们的"乐园"。

在2001年8月的世界各地报纸上有消息说,尼日利亚海军为惩戒在尼日尔河三角洲作恶的海盗,于23日开始公开炸毁缴获的11艘海盗船。据该国瓦里海军基地官员声称,此次当众炸船是依据总统命令,向经常在尼日利亚河支流南部福卡多斯河上绑架石油工人、盗窃石油和其他财物的海盗们发出警告。被炸毁的船只包括8只驳船、2只独木舟和1艘摩托艇,价值360万美元。据报道,海盗经常在当地绑架石油工人作为人质,索要赎金。他们还打破输油管道,将盗窃的原油用驳船偷运出去。

瓦里海军基地自2001年4月起开始惩戒海盗的炸船行动,这已是此年的第三次行动。据军方称,自从公开炸毁海盗船以来,该水域的犯罪率明显下降,说明海盗受到了震吓。

而到了2008年1月,据新华网内罗毕记者发回的报道,国际海事局最新发布的报告说,2007年国际上发生了263起海盗袭击船只事件,比2006年上升了10%,这是2003年以来海盗案件首次增长。2007年全年共有292名船员被劫为人质,而2006年被劫为人质的船员只有188人。其中非洲的尼日利亚和索马里是海盗活动增加最多的两个国家。

2007年10月10日,尼日利亚邦尼岛锚地,3个携长刀的劫匪登上锚地的一艘成品油轮,劫持了巡察的一级水手并将其手脚绑住。但水手在被绑前,成功通过对讲机向其他船员示警。船员紧急集合搜捕劫匪。虽然他们试图接洽港务当局,但对方没有响应,导致劫匪最后逃脱。

肯尼亚《民族日报》当天的报道说,现在海盗活动多采取武力围攻船只的方式,袭击并绑架船员。在2007年的海盗活动中,有72起使用了枪支,比2006年增加35%。

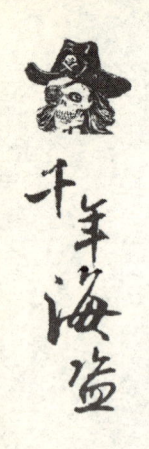

国际海事局官员波滕加尔·穆昆丹说,索马里和尼日利亚海域2007年海盗活动增加最多。由于索马里政局持续动荡,沿海地区海盗活动十分猖獗。2007年,索马里海域共发生31起海盗活动,比2006年(10起)增加了21起,并有154名船员在该海域被绑架。尼日利亚南部盛产石油,海域面积辽阔,武装团伙在那里攻击过往船只,绑架船员,2007年共发生42起海盗活动,比2006年(12起)增加了30起。

穆昆丹呼吁,经过这些海域的船只要保持高度警惕,国际社会和有关国家也应采取行动遏制海盗活动。

2008年4月,尼日利亚《抨击报》报道,国际海事局的报告再度显示,马六甲海峡畔的印尼不再是世界海盗活动最猖獗的国家,取而代之的竟是尼日利亚和索马里,成为海事活动新的最危险的区域。

2 最近尼日利亚海盗事件

一、几内亚发生枪杀中国渔民事件

2004年12月,在距尼日利亚不远的西非几内亚,发生一起枪杀中国渔民事件。4名身着几内亚军方人员制服的人士闯入中国渔船索要鱼品,随后用冲锋枪朝船员扫射,2名辽宁长海籍船员被击中身亡。事发前一天,中国另一家渔业公司的渔船也被持枪士兵强行抢走100余箱鱼品。

据中国驻几内亚大使刘玉坤介绍,几内亚附近海域目前已成为西非地区海盗最为猖獗的海域之一。此前,冒充几政府军士兵在当地进行大肆抢劫的活动也曾频繁发生。

二、挪威货船在尼日利亚海域遭到海盗袭击

路透社奥斯陆2008年7月16日电:有关官员宣布,一艘挪威货船不久前在尼日利亚附近海域遭到武装海盗袭击。

这艘名为Spar Gemeni的货船净载重量为5.3万吨,隶属于挪威Spar航运

公司。该公司确认了袭击事件的发生,并称船员"已再次获得对船的控制"。

挪威"海上联合搜救协调中心"的管理员 Nils Ole Sunde 表示,办公室于当日凌晨3时15分接到报警,称海盗踏上了货船。

Sunde 对路透记者说道:"早上6:45,我们得到消息,武装海盗已经离开了货船,船上并未发生严重伤亡。他们只是从船上抢走了钱和值钱物品,但目前并不知道他们具体抢走了什么。"

挪威通讯社报道,船上共有22名船员,全都是印度人。海盗袭击时,该船位于哈尔科特港附近。

三、6名菲采油作业船员在尼日利亚被海盗绑架

新华网拉各斯2008年10月5日电:据尼日利亚当地媒体当天报道,6名菲律宾人4日在尼东南部遭到不明身份武装人员的绑架。

据报道,这些菲律宾人是在采油服务船上作业时,遭到武装人员袭击并被绑架的。他们当中包括1名船长、2名工程师和3名船员。尼日利亚安全部队发言人当即证实了上述报道,称绑架事件细节尚待进一步调查。

在这起绑架事件发生前几小时,一名被尼日利亚武装人员绑架的英国人获释。

尼日利亚东南部产油区局势一直动荡,自2006年以来,已有200多名外国人在该地区被绑架。2008年初以来,该地区已发生60多起绑架和袭击事件。

四、8艘渔船和96名船员在尼日利亚海域被海盗劫持

新华网拉各斯2008年10月18日电:据尼日利亚当地媒体当天报道,8艘捕鱼作业船只及96名船员17日在尼南部巴耶尔萨州附近海域被海盗劫持。

尼日利亚《今日报》援引尼渔业协会官员奥拉库希的话说,被劫船只去向不明,海盗已向被劫渔船的船主提出赎金要求;并威胁如果要求不被满足,将可能伤害人质、破坏船只。

据尼渔业协会统计,仅在该协会注册的渔船,自2008年以来就有64次遭到海盗袭击,造成数名船员死亡。

巴耶尔萨州属于尼日利亚南部尼日尔河三角洲地区。该地区自2006

年年初以来,因为武装分子袭击等因素造成安全形势恶化,海盗袭击也更加频繁。

五、尼日利亚海盗获赎金后释放全部渔船和人质

澳大利亚广播公司报道:2008年10月19日,尼日利亚海盗在获得满意的赎金后,已释放了8艘渔船和96名人质。尼日利亚拖网渔船船主协会主席声称,船主们被迫与海盗们进行谈判,因为海盗威胁要杀死船员。他们只好交纳了相当大一笔数目的赎金。

六、尼日利亚海盗"发威"劫持法国船只

新华网巴黎2009年1月5日电:尽管国际社会对尼日利亚、索马里等地海盗施加了强大的政治和军事压力,但是海盗袭击船只并绑架船员的事件依然发生。2009年1月3日午夜和4日凌晨,一艘法国波旁(Bourbon)船务公司的船只在尼日利亚海域被劫,船上9名船员也成了海盗的人质。

这艘被劫船只的名称为"波旁莱达"号,是一艘石油和天然气的运输补给船只。该船4日行驶在尼日利亚海域时,遭到海盗袭击。不过,船长随后便通过电话与船主取得了联系。他对外表示,9名被海盗掠走的船员安然无恙,健康状况良好。船主在随后发表的声明中说,他们一直在尽全力解救船员。被劫的法国船只上共有5名尼日利亚人、2名加纳人、1名印度尼西亚人,还有1人来自喀麦隆。

波旁公司主要向从事海上石油勘探和生产的公司提供各项海上服务,现有员工5000余人,各类船只200多艘,在20多个国家有业务活动。

就在几天前,法国海军还阻止了索马里海盗对一艘货船的劫持企图。不过,正当法国人将打击海盗的注意力集中在索马里附近时,尼日利亚海域却又出现了问题。

尼日尔河三角洲地区是尼日利亚石油主产区。那一区域及其邻近的几内亚湾海盗活动猖獗。自2006年年初以来,尼日尔河三角洲地区频繁发生海盗和非法武装人员袭击石油设施、绑架人质和劫持船只事件,导致尼日利亚石油严重减产。

尼日利亚海域是世界上比较危险的海盗袭击案高发区。不过,与索马里

海盗劫持船只的目的有些不大一样的是，通常，尼日利亚南部的海盗主要想通过绑架船员向本国政府施压，要求政府给南部地区分得更多的石油利益。

七、尼日利亚海盗再度袭击油轮

新华社 2009 年 1 月 22 日专电：一些保安企业的消息人士说，多名持枪歹徒 21 日乘多艘快艇在尼日利亚附近海域袭击一艘载有 4000 吨柴油的油轮，绑架了 1 名罗马尼亚船员，严重损坏船体。

路透社援引 3 名私人保安企业消息人士的话报道，"MT 梅勒迪斯"号油轮在尼日尔河三角洲附近海域一油轮常用航道上遇袭，导致上述损失。"MT 梅勒迪斯"号遭袭时，正从尼日利亚城市拉各斯驶往尼日利亚哈尔科特港。

其中 1 名消息人士说："那艘船当时请求支援，因为船员报告它的发动机和甲板上部结构严重受损。"

八、IMO 秘书长敦促尼日利亚政府打击海盗

国际海事组织（IMO）秘书长 Mitropoulos 敦促尼日利亚政府进行干预，以帮助减少几内亚湾和尼日利亚沿海地区的海盗和武装劫持船舶事件的发生率。

2009 年 2 月 20 日，Mitropoulos 先生与尼日利亚新任交通运输部长 Ibrahim Bio 先生在 IMO 总部伦敦进行了广泛会谈。借此契机，Mitropoulos 先生强调，需采取紧急行动，以向国际海事界保证尼日利亚致力于优先解决这一问题的承诺。

Ibrahim Bio 先生表示，将秘书长所强调的关于政府干预以减少海盗事件发生率的问题转达给尼日利亚总统。他还告知 Mitropoulos 先生，尼日利亚为解决这一问题所作出的努力。政府已设立了一个专门部门，集中精力解决武装冲突和海盗事件。他补充说，在 2008 年，尼日利亚举办了一次关于打击尼日尔三角洲地区海盗和武装劫持船舶的国际会议，在会上通过了一项行动计划，目前此行动计划正在执行中。

另据尼日利亚报报道，受海盗不断出没的影响，尼日利亚捕鱼业正处于灭绝的边缘。如果政府不加以干预，捕鱼业将与纺织业遭受同样的命运。据估计，由于海盗出没，尼日利亚捕鱼业遭受的损失已超过 10 亿美

元,并有40多人因此丧生。同时,柴油居高不下的价格,也给捕鱼业带来重创。尼日利亚拖捞船协会呼吁政府采取必要措施应对海盗的出没,并对出售给拖捞船的柴油价格予以优惠。

第四章

当今海盗综述

1 当今海盗三大活动"宝地"

虽然当今海盗的装备和形象已经发生了巨大变化,但是其在活动区域上,与历史相比并没有太大变化,仍集中在从非洲通往亚洲的航线上。

一般来说,当今海盗有五大主要活动区域,分别是西非海岸、索马里半岛附近水域、红海和亚丁湾附近、孟加拉湾沿岸和整个东南亚水域。其中,东南亚水域曾经最为危险,世界上有超过半数的海盗抢掠案发生于此,而印尼水域则是危险中的危险,是海盗最集中的地方。但现在印尼形势已有所缓和,"热点"转到了西非的尼日利亚与东非的索马里。

马六甲海峡位置图(图中标星号的地方)

一、"海盗集散地"马六甲海峡

亚洲乃至整个东方最繁忙的海上通道——马六甲海峡,在1989年之前海盗活动曾一度似乎销声匿迹,连续多年每年只发生7起左右,可是1989年突然发生28起,1991年就已增加至50起,后来便愈演愈烈,几乎到了"无法无天"的地步,一直是东南亚海盗持枪抢劫横行霸道的地方。

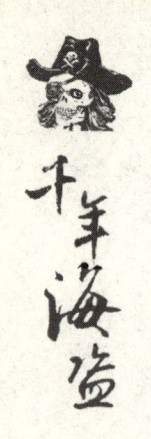

但最近该地区保持了"相对安静",到 2008 年底为止仅发生了 4 起海盗袭击事件,而 2007 年同期这个数字是 8 起。这种局面的改善,主要归功于海峡周围国家之间的合作,以及印度尼西亚政府的努力。

目前,以维护马六甲海峡安全为目标的多种联合军事演习不断,以反海盗、反海上跨国犯罪、维护海上安全为目标的多种双边、地区和国际合作机制也纷纷建立起来。

二、"海盗乐园"尼日利亚海域

据国际海事局的报告显示,2008 年上半年,印尼已不再是世界海盗活动最猖獗的国家,取而代之的是非洲的尼日利亚。尼日利亚执法单位的能力不足,促使它成为世界海盗袭击的"热点"。2008 年头 3 个月,尼日利亚共发生 10 起海盗袭击事件,占世界总数的 1/5,海盗活动主要集中在最大城市、原首都拉各斯邻近的水域与尼日尔河口。

三、"海盗天堂"索马里海域

位于非洲之角、拥有漫长海岸线的索马里水域,在 2008 年下半年取代传统的"海盗集散地"马六甲海峡,成为继当代"海盗乐园"尼日利亚海域之后全球海盗活动最猖獗的地点。国际海事局于 2008 年 11 月 20 日呼吁国际社会,采取有力行动打击索马里海域的海盗活动。印度海军宣布于 11 月 19 日击沉一艘海盗"母舰"。与此同时,海盗袭击活动仍未有减少。自 11 月 15 日沙特超级油轮"天狼星"号被索马里海盗劫持后,连日来又有 3 艘船只在这一海域被劫。

这不是演习,不是电影大片的娱乐,而是活生生的暴力掠夺。猖狂的索马里海盗已经吸引了全世界的目光,也让索马里这个东非贫穷小国沦为海盗的"天堂",再度走进人们的视线。

2　当今海盗三大类型

AK－47

一、小股海盗

活动范围：一般在内海甚至海岸线附近出没，通常由4到10人组成，喜欢冒充执法人员。常用作案方法：用小型快艇尾随，并使用钩子（"飞虎爪"）等装置爬上船只，然后实施抢劫。危害程度：大部分海盗案件都属于此类，一般只以抢劫货船财物为目标。

他们其实绝大部分不过就是沿海的渔民。他们平常打鱼，有时候看到途经的商船走得比较慢就会一哄而上。他们无非就是一条小舢板，配上一台雅马哈的大功率发动机，朝大轮船"轰轰轰"地冲过去，冲上去了就抢点现金，冲不上去就拉倒，即所谓"Hit & Run"（打了就跑）。

二、有组织犯罪团伙

活动范围：不详。常用作案手法：这些海盗在行动前一般都有详细计划，拥有熟练的驾船者、牢固的基地、先进的武装（如AK－47冲锋枪）和来自可靠渠道的情报。危害程度：这类海盗数目不多，但一旦出动就会造成巨大危害，为巨额利润不惜采用杀人灭口、烧船灭迹等残忍手段。

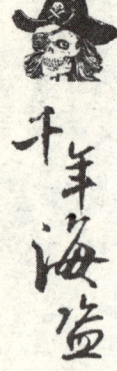

三、属于分离主义者或恐怖分子的海盗

活动范围：主要出现在阿拉伯水域、斯里兰卡海域、印尼苏门答腊岛北方靠近亚齐附近海域、菲律宾南部海域。常用作案手法：将全体船员杀害后，将船只开到隐秘地点，重新油漆，更换名字，注册后变成所谓的"幽灵船"，连同货物一起卖出；或用来走私人口和贩卖毒品。危害程度：这是最凶残的海盗，他们在海盗总体中占的比例很小，但危害性最大。

3 当今海盗袭击五大招

雷达

招数一：行动有计划，过程有指挥

海盗上船抢劫前，均事先摸清被劫船舶的船上设备、航线、船员人数等全面资料，再进行抢劫；得手后马上与总部联系，按指令将船改换颜色、旗号、船舶证；并将船开往指定地点，与指定的接头者进行交易，整个过程很有计划性。

招数二：卧底套情报，做劫船内应

海盗似乎非常了解船只的航行时间和船上货物构成。事实上，很多海盗团伙在作案时，通常先派一名同伙作为船员卧底到目标船上，一旦目标船行驶到附近海域，卧底船员就会用电话通知海盗组织该船的位置及航行路线、人员装备等情报，为海盗劫船做内应。海盗也利用雷达确定轮船方位，通过无线电与内部人员取得联系，使用摩托快艇和自动武器进行攻击，如果失败也很容易逃跑，混入当地数百艘小船之中。

招数三：伪装成警察，夜里才查船

许多海盗抢劫案发生在夜里。海盗劫船时，往往使用高速摩托艇，将其伪装成海上巡逻艇；自己则通常伪装成海上检查的警察。一般海盗从船只后部发起攻击，用钩爪抓住大船后，再爬上被盗船只。根据调查，近85%遇害者在海盗攻击前毫无觉察，直至他们上船后才发觉。

由于晚上大部分船员多已熟睡，只有两三名船员在值班，因此，海盗在此时发起攻击往往很容易得手。特别是在海盗有武器而船员手无寸铁的情况下，海盗能轻而易举控制整艘船只，进入船舱后，将船员捆绑住，然后从船长处取出保险箱钥匙，将船洗劫一空后逃之夭夭，前后只要10分钟左右。

招数四：头目逼每个手下都杀人

有的海盗头子为了让手下人死心塌地跟随他，故意安排每个海盗都参与杀人。因此，被劫船只上的水手有的被开枪打死，有的被重物击死。而海盗们最普遍的做法，是把水手们装进袋子乱棍打死，最后把船上的人扔进鲨鱼出没的大海。

由于目前国际上在公海尚无专业的海上巡逻机构，因此在突遇海盗劫船时，船员们往往惊恐万分，既无处寻求救助，又没有武器对付匪徒，只好满足海盗的任何要求，并企求神灵保佑。

招数五：改装劫持的船舶

海盗在劫持船舶和货物后，一般都要挂上一面事先准备好的国旗，并

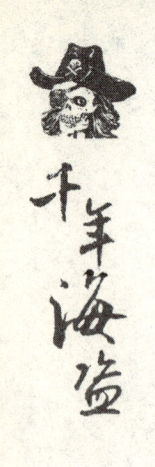

对船进行改造,如将烟囱的颜色改变、改换船名、修改船尾的船籍港,甚至修改发动机的出厂编号,然后重新装备船员,伪造整套船舶文件,航行到其他地方便将货物和船卖掉。

4　当今海盗强悍更胜"前辈"

2003年上半年,国际商会下属的国际海事局发表了一份报告。报告显示,各国船只在公海遭暴力袭击事件骤然飙升至234起,与2002年同期的171起相比增加了37%。在这些事件中,海盗登船作案165次,劫持船只9艘,杀害船员16人,打伤船员52人。

2003年11月初,国际海事局再次发表报告说,仅在当年前9个月,全球公海海域就发生了至少超过344起商船被海盗袭击的事件,数目之多创历史纪录。2003年也因此成为近现代历史上海盗活动空前猖獗的一年。那么,现代海盗为什么在近几年开始疯狂活动,他们的抢掠生涯和组织方式是什么样的?

一、早已鸟枪换炮

在古代欧洲(特别是北欧),海盗是个重要的社会角色,有人斥之为祸害,有人视之为豪杰。然而到了今天,有一点可以肯定的是,现代海盗已经不是人们想象中维京人戴着眼罩、手持长刀的样子,也不是好莱坞大片《加勒比海盗》里的传奇形象,更不是18～19世纪乘着帆船、挥舞弯刀的菲律宾与印尼海盗的样子。以上的种种海盗组织,在18世纪到19世纪初已全被西班牙炮舰赶尽杀绝。

在历史和科技的变迁中,海盗与社会上的其他任何事物一样发展迅速。20世纪80年代以来,全球范围内的海盗活动都在走向国际化和现代化,海盗也有现代武器和电脑设备。这些有组织的海盗,一般在行动前都有详细的计划,拥有熟练的驾船者、牢固的基地和可靠的情报。

而且海盗的"生意"范围也在不断扩大,不仅从事劫船掠货等犯罪活动,还参与或者主导走私、贩卖人口等勾当,对海运和贸易造成的威胁日益增强。有专家估计,仅仅是东南亚区域的海盗活动,就使得世界经济每年至少损失250亿美元。如果算上全球的海盗活动,损失则高达700亿美元。

这些损失还仅是一个方面,而对资源和生态环境的破坏更为可怕。由于海盗活动的海域多半是海运枢纽地带,一般都有很多运油船穿行。所以,澳大利亚默多克大学亚洲研究院学者詹姆斯·沃伦教授认为,海盗从事的犯罪活动包括劫船、劫货、走私、贩卖人口等,海盗活动随时可能演变成大型海难,造成非常严重的污染与生态破坏。

不过,海盗们的战斗方式与500年前的维京人并无多大区别。他们要想劫掠一只船,不但要追击得上,更要侦察出这只船的实力如何。所以在行动之前,他们必须估计出此船的武器装备如何。如果要碰到一艘军舰的话,那可真是得不偿失。如果对方企图抵抗开战,首先将会是炮战。当时的火炮成本低,大部分配备的是实心铁铸炮弹,其主要作用是破坏船身。而海盗们运用的战术最先打的是敌船桅杆,破坏它以后,敌人便没有了逃跑的机会。一旦敌船无力还击时,他们就靠近敌船,登上去,发挥人数优势展开甲板战,拼杀水手,此刻的格斗技术显得格外重要。

二、活动版图依旧未变

虽然海盗的装备和形象已经发生巨大变化,但是现代海盗在活动区域上和历史相比并无太大变化,仍集中在从亚洲通往非洲、欧洲的航线上。其中,前两年东南亚水域最为危险,世界上有超过半数的海盗抢掠案发生于此,而印尼水域则是危险中的危险,是海盗最集中的地方。说到印尼海盗,前两年来几乎可以说是大名鼎鼎。全世界90％的贸易靠海运,而33％的海运经过东南亚水域。2003年头9个月,东南亚水域发生了271起海盗抢劫事件,其中印尼海盗最为猖獗。

近几年,经过印尼及周边几个国家的合力打击,东南亚海盗遭到重创,大为收敛。可是,西非的尼日利亚、东非的索马里海域又出现海盗肆虐的现象。但不管怎么说,他们还是在这条航路上。

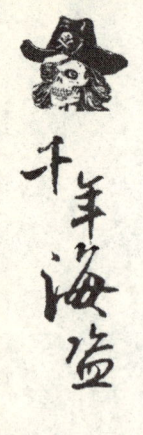

三、海盗也走向全球化、高科技化

现代海盗组织已经与国际商务组织类似,其"海盗托拉斯"规模庞大,组织严密,设分支机构,在各个地区都有雇员。有些海盗船联合行动,看起来更像是舰队作战。他们背后有大商人投资,用高科技手段武装起来进行杀人越货的勾当。日本一艘货船被袭击,就是数个国家的海盗联手干的,有韩国的计划人员、印尼的凶手、缅甸的码头工人和黑市商人。

海盗团伙近年来一个最新的变化是,95％以上都拥有了武器。实际上,美国撤出越南、苏联撤出阿富汗之后,都有许多武器和军事设备流入黑市。随着冷战结束,在国际市场上很容易弄到先进武器。现在海盗船上不但有机关枪、突击步枪、火箭筒等先进武器,还有电脑和圆盘卫星天线、GPS全球定位系统;可通过电子邮件和互联网与世界各地犯罪集团甚至恐怖分子保持密切联系,并随时获得最新商业信息。于是,有组织的犯罪兴盛起来。国际海事局指出,越来越多的海盗在作案时使用杀伤力较强的武器,暴力倾向越来越明显。

5 当今海盗为何日益猖獗?

海盗越来越猖獗的原因多种多样,与世界经济的走势大致吻合。随着世界经济的迅猛增长,国际贸易的数量也不断上升,而国际贸易实现的重要交通工具仍是航海运输。目前,全世界至少有4万艘大型机动商船,海盗们很容易从中发现安全漏洞。

一、安全漏洞:海运效率高了,船员人手少了

时代的发展,技术的发展,海运的效率已经大大提高,这使得航海运输方式与过去有明显区别,操纵现代化的货轮只需要很少人手,货物的装卸全部实现机械化。货轮在海上航行时,只需配备少量船员,通常不超过36人。

然而,安全专家指出,这在有利于正常航运的同时,也为海盗分子提供了便利。人员极少的货轮,在配备移动电话、AK－47、M－16自动步枪的海盗眼里往往是一顿"美餐"。一旦低速航行的货轮驶近陆地时,犯罪分子乘坐高速快艇就可以轻而易举将其"捕获"。

二、经济漏洞:贫困地区穷人被逼上绝路

东南亚,特别是印尼地区海盗活动加剧的另一原因,在于1997年亚洲金融危机爆发后,导致贫困人口的增加和失业率的上升(索马里、尼日利亚海盗也与当地经济贫穷有关);而马六甲海峡底部多暗滩和沉船的客观条件,使得船舶到此都要放慢船速。两者结合,让这里成为现代海盗最爱的"狩猎区"。这一地区的海盗,包括顺便打劫的渔民、普通罪犯以及复杂的亚洲犯罪集团。

三、体制漏洞:官员腐败勾结海盗集团

收入菲薄的海上官员和港口工人中的腐败也是重要因素。规模较大的海盗团伙,不再像过去一样是一种当地化的现象,而是全球犯罪网络的一部分。它已经渗透进船运公司、港口管理当局,甚至是国家海关部门。国际海事组织认为,现在东南亚的海盗活动,基本操纵在五大犯罪集团手中。他们已经组成现代化的"海盗托拉斯",下设分支机构,在各个地区都有雇员,活跃于马六甲海峡和印尼沿岸狭窄水道中。

四、意识漏洞:船主想节省高额保安成本

日益猖獗的海盗活动,令全世界贸易组织和船东们苦不堪言。一些船运公司和保安公司出于安全起见,想方设法防范海盗劫船。比如,如果货轮行驶航线途经危险海域的话,有些船主就会雇佣一些雇佣兵进驻货轮,以保护船只及船员的安全。位于英国伦敦的一家保安公司曾在媒体上登出广告,为国际货轮的安全提供保护。该公司称可以提供300名英勇善战的尼泊尔廓尔喀族士兵,这些士兵自称在英国军队中平均拥有16年的军旅生涯。

但是,由于使用雇佣兵代价昂贵,且海盗袭击具有不确定性,船主一般

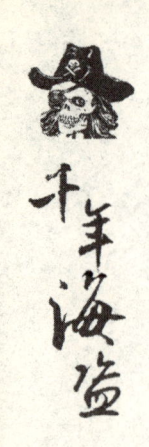

难以承受如此高的费用,船运公司也不大赞成这一做法。除了增加成本以外,更多的是担心冲突升级。因为一旦货轮上有武装人员保卫,海盗分子极可能在上船后首先开火伤人,然后再抢劫,这无疑会增加死伤的人数。

五、技术漏洞:保险公司让报警装置难推广

技术部门也试图用高科技消灭海盗。有一种更为先进的装备,叫做"海上劫持警报与船舶追踪系统"。它可以每天6次发送卫星信号,向船主报告船只所处的位置、速度和航向。如果海盗一旦干扰或破坏了安装在船上的船舶追踪系统,报警器就会通过电子邮件和移动电话及时向船主示警。

国际海事局还呼吁船主在船上安装卫星跟踪系统。一旦船只遭到劫持,有关当局就能在这一系统的帮助下迅速锁定罪犯方位,并将其一网打尽。然而,遇到海盗抢劫后,往往有保险公司赔偿损失。所以,一些远洋公司为压低运营成本,并不愿投资安装报警设备和定位设备。目前,全球装上卫星定位装置的远洋轮只有500余艘。

6 反海盗还应包括"反恐"

除了海盗所造成的经济和治安危害外,国际海事局警告说,一些海盗袭击事件背后还可能隐藏着政治动机。西方情报机构和海事安全部门也认为,印尼海域发生的某些袭击事件与"基地"组织或其他恐怖组织有关联。人们一直在担心,恐怖分子会把这样的船只变成巨型浮动炸弹,驶入大型港口后引爆,由此严重扰乱世界贸易。

一、反海盗还包括"反恐","反恐"也包括反海盗

国际海事局专家表示,鉴于世界安全形势所受到的恐怖主义挑战,目前的海事安全已远不止是海盗与反海盗的范畴,有组织、有预谋、规模庞大、手段先进的恐怖主义袭击,正在成为更严重的海事威胁。传统海盗的

目的只是为了抢劫财物,而恐怖分子的目的在于对抗政府、制造混乱。恐怖分子的目标也不再仅限于油轮和商船,军舰、码头、港口、旅游胜地乃至居民聚集区都成了他们的袭击对象。特别是随着各国反恐力度的加大,恐怖分子在陆上的"地盘"已日益缩小,不得不将其部分"阵地"转向海上。这种专门在广袤的海域上制造恐怖活动的恐怖分子,被专家称为"现代海盗"。

二、海上恐怖袭击最难对付

据《兰德公司国际恐怖活动大事记》记载,在过去 30 年中,只有 2% 的恐怖事件是在沿海或海上发动袭击。海上袭击的形式也很简单,不过是向舰船投掷小型炸弹,或以水雷攻击。但是,反恐专家认为:"在所有主要的恐怖战术中,海上恐怖袭击是最难对付的。"

尽管海洋不是恐怖活动最初的发源地,但随着现代科技的发展,海上恐怖威胁已越来越不容忽视。随着现代科技的发展,海上恐怖分子的装备更为先进,作案手法也更加"高明",有的甚至走上了集团化、组织化、国际化的道路。

而美国方面最担心的是,恐怖分子可能利用集装箱货船从事恐怖活动。因为集装箱数量太多,海关人员根本检查不过来。一旦恐怖分子将化学、生物甚至放射性武器藏在某个集装箱里,在洛杉矶这样的大港口引爆,其后果不堪设想。除集装箱货船外,西方对恐怖分子可能从水下发起的袭击也颇为担心。

三、"基地"已有"恐怖舰队"?

还有一些安全专家认为,"9·11"事件后,本·拉登"基地"组织已组成一支拥有大约 20 艘船只的"恐怖舰队",分布在阿拉伯海和印度洋等海域,随时可能发动恐怖袭击。据美国官员透露,这些船上很可能装载了大量炸药、枪支弹药、化学武器、炭疽菌和毒药,每一艘船都相当于一个漂浮在海上的"火药桶"。

西方媒体对恐怖分子可能从水下发动的袭击也颇为担心。美国联邦调查局曾向加州潜水协会收集其过去数年内培训的 200 万名潜水学员的

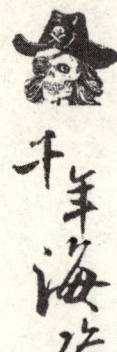

资料，以防恐怖分子混入其中学习潜水技术，在海底向美国舰船或桥梁发动袭击。

海上恐怖事件的频频发生，引起国际社会的高度关注，各国联手海上反恐成为大势所趋。海事专家呼吁，各国政府应通力合作，增加警力，加强海岸巡逻，全力打击来自海上的恐怖威胁。

国际海事组织呼吁会员国检查现有的保安措施和程序，以免恐怖分子向船只下手，或将船只、货物作为进行袭击的武器。国际海事组织还发起环球培训计划，以提高海事和码头员工鉴定船只与码头安全的水平。官方则需严格鉴定码头和船只工作人员的身份，确保他们不会利用这些设施进行恐怖活动。

2001年，联合国远洋及海商法非正式咨询程序会议在美国纽约市举行。会议通过了三项打击海盗、维护海上运输安全的建议。此外，把反恐视为要务的美国，还与法国、德国、加拿大、马来西亚、新加坡等国达成协议，一致同意美国海关总署在这些国家的港口派驻安全监察人员，以防止恐怖分子通过集装箱货船偷运武器等非法物品前往美国。

日本也不甘寂寞，提议由日本、马来西亚、印尼、新加坡等6国的海岸警卫队共同组建一支海上反恐巡逻队，重点在马六甲海峡等海域巡逻，以应对紧急情况。

但是，美日的提议遭到印尼抵制。印尼从主权和国家安全的角度出发，反对外国军舰的"帮助"。国际海事局一位官员说："迄今为止，答案是坚定的'不'。提议实现当然很好，但是这些国家的主权决定了提议不可能变成现实。主权问题是非常敏感的。"

下巻　古代海盗

第一章

地中海海盗——罗马帝国的死对头

西里西亚人：让少年凯撒做了阶下囚

公元前 146 年，迦太基城陷落。罗马人摧毁了迦太基人的舰队之后，他们以为海上的敌人已永远消灭，但很快他们就认识到这是一个错误的想法。他们通过水路运送的财富——北非的小麦、阿拉伯的香料、红海沿岸的珍珠和珊瑚、印度的棉花、中国的丝绸和作料等引起了海盗们的注意。海盗们头几次轻易得手，于是他们迅速扩大了自己舰船的数量。

凯撒大帝

起先，希腊海盗和小亚细亚海盗严密封锁了联系罗马和埃及的交通线，致使对保证帝国中心粮食供应起重要作用的南部线路无法使用，小麦价格暴涨，引起平民一次次因饥饿而产生暴乱。

海盗们以本都王国国王密司立对提为保护人和庇护人，他拥有强大的海军，公开把希腊各岛和小亚细亚沿岸的所有海盗纠集起来。为同海盗作斗争，罗马动用了塞浦路斯岛和罗得岛上的舰队，迫使海盗与之进行了力量悬殊的战斗，才使密司立对提的海上霸权日渐衰落。

但是，这并未给罗马带来平静。不久，又出现了西里西亚海盗。迦太基人、希腊人、逃跑的奴隶和破产的意大利人都加入了西里西亚海盗的行列。他们抢劫驶往奥斯基亚的舰船，对罗马构成强大的威胁。

海盗们的船只具有很大的机动性，仅有一排桨，叫做"利布尔

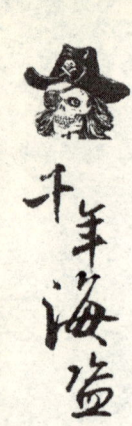

纳",这种船后来成了罗马海军船只的原型。为恫吓敌人,海盗在横桁上挂起的幡旗上,绘有象征死亡的颅骨和骷髅。海盗们的战术很简单,他们在沿海或海峡的小岛间发现船只后,就悄悄驶近目标,然后从自己甲板上一种叫"卡斯捷里"的高台跳向被攻击的船只,然后手持匕首和刀剑,展开一场肉搏。

海盗们还在西里西亚沿岸的高地上修筑起信号塔,可以清楚看见直到塞浦路斯的整个海面。当商船出现或军舰接近时,他们即发出信号。许多小海岸有大礁石作屏障,是海盗船理想的隐蔽场所。此外,他们在山上还修筑有敌人无法攀登上去的堡垒。

海盗的主要虏获物是金钱,通常是向被他们抓住的富豪收取赎金,通过许诺不危害一些港口城市和海滨城市而敲诈他们。

有趣的是,连历史上赫赫有名的凯撒大帝,也在其曾经失意时成了海盗的阶下囚。

凯撒是在由罗马去罗得岛的途中,落入西里西亚海盗之手的。他当时是独裁者苏拉的政敌马里的支持者,因而被逐出。凯撒正在学习讲演术,但他的元老院老师们认为他的技术还不够高明。因而,他决定利用这段被放逐的时间,去著名演说家阿波洛尼在罗得岛开设的学校里,向他学习,进一步提高讲演术。

当凯撒和侍从及奴隶乘船经过卡里亚多石海岸附近一个叫"法尔马库萨"的小岛时,他的船旁出现了几艘帆桨大船。大船速度飞快,航线选择准确,很快就包围了凯撒的船,并阻止它前进。罗马船丝毫未反抗,就放下了风帆。

凯撒极为镇静,侍从和奴隶伫立四周,他坐在甲板上继续读书。海盗们来到他身边,要求他报出姓名。凯撒抬头看了他们的头目一眼,只字未语,又继续聚精会神地看书。

此时,凯撒的一名侍从、医生钦纳告诉海盗头目:"他是盖乌斯·尤利乌斯·凯撒。"海盗头目说:"我不管他是谁,从我这里过就要留下买路钱!"说罢,他转身问凯撒:"你准备用多少钱赎身?"这位傲慢的贵族、著名的罗马人仍无反应。

高傲的态度激怒了海盗,他们大声叫嚷着:"最少要10个塔兰特,否则别怪我们不客气。"然而，凯撒依然沉默不语。 头目怒不可遏，加倍要价，高喊着："你这个混蛋，说话呀！ 你难道是个哑巴？ 你不说话，赎金只会越来越多，20个塔兰特，或者……"

突然海盗惊呆了。 这位年轻人终于打破沉默："难道我的身价就只值这么几个钱？你们这是对我的侮辱，你们太放肆了。 要是你们在行的话，最少应该索取50个塔兰特才是。"

10个塔兰特，对海盗们来说就已是个惊人的数字了，更何况50个塔兰特！ 海盗们面对这位非同寻常的贵族俘虏，于是既吃惊又倍加尊敬。他们把他送到海盗基地。 在那里，凯撒锻炼身体，写诗，写讲演稿。晚上，他给海盗们朗诵自己的作品，以检验自己辩才的能力。 而海盗们并没有被凯撒的诗作所感动，他们只是讥笑他，称他为罗马傻瓜。

不过，凯撒对他们倒是开诚布公。 他说："我获释回去后，一定要处死所有海盗，一个不留！"

就在凯撒被俘后的第38天，海盗们接到通知，说凯撒的50个塔兰特的赎金放在总督瓦列里·托尔克瓦特处。 翌日，海盗们用船把凯撒送往米利都。 在那里，海盗们得到了钱。

凯撒获释后，以海盗和他的政敌苏拉所没有预料到的精力，立即着手实现惩罚海盗的计划。 就在他获释后的第二天，凯撒便亲率500名士兵，分乘4艘帆桨船，突袭并包围了海盗的老巢法尔玛库萨岛。

海盗们措手不及。 他们万万没有想到，这么快就与昨日的阶下囚交锋。 海盗们分赃之后，个个狂欢暴饮，烂醉如泥，除少数几个逃脱外，共有350名海盗被抓获。 凯撒夺回了自己的钱。

凯撒将海盗们的船沉入海中，把俘虏押往培尔伽姆罗马大法官府邸。 但大法官当时不在城内，凯撒无法取得他的允许处死海盗。 于是凯撒下令："挑出30个头目，锁上铁链，押往我的住处。"

凯撒提醒海盗们说："你们还记得我说过的话吗？你们都将被钉死在十字架上。 但是，为了感谢你们在我被俘期间对我尚好，我将宽大为怀，诸位在被钉上十字架之前，先割断咽喉，一般海盗将被绞死。"

凯撒向来说话算数，他这么说，也就这么做了。

从此以后，西里西亚海盗开始极端仇恨罗马人。 海盗们抓到俘虏，

如果其中有罗马人，他们就会装出一种十分可怕的样子，拍打着自己大腿，跪下求饶。被俘的人看到他们苦苦乞求，往往信以为真。之后，就会有海盗给他穿上鞋和衣服。海盗们尽情取笑他，看他痛苦的样子，直到尽兴为止。最后，海盗们在大海之中放下搭板，蒙上他的眼睛，命令他下船，并祝他一路顺风。如果可怜的人不下搭板，海盗们就将他推下船，让他溺死在海中。

罗马企图用普布利·谢尔维利统率的舰队消灭海盗，但没有成功。罗马军队的舰船有两三排木桨，太笨重；而海盗们的帆桨船却机动灵活得多，有时海盗们可以很快逃走。当军舰消失在海平线上，西里西亚的海盗们又会出现在罗马人的水上交通线上，劫掠其船只和人员。

公元前67年，罗马的粮食状况极度恶化，元老院只得委任格内·庞培领导对海盗的斗争，并授予这位罗马统帅某些特权。庞培是一位精明的海军统帅，他要求元老院给他3年时间，实施消灭海盗的计划。

根据庞培的命令，罗马军队建造了500艘帆桨船，这些船只与海盗们的船只样式相同。庞培先把地中海西部作为自己的行动地点，他把这一区域分成13个区，每区分配1名指挥官，并配以相当数量的舰船。庞培自己担任中部舰队的指挥，他的舰队在非洲和西西里岛之间待命。

古罗马统帅庞培像

除舰队之外，庞培还组建了一支有1200名步兵和5000名骑兵的部队，它的任务是铲除沿海的海盗居住点。这次战役考虑周到，组织出色，40天之后，他即向元老院报告说，地中海西部的海盗已被剿灭。

庞培取得这一战役的胜利后，挥师12万开向地中海东部，进攻西里西亚海盗。这些海盗虽然已得知罗马统帅取得的胜利，但仍很自信。他们同罗马舰队在科拉克西附近公开交战，结果海盗大败，在这一战斗中，海盗损失舰船1300艘，其中400艘落入胜利者手中，2万名海盗被俘，1万名战死。庞培下令，将数百名海盗头子处死，其余海盗流放到地中海东部荒无人烟的沿海地区，让他们耕耘土地。

庞培扫荡海盗的战斗取得重大胜利之后，塞浦路斯岛、克里特岛、梅诺尔卡岛、马利澳尔卡岛自愿承认了罗马的海上霸权。但是，海盗并未就此绝迹，仅仅是转移到了罗马帝国的边远地区。

居住在亚得里亚海达尔马提亚沿岸的伊利里亚人依然是凶恶的海盗。一次，罗马使团拜见伊利里亚统治者，诉说她的臣民劫持自己舰船一事。可这位女王声称："我不能禁止我的百姓从大海中获得好处。"布匿海盗和希腊海盗也继续猎取罗马商船，海盗活动很快又恢复原有的活力，构成了对罗马的巨大威胁。

公元前44年3月，凯撒被刺死，内部争权导致罗马帝国国力的减弱，海盗们抓住了这一有利时机。海盗新首领中最引人注目的要算谢克斯特·庞培，即小庞培，他是击败海盗的伟大胜利者格内·庞培的次子。当年他父亲对海盗宽大为怀，这就把很多昔日的海盗和他们的后裔吸引到了小庞培身边。他的舰船上的大部分海盗都是逃跑出来的奴隶。小庞培为他们提供庇护所，并答应给他们自由。这样，他很快就拥有了一支海上舰队，并占据了西西里岛、撒丁岛、科西嘉岛，封锁了通往罗马的海上通道。

这迫使屋大维——凯撒的继承人、未来的皇帝奥古斯都与海盗首领小庞培签订了《米西亚条约》。条约承认小庞培对已占领的土地的拥有权，而屋大维和安东尼仍保有他们已占领的辖地。此外，条约还规定对小庞培的全部战友实行大赦，他手下的奴隶也被承认为自由民。小庞培则保证不再接受逃跑的奴隶，并供给罗马小麦。

但不久，小庞培的海盗船又开始侵扰意大利沿海，并开始接收逃跑的奴隶上船。在这种情况下，屋大维任命当时已负盛名的军事首领阿格利巴为罗马舰队司令。公元前36年，小庞培的海盗同罗马舰队在西西里岛东北角发生一场激烈的大海战。海盗被击溃，仅17艘舰船得以逃走。这次胜利的取得，要归功于屋大维的瓦解政策：屋大维保证只要海盗投降，仍将是自由民，并将被接纳加入罗马军队。结果，小庞培的很多帆桨大船上由昔日奴隶组成的乘员不战而降。胜利之后，屋大维的保证当即付诸实施。但过了不久，根据他的密令，3万奴隶被逮捕，交还给了其过去的主人；而无法确定主人的1000名奴隶被当即处死。

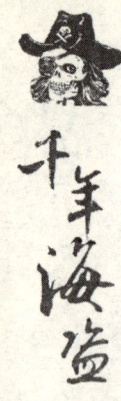

这次大战之后，小庞培逃往小亚细亚，并在那里被俘、处死。罗马帝国此后再也没有遇到如此集中和军事化的海盗舰队。但是，在地中海航行的商船仍会遭到海盗们掠夺性的袭击。

"巴巴罗萨"：史上绝无仅有的海盗王国

史上有两个"巴巴罗萨"。它们之间几乎毫无关联。

第一个是霍亨斯陶芬王朝的腓特烈一世（1123—1190年），他是德意志国王（1152—1190年在位）、神圣罗马帝国皇帝（1155—1190年在位）。

他生活在一个动荡的时代。德意志内部，为争夺国王位置连年厮杀不休；而国王与教皇之间为争夺主教的各种权力，也争斗了数百年，最后还是难见分晓。那是一个尚武的时代，而他正是那个时代典型的尚武帝王，一生醉心于金戈铁马的生活。他穷兵黩武，嗜杀成性，三次强攻意大利，并发起十字军东征，土耳其帝国在他脚下颤抖，基督教国家惨遭蹂躏，尸横遍野，血流成河，确实残忍。

奥斯曼帝国苏丹

他绰号为"红胡子"，因为他有一脸鲜红色的胡子。但在意大利人看来，此绰号的含义是这个入侵者在意大利残杀无辜，是意大利人的鲜血染红了他的胡子。在意大利语中，"红胡子"的译音为"巴巴罗萨"。因此，他也常被称为"巴巴罗萨"。他是希特勒最崇拜的人物，所以希特勒将他入侵苏联的计划定名为"巴巴罗萨"计划。

第二个是奥斯曼帝国时期的大海盗海雷丁及其兄弟。

海雷丁并非其原名，而是苏莱曼大帝赐予的，意为"信任的美德"。海雷丁的父亲雅库布是一名土耳其穆斯林；母亲是一名希腊基督徒，一说为牧师的寡妇。大概在15世纪70年代，他的父亲与其母亲生下4男2女，海雷丁是兄弟中的老三，生于1466年前后。

雅库布在希腊的米蒂利尼岛上做陶工，还买了一艘船用于贸易。兄弟们都帮过老爹的忙，其中老二主要负责开船，而海雷丁则帮着做陶器。兄弟四人皆对海洋贸易有兴趣，不过刚开始老大继承了其父衣钵，没有出海；老二、老四结成一伙；海雷丁则自起炉灶。兄弟三人开始都只是普通水手，后来转做海盗，从事私掠活动，与罗得岛上的圣约翰骑士团分庭抗礼。海雷丁的兄弟主要活动于叙利亚、安纳托利亚、埃及等地；他则在爱琴海发展，并于附近建立起自己的势力。

不幸的是，在一次从的黎波里至黎巴嫩的返回途中，老二的船队遭到圣约翰骑士团攻击，结果老四战死，老二本人则受伤被俘，关押在监狱里差不多3年时间。后来海雷丁得知消息，前去救出哥哥。老二逃脱后试图东山再起，他先后获得土耳其王子和马穆鲁克苏丹的赏识，并得到船只支持。1503年，海雷丁与他合伙行事。次年，他们获得北非苏丹准许，建造基地进行海盗活动，所得1/3归苏丹所有。

于是，不少来自教皇的船只大遭其殃，甚至一艘西西里的军舰也被他们俘虏，上面满载着来自阿拉贡的380名西班牙士兵和60名骑士。1505年，他们袭击了意大利的卡拉布里亚海岸。这些成就让他们名声大噪，许多有名的伊斯兰海盗纷纷加入麾下。1508年，他们又突袭了意大利的另一处海岸。

也许是看着兄弟的海盗生意太红火了，老大也于1509年赶来投奔。1504至1510年间，老二的舰队把许多穆斯林从西班牙撤回北非，这一举动让他获得了很高的名望，人们送给他一个尊称Baba，意思与中文的"爸爸"一样。不过，这个名称在欧洲大陆变成了Barbarossa（巴巴罗萨），也就是著名的神圣罗马帝国皇帝腓特烈的名字。

1510至1516年间，海雷丁三兄弟在西地中海横行无忌，多次与正在染指北非的西班牙军队发生冲突。1512年8月，Bougie的流亡统治者请三兄弟赶走其领土上的西班牙人。在这次战斗中老二失去了左手，后来装了一个银假肢，他由此获得"银手臂"的绰号。

1516年，西班牙国王去世，海雷丁等人趁机卷土重来，从西班牙手中夺取吉杰利和阿尔及尔，并赶走了这里原来的统治者。当地的西班牙

第一章 地中海海盗——罗马帝国的死对头

101

人向国王兼神圣罗马帝国皇帝查理五世求援，不过西班牙舰队面对海雷丁兄弟也无可奈何。自此，他们成了阿尔及尔一带真正的统治者，老二自立为苏丹。于是，世界史上绝无仅有的海盗王国———巴巴罗萨王朝正式诞生了。

老二明白，单凭他们兄弟几个是无法长期与西班牙对抗的，他们需要一个强大的靠山。于是，他选择了奥斯曼土耳其。1517 年，老二废除了自己的苏丹称号，并将阿尔及尔奉送给奥斯曼土耳其苏丹谢利姆一世。谢利姆接受了这份礼物，将阿尔及尔设为行省，任命老二为当地长官，并统领西地中海的海事，同时为他提供军事物资。

西班牙人自然不能容忍一个海盗头子沐猴而冠，即命令 Tlemcen 地方的军队由陆路进攻海雷丁三兄弟，但遭到失败，而且 Tlemcen 也落入海氏三兄弟手中。盛怒的西班牙人于 1518 年 5 月发动 1 万军队，并联合马耳他骑士团、当地的贝多因人再次对他们进行围剿。8 月 17 日，老二与老大率领 1500 名土耳其人及 5000 名摩尔人在 Tlemcen 抵抗了 20 天，最终不敌被杀。从此，海雷丁继承了哥哥的财富及事业，包括"巴巴罗萨"这个名字。

借助土耳其的强大实力，赠给他精兵 2000 名，他本人又招兵 4000 名，"复活"的"巴巴罗萨"——海雷丁于同年 12 月夺回了 Tlemcen。他继续实行从西班牙运回摩里斯科人的政策，这使他获得了广大穆斯林的支持。1519 年，他击败试图夺回阿尔及尔的西班牙及意大利联军。此后，他横行西地中海，不断对法国南部、意大利沿岸、西班牙沿岸进行侵扰，许多港口的堡垒遭到破坏。他残酷无情地到处实施洗劫，掠夺财富、人口，实行焦土政策，也给自己留下了"魔鬼海盗"的骂名。

1529 年 5 月，海雷丁用买来的几百门重炮连轰了 6 昼夜，攻下阿尔及尔港外佩农孤岛上的西班牙城堡（要知道，西班牙人坚守了这个要塞 29 年）。整个阿尔及尔港不攻自破，被海雷丁彻底控制。同年 8 月，他攻击西班牙的地中海沿岸，并连续 7 次帮助 7 万名摩里斯科人从安达卢西亚逃脱。

1531 年，查理五世命令安德鲁·多利亚率领一支由 40 艘战舰组成的西班牙—热那亚联军，去夺回吉杰利等地。海雷丁先是在马耳他骑士团的眼皮底下突袭了西西里的法维格纳纳,然后又袭击了意大利的卡拉布利亚和普利亚;在返回阿尔及尔的途中,还在墨西拿击沉了马耳他骑士团的一艘船。 同年10月,他再次袭击了西班牙沿岸。

翌年,奥斯曼苏丹苏莱曼大帝远征奥地利,安德鲁趁机攻占了伯罗奔尼撒沿岸的一些地区。 这让苏莱曼意识到一位优秀海军指挥官的重要性。 于是,他召唤海雷丁到伊斯坦布尔受命。 海雷丁于当年8月组军出海,一路推进,并在墨西拿附近俘获18艘西班牙战舰。 根据俘虏的交待,海雷丁得知安德鲁正前往希腊的普雷韦扎,便立刻迎头赶上,与之打了一场仗,安德鲁在损失了7艘战舰后撤退。

这时的海雷丁麾下已经拥有44艘战舰。 不过他很狡猾,命令其中25艘返回阿尔及尔,自己带着剩下的19艘回伊斯坦布尔复命。 苏莱曼大帝对海雷丁的"丰功伟绩"非常满意,任命他为奥斯曼土耳其的海军元帅、北非首席长官,罗得岛、埃维厄岛、希俄斯岛也归他管理。

1534年,海雷丁从伊斯坦布尔率领一支由80艘战舰组成的舰队出征。 同年4月,夺回西班牙人占领的勒班陀等地,然后多次对拉齐奥、那不勒斯等意大利城市进行袭击,罗马的教堂经常响起警报。 8月,他挥师南下,占领突尼斯并赶走其苏丹,将西班牙人全部逐出北非。

次年,海雷丁占领了意大利美丽的卡普里岛,那里距意大利最富裕的城市那不勒斯只有很短的航程。 在此前后,他还在意大利小岛上建立了不少城堡,直到今天仍依然屹立在那里。

突尼斯苏丹向查理五世求救。 于是,西班牙与意大利派出一支大军——300艘战舰、24 000名士兵前往北非。 海雷丁自知难以匹敌,便主动放弃突尼斯,继续在西班牙沿岸进行他的游击战。 此年9月,他在Tlemcen又一次打败西班牙的进攻。

1536年,海雷丁被召回伊斯坦布尔接受命令,进攻那不勒斯的哈勃斯堡王国。 翌年7月,他在奥特兰托登陆并占领该城,随后攻占了几座城堡。 同年8月,海雷丁与人攻占了威尼斯共和国的爱琴海及爱奥尼亚所属岛屿。 威尼斯向教皇保罗三世要求组织"神圣同盟"以对抗土耳其。

1538年2月,教皇果然成立神圣同盟,成员有教皇领、威尼斯、神

圣罗马帝国、西班牙及马耳他骑士团。此年9月,神圣同盟联合舰队由安德鲁率领,与海雷丁在希腊的普雷维萨湾附近交战,结果海雷丁取得胜利。这场胜利也奠定了土耳其今后33年间在整个东西地中海的霸权地位。盛极一时的威尼斯共和国从此一蹶不振,历史悠久的丝绸之路也被切断,直到1571年的勒班陀海战才改变局面。

从1539年夏天开始,海雷丁不断蚕食、骚扰威尼斯领土,迫使其在1540年10月与奥斯曼土耳其签订和平协议,承认土耳其所获取的领土,并赔偿30万金币。

1540年9月,查理五世联系到海雷丁,试图收买他,但遭到拒绝。既不能拉拢海雷丁,又想在西地中海结束海盗对西班牙领土及基督徒的威胁,查理五世于1541年10月决定兴兵围攻阿尔及尔。但这个季节并不适合作战,安德鲁苦劝未果,结果在登陆时,一场暴风雨让许多西班牙舰船搁浅。在匆匆交手几回合后,查理五世不得不放弃这次行动。

1543年,海雷丁前往马赛协助奥斯曼盟友法国。在通过墨西拿海峡时,他要求卡拉布利亚的长官投降。对方以炮火作为回应,并杀了他的3名水手。愤怒的海雷丁围攻并占领该城,进而攻击罗马。法国此时却支持罗马。于是海雷丁于8月5日占领了尼斯,并在土伦和他的3万名部下过了一个冬天,其间时不时骚扰一下西班牙,还把土伦的圣玛丽教堂改成一座清真寺。当时,奥斯曼的货币可以在当地流通。

1544年至1545年是海雷丁最后的海军与海盗生涯。其间他又与西班牙打了几仗,只在1544年查理五世与苏莱曼达成和平协议的时候歇了一阵。

尽管阿拉伯和土耳其的史书竭力将海雷丁树立为正统的海军英雄,但公正地说,他就是海盗。他后来虽然统率奥斯曼大军,高居帝国元勋之位,但一直没有放弃以劫掠补给的海盗传统,甚至把劫掠的财宝定期送给奥斯曼苏丹。他曾为得到一名叫茱莉亚的那不勒斯贵妇,竟洗劫了意大利南部小城桑塔露琪亚;他也曾以屠城相威胁,强迫西西里雷乔城长官将幼女嫁给他。

1545年,已经打了50余年仗(指挥大小战争数百次,几乎从未失手、失败过)、纵横驰骋地中海一辈子、年逾80岁高龄的海雷丁在伊斯坦布尔退役。他儿子成了他在阿尔及尔的继承者。有人根据其口述写成五卷《海雷丁回忆录》，现存于土耳其托普卡匹皇宫与伊斯坦布尔大学图书馆。

翌年，海雷丁在伊斯坦布尔去世。他的陵寝位于博斯普鲁斯海峡的金角湾。每一艘经过此处的土耳其船只都会降帆鸣号，向他致敬。这是世界海盗史上空前绝后的殊荣。

海雷丁死后，海盗内部一度不稳，最终未能保住他们在北非的世袭领地。随着土耳其势力的退缩，海盗们也渐渐变成真正的官员、官兵，自此从大海上消失了。

阿拉伯海盗：延续《一千零一夜》的传说

提到古代海盗，人们首先想起的往往是"北欧之祖"维京人，或者"好莱坞宠儿"加勒比海盗，要么就是当过英国皇家海军总司令的"御用海盗"德雷克，中世纪阿拉伯海盗的名头似乎并不那么响亮。事实上，横行于地中海和北非的阿拉伯海盗不仅厉害，而且由于其存在，对整个世界文明史都产生了重要影响。

桑给巴尔岛古堡门

地中海地区由于岛屿、半岛错落，港湾密布，航道密集，又是欧亚非三大文明交汇处，自古以来海盗活动就很猖獗。"乱世英雄起四方"，一个大名鼎鼎的海盗便在15世纪末、16世纪初的地中海登场了，他就是前文提到的"巴巴罗萨"海雷丁。他们家族本来并非阿拉伯人，但皈依了伊斯兰教。"巴巴罗萨"自幼就参与了奥斯曼土耳其帝国纵容的、针对神圣罗马帝国的海盗活动。1504年，"巴巴罗萨"干了一件惊天动地的事：洗劫了罗马教皇两艘满载艺术品和财物的大型战船，并在北非沿岸招摇过市。此举让他成为阿拉伯人的英雄，却变成基督教世界的公敌。

阿拉伯海盗的另一支就是东非海盗。今天索马里沿海海盗盛行，追溯起来，其实还是颇有历史的。

早在10世纪左右，这片海域就曾海盗盛行，对往来船只构成威胁，"海盗＝宝藏"成了阿拉伯世界的不朽传说，《一千零一夜》里的许多故事（如辛巴达航海）都提到了东非海盗。这些海盗以东非沿海港口（如蒙巴萨）为据点，袭击亚丁湾和印度洋西岸的商船，并将东非的桑给巴尔岛（今属坦桑尼亚）当作重要活动基地和藏宝地。

16世纪初，葡萄牙人侵入这一带，并逐步蚕食海盗的陆地据点，1508年占领桑给巴尔。丧失补给线的海盗不得不联合土耳其海军，在1509年与葡萄牙海军展开弟乌海战，结果海盗大败。在相当长的时间里，东非海盗几乎销声匿迹。

然而他们的历史并未结束。1710年，海盗联合当地阿拉伯人重夺桑给巴尔，沉寂已久的海盗又开始活跃，并最终诞生了传奇人物蒂皮·蒂普。蒂皮·蒂普是大海盗，同时也是著名商人，他经商致富的第一桶金便是来自海上劫掠，而这些财富又成为其大搞黑奴和象牙贸易的资本。

1870年，蒂皮·蒂普得到情报，一支由12艘船组成的船队满载香料和100桶金银，将经过东非沿海，他便率领海盗前去阻截。不料暴风雨抢先一步把这些船只打得粉碎。侥幸活命的水手爬上蒙巴萨北面盖蒂附近的荒凉海岸，藏好100桶金银，然后乘小船逃生，却被随后赶来的海盗全部抓获。

蒂皮·蒂普拒绝了这些水手"一半金银换性命"的交易，将他们全部杀死，因为他自信自己对盖蒂一带了如指掌。不料，当他们赶到藏宝地时，竟完全寻不到线索。悔恨不已的蒂皮·蒂普只得悻悻然而去，很快就销声匿迹了。

这一支阿拉伯海盗的黄金历史很快结束了。1884年，德国占领桑吉巴尔。此时已进入铁甲蒸汽战舰时代，海盗逐渐走入历史尘封，直到100年后才重新回到前台。

不过，"蒂皮·蒂普宝藏"却成了恒久的传说。"蒂皮·蒂普寻宝探险"至今仍是肯尼亚最热门的旅游项目之一。

阿拉伯海盗也许是最善于陆战的海盗，其能力并不亚于正规军，尤以北非（地中海沿岸）海盗为甚。但他们不善于远海作战，因此对据点的依赖性很强。与其他地区的海盗纯以劫掠为生不同，阿拉伯海盗多数且盗且商，这是因为他们大都全家为盗，男人出海，女人和老人经商。这与英国的德雷克等人以单身汉和海军浪人为主的海盗团队大相径庭。阿拉伯海盗的这一特点，在今天的索马里海盗身上仍能清晰看到。

肆虐北非、东非的阿拉伯海盗截断了东西方商路，迫使欧洲基督教国家不得不另辟蹊径。葡萄牙人选择了"知难而进"，派出达伽马绕过南非好望角到达印度，又派出海军和殖民者在东非扩张，最终打通了商路；而西班牙则开始摸索"红灯绕行"，最终，抱着"地球是圆的"的科学信念、怀揣西班牙国王裴迪南和王后伊萨贝拉致大明皇帝信函的哥伦布（1451－1506年）越过大西洋，到达了美洲。

在普雷维萨湾海战中，神圣同盟多国联军被"巴巴罗萨"海雷丁打得一败涂地。残兵败将里有一名年轻的西班牙水手发誓要重整旗鼓，为帝国赢回世界霸权和滚滚财源。这个人后来带领船队到达美洲墨西哥，摧毁了著名的阿斯特克文明，建立了庞大的中美洲殖民地——他就是"西班牙墨西哥殖民之父"荷南·科尔蒂斯。此后，西班牙籍殖民主义者皮萨罗又征服了秘鲁的印加王国。

海盗们帮助奥斯曼土耳其帝国夺取了东地中海霸权，并使得地中海沿岸的罗马、威尼斯、那不勒斯、佛罗伦萨、热那亚、西西里和马耳他等邦国走向没落，令欧洲文明的中心从地中海向大西洋滨岸转移，成为中世纪结束、工业革命开始的引路人——尽管这绝非"巴巴罗萨"们的本意。

第一章　地中海海盗——罗马帝国的死对头

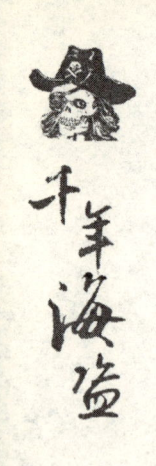

1 地中海及其海盗概要

海盗的起源究竟在哪里？这个问题一直困扰着考古学家和历史学家。于是，研究海盗的组织决定继续探索这棘手的谜团。就像那些狂热寻宝的海盗一样，人们想彻底揭开不为人知的海盗起源迷雾。

实际上，可能自从人类出现远洋航行活动后，就有了海盗及寻宝活动。专家将沿着他们所知道的，继续探索这有趣而又神秘的海盗历史。

今天的专家已基本上达成共识，即地球上最早的海盗出现在亚、欧、非三大洲之间的地中海。

地中海，被北面的欧洲大陆、南面的非洲大陆和东面的亚洲大陆包围着。东西长约4000公里，南北最宽处大约为1800公里，面积（包括马尔马拉海，但不包括黑海）约为250万平方公里，是世界最大的陆间海。它以亚平宁半岛、西西里岛和北非突尼斯之间的突尼斯海峡为界，分为东、西两部分。

地中海是世界上最古老的海，其历史比大西洋还要古老（大西洋是年轻的海洋）。它处在欧亚板块和非洲板块交界处，是世界最强地震带之一。其中有维苏威火山、埃特纳火山。

地中海的沿岸夏季炎热干燥，冬季温暖湿润，被称作地中海式气候。植被方面，叶质坚硬，叶面有蜡质，根系深，有适应夏季干热气候的耐旱特征，属亚热带常绿硬叶林。这里光热充足，是欧洲主要的亚热带水果产区，盛产柑橘、无花果和葡萄等，还有木本油料作物油橄榄。

地中海作为陆间海，比较平静，加之沿岸海岸线曲折、岛屿众多，拥有许多良好的天然港口，成为沟通三个大陆的交通要道。这样的条件，使地中海从古代开始海上贸易就很繁盛，还曾对古埃及文明、古巴比伦文明、古希腊文明、罗马帝国的兴起与更替起过重要作用，成为诸文明古国的摇篮。腓尼基人、迦太基人、克里特人、希腊人，以及后来的葡萄牙人和西班牙人，都是航海业发达的民族。著名航海家如哥伦布、达伽马、麦哲伦等，都出自地中海沿岸的国家；当然，这里也盛产海盗。从遥远的古希腊到强盛的罗马时代，都曾出现过海盗的影子。

地中海在交通和战略上均占有重要地位。其西部通过直布罗陀海峡与大西洋相接，最窄处仅13公里；东部通过土耳其海峡（达达尼尔海峡和博斯普鲁斯海峡、马尔马拉海）和黑海相连；东南部经19世纪时开通的苏伊士运河与红海、印度洋沟通。它是欧亚非三洲之间的重要航道，也是沟通大西洋、印度洋的重要通道，因而成为世界上运输最繁忙的海路。

罗马帝国和拜占庭帝国先后都曾想在地中海确立自己的统治，可是它们最终徒劳无功，没能铲除在地中海地区的海盗。海盗在整个中世纪到处肆虐，活动范围从地中海扩大到了英吉利海峡和大西洋。

写海盗史，必须从小小的地中海写起；甚至，从更小的地中海之海——爱琴海写起。因为，那里是世界海盗最初的战场。而爱琴海文明与东亚大陆文明的区别，自是以海为界。

小亚细亚沿岸多海湾，地中海东部多岛屿，这为海盗造就了天然隐蔽场所。海盗们喜欢选用距繁忙的海上通道较近、隐蔽较好、石多水浅的地方作基地。公元前2世纪末，埃及法老拉姆谢斯三世的秘书在报告中曾提到有海上强盗，他们在100多年间给埃及人的航海业带来了巨大损害。这一文件警告说："请注意居住在海岛上的北方各民族，他们太不安分，他们在寻找通向港口的通道。"

著名的古希腊特洛伊城之战，实际上就是一次大规模的有组织的海盗活动，连他们的船舶都是按照古时海盗船的式样建造的。参与其战的传奇英雄阿喀琉斯自豪地说："我坐船去毁灭了12座城市。在这美好的特洛伊平原，我毁灭了12座城市，我从这些城堡得过无数美好的财物。"在荷马时代，海盗是被赞颂的英雄。"海盗"一词，不仅在《荷马史诗》中没有贬义，甚至到了亚里士多德时代仍没有贬义，海盗活动也并未被认为是可耻的。

古希腊人通常把去远海航行以寻求奇遇和虏获物的男人都称为"海盗"（不过，这些远航常变为对别国沿海地区的抢掠），并把当海盗同从事游牧、农作、捕鱼、狩猎并列为五种基本谋生手段。荷马笔下那个大名鼎鼎的有勇有谋的奥德修斯也算是一名海盗，他曾经组织过船队，掠劫过埃及人的村庄，聚敛过不少钱财，最后还当上了国王。《奥德赛》中关于他的海盗

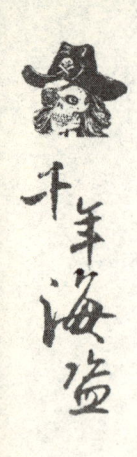

经历随处可见。当时的克里特岛(西方古文明的主要发祥地之一)就是有名的海盗聚居地。

不过,参加特洛伊战争的人并不算是真正的海盗。海战与海盗,在这里还是区分开来为好。斯巴达王、阿伽门农、阿喀琉斯等联合各国,带上1000多艘船只攻打特洛伊。这之中,有报复,有挑衅,有宣战,有对峙……已是标准的战争形态,将其归入早期海上诸侯的帝国争霸更准确一些。

一、海民

公元前14世纪,即早在3300年前,引起地中海东部骚乱的海民,被认为是最早的海盗。在记录埃及法老梅尼普塔统治时期的象形文字里,就曾涉及海民。很少人知道海民,大部分有关他们的资料分散在各大洲。目前仅仅知道,他们很可能是《圣经》中提到的粗鄙人——并且是希伯来族的敌人印欧人。他们非常强大,很多人相信正是他们消灭了希泰族、美锡尼族、米坦尼帝国。

二、西里西亚海盗

西里西亚海盗起源于地中海东北部的土耳其库库瓦尔。人们知道西里西亚帝国多一点,对于其海盗则所知甚少。据说,他们拥有战船上千只,比罗马的官方海军还要强悍一些。公元前75年,他们绑架了航行在爱琴海上的未来罗马统治者凯撒(前102—前44年)。他们只要求20个塔兰特的赎金,而自傲的凯撒则要求他们索要50个塔兰特的赎金。凯撒被释放后,他就亲率一支海上舰队掳获了这些海盗。而所有海盗将要忍受的宿命是:被他亲自绑缚在十字架上,执行死刑。

但是,西里西亚海盗成立帮会并不光是为了抢劫,而且还为了在所谓的和平时代生活在这些帮会中,并遵守自己的法律。不过,到底是些什么法律,他们如何规定一个人在社团中的地位,对人有什么要求和承诺——这些后人就都不知道了。

三、伊利里亚海盗

伊利里亚海盗纵横海域的时期,与西里西亚海盗差不多。肆意蹂躏罗马城市的他们,是当地政府的心头之刺。他们对于制造地区时局的混乱和推翻沉重的罗马统治的欲望更甚于掠夺财富。不幸的是,他们最终被罗马军队所打败。

四、The Narentines

The Narentines 位于塞尔维亚,崛起于公元 5 到 7 世纪,中世纪时在亚得里亚海实行恐怖统治将近 300 年。他们是斯拉夫族的后裔,在公元 5 世纪时入侵塞尔维亚,目标是意大利。

他们曾在亚得里亚海造成了很大的混乱,亚得里亚海因此被人们认为是危险的。与以前海盗不同的是,他们更喜欢财富而不是政权。他们采取与波利尼西亚海盗相似的闯祸后逃走的战术,袭击意大利港口,并逃过了威尼斯军队的追捕。这时期是海盗由对政权的兴趣转为对财富的掠夺的开端。

2 罗马帝国的难去之痒

从公元前 5 世纪(中国的战国时代)开始,罗马人就不得不煞费苦心地对付科西嘉岛和撒丁岛上的海盗。《荷马史诗》"双璧"中就描述过海盗。罗马殖民统治的确立,虽然在一定程度上遏制了海盗活动日渐猖獗的势头,可是

1754 年西里西亚流通的银币

最大的威胁仍然来自这两个难以靠近的岛屿。由于罗马人抓不到神出鬼没的海盗船,就想通过铲除他们的后方基地来将其斩尽杀绝。

公元前 330 年,亚历山大大帝也想清剿海盗,但历次无功而返。这与中国的中原王朝清剿山贼相仿,都属于官方部队和山寨悍匪的作战。西方是海战,中国是陆战。冷兵器时代的海战多是登船作战,箭镞齐发,很像火

烧赤壁里的草船借箭。

在亚平宁半岛北岸,利古里亚人频频袭击一些小船。罗马经过几年努力,终于在这里站住了脚跟,并且把一部分利古里亚人放逐到意大利中部地区。可散布在亚得里亚海的伊利里亚海岸的众多小岛,仍然是那些抢劫过往船只的"野蛮民族"的老巢。他们擅长造船,经常骚扰意大利海岸。女王特塔统治的王国,成了一个真正的"掠夺者的国家"。直到公元前219年罗马出兵,才结束了她的统治。

罗马人自己也受到克里特岛海盗的侵扰。公元前189年,有4000多罗马人被掳掠到了岛上。可是当时的罗马已经同安条克国王统治的塞琉西王国开战多年,不想再介入此事。而意大利商人也从海盗活动中看到了商机,因为海盗给他们带来了驯服的劳动力。提洛岛成了他们跟来自西里西亚、克里特岛和埃托利亚的海盗进行人口交易的据点。从公元前2世纪开始,海盗们登上了西西里岛,他们劫掠罗马的船队,搞得东地中海地区鸡犬不宁。

在小亚细亚南面的西里西亚,有几伙猖獗的海盗隐藏在迷宫般的小岛上。他们还建起两座坚固的城堡,向罗马的领地挑战。他们同小亚细亚势力最强大的国王米特拉达梯六世结盟,恼怒的罗马多次派兵攻打海盗,但都不够彻底。

到公元前1世纪,海盗活动更加猖獗。他们在地中海心脏地带的西西里诸岛初试牛刀,在海上劫掠罗马的船队,搞得地中海鸡犬不宁。他们袭击运输粮食的货船,甚至连罗马行省总督的船也敢抢劫。

这一次,罗马帝国动真格的了,因为他们竟然敢绑架伟大的凯撒。而凯撒被囚40天,也被罗马帝国视为奇耻大辱。罗马人宣布"Pirata est hostis humani generis",即"海盗是人类之敌"。公元前67年,帝国决定派庞培将军肃清海盗。庞培率战船5000艘、士兵12万出征地中海,只用很短的时间就摧毁了海盗的老窝,消灭了3万多海盗,缴获战船400余艘。残余海盗要么被收编进罗马军队,要么转到一些农业地区开始务农。此后,罗马人又乘胜征服了迦太基和埃及,整个地中海海域再也看不到别的船队,彻底归了罗马,成为帝国内海。地中海又暂时恢复了平静。

凯撒没有死于海盗之手,在庞培外出征战海盗期间,他把罗马治理得井井有条,被选为执政官。但这并没有让凯撒欣喜,因为他眼睁睁地看着庞培一次次凯旋,而他还没有一点政治资本。但他女儿对庞培真真假假的爱情,为他赢得了最初的军队。八年征战,使凯撒捞足了政治资本,这个时候当然正是他和庞培一决高下的时候。但庞培竟意外地死于埃及人之手。他的死,好像只是为凯撒与埃及艳后克丽奥佩特拉的相遇铺平道路。

就像自然界的生态平衡一样,人类社会的发展也是有得有失的。从公元 1 世纪起,帝国对外大规模的扩张停止了。自从地中海成为帝国内海以后,海盗掳掠人口的活动也逐渐平息。俘虏越来越少,奴隶没有了来源,价格不断上涨。奴隶主为补充和增加奴隶,必须付出更多的钱。他们从哪里去寻找补偿呢?唯一的办法,只有加重对奴隶的剥削,这样就越发激起奴隶的反抗。奴隶不只是采取怠工、破坏工具、逃亡这些反抗方式,还公开举行起义,社会上的阶级矛盾越来越尖锐,生产力在一天天地下降。但是,帝国统治者仍然穷奢极欲,过着荒淫无度的生活,已经腐败到不可救药的地步。

后来,帝国在一片歌舞升平中毁坏了祖宗的家业,罗马海上疆域的平静又被海盗打破,这一次是以反抗罗马统治的起义形式出现的。最不安全的是罗马帝国边境的水域:大西洋、黑海和红海。尽管这里的港口都驻有军队,却鞭长莫及,没办法监控辽阔的水域,所以海盗又得以孳生。公元 3 世纪以后,频繁的战争伴随着严重的经济和政治危机,为海盗的繁荣提供了有利条件。

罗马帝国的和平年代一去不复返,海盗的阴影重新笼罩着地中海地区,欧洲进入人文凋敝的漫长中世纪。诸新兴国家各恃武力,争抢罗马帝国昔日的版图:凯尔特人、法兰克人、萨克逊人……纷纷建立起各自的国家。而未来的欧洲霸主——维京人,此时还在斯堪的纳维亚的森林里追逐着野鹿。稍后,放弃了狩猎的维京人,才挥舞战刀驾船出海,开始追逐整个欧洲的财富。一场持续几百年的噩梦,又从海上展开……

第一章 地中海海盗——罗马帝国的死对头

113

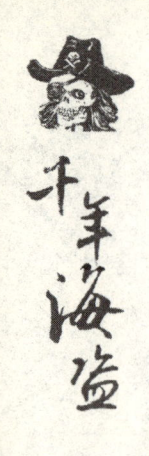

3 拜占庭帝国的破国之痛

在幅员广大的东罗马帝国及其后的拜占庭（即后来的君士坦丁堡，今天的土耳其伊斯坦布尔）帝国（公元395年建立），地中海是交通运输的要道，所以需要严厉打击海盗。帝国在对付传统海盗方面，也确实取得了一些成果。但随着公元7世纪征服这一地区的阿拉伯人和13世纪十字军东征（1095—1295年）的到来，拜占庭帝国的制海权被彻底地动摇了。

君士坦丁堡城古画

信仰坚定的阿拉伯人发动了一场圣战，他们为削弱敌人而不择手段。他们抢劫财富，并把俘虏卖为奴隶。阿拉伯海盗荼毒生灵，人们纷纷逃离海盗出没的地区。拜占庭不得不用黄金赎回被掠走的俘虏，致使财富源源不断地流入那些阿拉伯国家。在这一艰难时期，意大利海岸的海盗也让拜占庭帝国深感头疼。

从公元5世纪到公元6世纪，斯拉夫人入侵巴尔干半岛，其中一支重新恢复了伊利里亚人的海盗传统，让亚得里亚海不得安宁。到公元9世纪，这些斯拉夫海盗跟威尼斯海军打得很厉害，同时也跟阿拉伯人发生冲突。公元870年，他们绑架了罗马教皇的使者，罗马教皇对他们进行军事打击，最终让他们皈依了基督教。

公元9世纪，阿拉伯海盗让地中海居民人心惶惶。在法国南部和意大利北部，分布着阿拉伯海盗的"天堂"。公元846年，阿拉伯海盗袭击了罗马，摧毁了梵蒂冈。14世纪时，因为阿拉伯海盗的袭扰，威尼斯公爵请求威尼斯舰队时刻保持警备。

　　1204 年,东征的十字军攻占了君士坦丁堡。拜占庭人把首都失陷看成是一帮杀人放火的醉汉对他们发动的一次真正的海盗袭击。十字军骑士在小亚细亚海岸烧杀掳掠,并靠贩卖奴隶牟取暴利。13 世纪,特别是 14 世纪的时候,奴隶贸易格外红火,"土耳其人"和"摩尔人"被掠到克里特岛的奴隶市场,然后卖给加泰罗尼亚人、威尼斯人和热那亚人做奴隶。

　　但是,这些海滨城市并不只靠奴隶交易,热那亚和威尼斯还同东方开展海上贸易。通过这些港口,东方的香料、丝绸、象牙和黄金流向了西方国家。对这些财富垂涎三尺的加泰罗尼亚和西西里岛的海盗们,一直伺机抢劫运载这些货物的船只。

4　欧洲经济发展的拦路石

　　1350 年以后,西西里岛、利帕里和马耳他岛沿岸海盗活动的据点越来越多。守卫马耳他岛的骑兵对来自欧洲各地的冒险者在此所作所为睁一只眼闭一只眼,因为他们的抢劫行为给该岛带来了繁荣。热那亚人和威尼斯人的利益受到了威胁,他们于 1381 年对马耳他岛采取行动,但收效甚微。

　　与此同时,一些来自突尼斯的穆斯林海盗也开始进攻西西里岛。西西里岛的每个海岸都搭起瞭望哨。贫困的岛民也加入海盗的行列,一起抵抗"凶残的"撒拉逊人(中世纪欧洲人对阿拉伯人或西班牙等地穆斯林的称呼)。在维护宗教信仰的幌子下,巧取豪夺、暴力冲突和虐待奴隶的现象比比皆是。在 14 和 15 世纪的地中海港口,海上行劫几乎成了"民族工业",它是穷人谋生的手段,是维持经济的支柱,甚至仿佛成了港口和国家存在的理由。

　　在维京人(劫掠欧洲海岸的北欧海盗)的侵扰下,欧洲大西洋地区的海上贸易受到重创。到 13 世纪的时候,经济的繁荣才开始使海上贸易得以复苏:沿海航行的船只越来越多,渔业也兴旺起来,国际贸易形成两条主线:一条向东,经布鲁日和吕贝克,通向诺夫哥罗德;另一条向西,经荷兰奔英国。

1210年,英格兰佛拉芒的海盗尤斯塔斯开始为英格兰王约翰去抢劫法国船只。可是,他后来发展到连英国的船只也不放过了。英格兰王约翰大为恼火,派兵去抓他。1212年,他只身逃到法国,接着又投靠了法国人,并带领船队攻打英格兰。两支船队在海上相遇,机智的英格兰水手顺风抛洒石灰,石灰迷住了尤斯塔斯的眼睛,英格兰水手的箭像雨点般射来,尤斯塔斯大败被俘,并被当场割下首级。

欧洲早期有名的海盗名叫克莱因·汉茨莱因,他一直在北海一带活动,杀人越货,附近居民对其深恶痛绝。后来,汉堡一支勇敢的舰队打败了他,汉茨莱因和他手下的33名海盗全都被俘,他们被带到城市里游街,人们用唾沫和石块表达对海盗的痛恨。他们被斩首的那天,人们像庆祝盛大节日一样从四面八方赶来,观看海盗们被处决的情景。行刑场的四周,用坚固的栅栏围成一个圆圈,栅栏外挤满了人。栅栏内,被绑着双手的海盗排成一队。行刑的人依次将海盗们的头砍下。只用了45分钟,就让33名海盗身首异处,海盗们的首级都被钉在了木桩上。刽子手累得大汗淋漓,他们站立的地方变成了深深的血泊,鲜血几乎流进他们的鞋里。

冬季蛰伏的海盗,春天一到就苏醒过来,贪婪地窥视着海上往来的船只。他们的目标非常明确:在丹麦海峡附近,他们要抢的是波罗的海沿岸国家的船只;在英吉利海峡,他们抢劫从布尔讷夫湾运盐的威尼斯和荷兰货船,还有运输法国阿基坦葡萄酒的英国货船。春季和秋季多发的大雾天气,使海上航行变得异常艰难。而对海盗们来说,这正是大肆劫掠的天赐良机。"战利品"少的时候,海盗们还会毫不犹豫地袭击北海水域的渔船。据记载,从1609年到1616年,土耳其海盗在地中海劫持了多达466艘商船。

以北非为基地的柏柏尔海盗,也常使航海者们闻风丧胆。就是这帮海盗将《唐吉诃德》一书的作者、西班牙著名作家塞万

作家塞万提斯

提斯(1547—1616年)掳去,扣为人质,并关押了多年。后来,在塞万提斯的父亲交付了一大笔赎金后,他才得以走出监牢,完成他的传世名著。

古代海盗时而是商人,时而又是抢劫者或者绑匪,有时还是雇佣兵。其中最有名的,是居住在乌克兰地区的哥萨克。哥萨克不但在陆上横行,也在海上发威。1625年,哥萨克曾经劫掠伊斯坦布尔外围,吓得当时的土耳其苏丹逃出宫殿。

此外,在东西方历史上的所有海盗中,只有两个海盗集团——利克德勒兄弟会和俄国的哥萨克是不管参与分赃者的级别而平均分配战利品的。

那些生活在偏僻小港或贫穷小岛上的居民,从海盗活动中得到了好处,把海盗看成能带给他们富裕生活的救星。在哥得兰岛、黑尔戈兰岛、怀特岛、马茨岛、韦桑岛和格鲁瓦岛,每一艘经过的船只都让岛民们垂涎,他们随时准备接待那些在恶劣天气里寻找避风港的船只。只要有可能,或者说只要估计自己的力量能占上风,他们就会毫不客气地将这些船只和货物劫为己有。

在当时,暴力是海上司空见惯的事情,民族团结根本就不存在,家族之间的仇杀就是法律。很多时候,船员和渔民的辱骂和挑衅,就是岛民们劫掠船只、大开杀戒的借口。13和14世纪,英吉利海峡和大西洋上到处可以看到捕鲸船,船主是那些想在海上冒险的贵族,他们很少结交朋友,也没有什么盟友,更不知道哪条航路比较安全。波尔多人、布列塔尼人、巴斯克人和英格兰人对海上的航路了如指掌,他们不用费劲,只须悄悄地等待猎物上钩就行。

在船只遭袭之后,俘虏们往往被痛打一顿,扔到舱底,海盗们还要他们保证不再寻求报复。有时候,被劫船只的船员在身上的财物遭洗劫一空之后,又被海盗扔到一艘没有食物和水的小船上。海盗们有时还会无情地截掉俘虏的手脚,或者干脆把他们扔到海里。在大海上混饭吃的人,是没有骑士风度可言的。

在那个血雨腥风的年代,海上暴力像流行病一样肆虐蔓延,成为制约欧洲国家经济发展的巨大阻力。

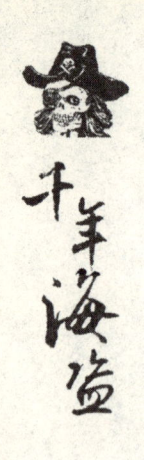

第二章

北欧海盗——"海洋霸主"维京人

逆境造就强人

从北方日耳曼人于公元 790 年开始扩张，直到 1066 年丹麦人的后裔征服英格兰，一般称之为"维京时代"，是欧洲远古时代和中世纪之间的过渡时期。

维京人包括住在北欧斯堪的纳维亚半岛及附近岛屿上的丹麦人、瑞典人和挪威人，他们体格魁梧，满面虬髯，胆识过人，常年漂流在海上，贪财、勇猛、喜欢冒险，血液中奔腾着强烈的征服欲望。

维京人头盔

最近，英国《每日邮报》报道：一对英国父子在农田里发现了 1100 多年前的海盗宝藏——有金首饰、银器具、银块，还有多枚各式古钱币，总价值百万英镑。最具文化价值的是，这些宝贝来自爱尔兰、法国、俄罗斯、阿富汗、斯堪的纳维亚……可见当时维京人活动半径之大！

维京人是当时世界上最优秀的航海家，他们对大海了如指掌。他们在雪德兰群岛、法罗群岛、冰岛、格陵兰岛……都设立了殖民地，在 10 世纪末还曾不定期地在美洲格陵兰岛居住过。他们不仅是海盗，也同时进行贸易，甚至定居在欧洲沿海和河流两岸。有记载说，公元 839 年，他们曾作为拜占庭帝国的雇佣兵征服北非。他们的殖民地遍布欧洲，包括英格兰的丹麦区、基辅、罗斯、法国的诺曼底等。只是到了维京时代末期，北欧才出现独立的国家和国王，同时也接纳了基督教，开始进入中世纪。直到欧洲各国王权强大，有能力抵抗维京海盗之后，维京人靠抢掠而创立的霸业方才逐渐开始消亡。

斯堪的纳维亚半岛位于欧洲大陆北端，巴伦支海、挪威海、北海和波罗的海将半岛与欧洲大陆分离，仅半岛东北部与大陆相连。由于纬度较高，因此气候严寒，而且冬季黑夜漫长。半岛地形复杂，陆上交通不便。但其形状狭长，海岸线十分曲折，峡湾纵横，岛屿林立，海上交通便捷。

早在公元前 6000 年前后，北方游牧民族便穿梭于海岸边众多岛屿之间，以鱼类等海洋生物为生。2000 多年后，半岛上出现了从事农业耕作的民族，但船仍是维京人主要的交通工具。而半岛和邻近岛屿上茂密的树林，为他们提供了建造房屋和造船的最好原料。由于土地产量不高，大海中的鱼类和贝类一直是他们的主要食物来源。可以说，木头和大海构成了这个北欧文明的重心。

随着时间发展，在斯堪的纳维亚半岛上逐渐形成三个国家：挪威、瑞典和丹麦。不过直到 8 世纪，这三个国家的边界长期非常模糊。因此，中世纪时期的维京人，根据其国度主要分为三支：挪威维京人、丹麦维京人和瑞典维京人。而他们的历史进程也各不相同。

公元 8 世纪之前，斯堪的纳维亚半岛只有 200 万居民。随着气候逐渐变暖，农作物产量提高，人们的身体更加强壮，老人和新生儿的死亡率降低；此外，由于维京的婚姻习俗是一夫多妻制，因此人口增长速度很快。随着人口数量提高，半岛的土地就显得十分贫乏，大量年轻人没有生活来源，不得不出外谋生。维京人还有一个法律传统，就是流放犯人。除了以上社会因素外，维京人的性格也是使他们成为后来海上掠夺者的重要因素。由于生存环境恶劣，他们十分坚强、勇猛，崇尚英雄，还喜欢冒险与游历。因此，在以后的几个世纪里，大量维京人离开斯堪的纳维亚，从海上向欧洲其他地区进发，不过并不是迁徙，而是掠夺与征服。欧洲的黑暗时代再次来临。

而在欧洲大陆，公元 5 世纪，罗马帝国崩溃后，欧洲北方和东方"异族"纷纷向原罗马帝国的土地迁移。早在那时，也有一些居住在斯堪的纳维亚的居民随着这股洪流涌入西欧。到公元 8 世纪末，著名的查理大帝建立起强大的加洛林王朝，四面征伐，力图恢复欧洲秩序，重建

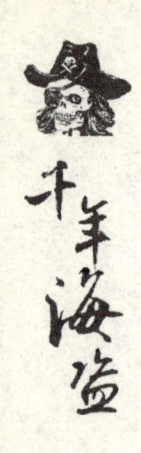

罗马帝国的辉煌。不过，查理大帝的帝国，比起当年强盛的罗马帝国来，无论领土还是国力都要小得多。

也就是从这个时候起，维京人便开始了他们长达3个世纪的远征。而当查理大帝和其继承者路易一世死后，加洛林王朝也开始衰落，维京人的侵略更是达到顶峰。缺乏统一领导的中世纪欧洲，让维京海盗如鱼得水，畅行无羁，为所欲为。

在征服的过程中，原本成型的三个国家有着各自不同的道路：挪威维京人向不列颠群岛和地中海附近掠夺和侵略；丹麦维京人进攻西欧大陆，沿着欧洲的几条大河纵横掳掠；而瑞典维京人则向东来到斯拉夫人的部落，建立起俄罗斯帝国，成为新的民族。

足迹遍及欧罗巴

维京入侵路线图

从公元780年开始，维京人越来越多地外出活动。他们需要更多的贸易市场，需要更多的掠夺场地。他们主要偷盗牲口和谷物，也不放过任何有价值的财宝。他们迅速出击，得手后同样迅速离去。附近居民深受其害，将维京人视作蛮人、冷血的战士。

维京人最初的海上劫掠，主要是抢夺波罗的海沿岸国家的船只；在英吉利海峡，抢劫从布尔讷夫湾运盐的威尼斯和荷兰货船，还抢劫运输法国阿基坦葡萄酒的英国货船；同时，也会登上别人领地，进行陆地偷袭。在被袭击地区的正规武装力量回防之前，随即马上撤退，消失得无影无踪……

公元787年，英国多塞特海岸突然来了几艘龙头船。海盗们手持矛、剑、战斧等迅速上岸后，见人就杀，见东西就抢。他们烧毁房屋，劫走家畜，然后满载胜利品在海上疾驶而去。这是维京海盗首次攻掠英国。这次骇人听闻的闪电洗劫，拉开了维京人攻掠欧洲的序幕，长达300多年的北欧海盗称霸欧洲的血雨腥风的"维京时代"也由此开始。

公元793年6月8日，一个温暖而潮湿的日子。来自挪威的维京人，又一次以迅雷不及掩耳之势攻上英格兰海岸东北的林第斯法恩岛。史料这样记载这次令人心悸的洗劫："当时，大地卷起旋风，天上的雷声隆隆作响，在闪电中出现了一条巨龙。手持刀斧的维京人来到林第斯法恩教堂，在疯狂劫掠时，将所有东西都糟蹋殆尽。他们杀死了一些教士，临走时又捆绑走一批教友，教友们被迫赤身裸体，受尽屈辱，有一些则淹死在海里。"他们惨无人道地劫掠，踩蹋一切东西，挖开祭坛，并将所有珍宝带走，临行前还在教堂外放了一把火，大火熊熊燃烧，光焰冲天……

几年内，挪威的维京人还先后袭击了英国海岸的圣帕特里克修道院、圣高伦邦修道院、贾罗等地的修道院，以及苏格兰的艾奥那岛、不列颠群岛的马恩岛等沿海地区。在中世纪，教会的势力和财富都十分惊人。因此，维京人经常掠夺海岸附近教会，劫取大量财产。维京人往往是乘坐龙头战舰，魔术般地快速登岸，掠夺珍宝和家禽后又很快回到船上，像来时一样，立刻消失在浩渺的海面上。他们有时还俘虏女人和壮年男子，把他们当作奴隶卖掉。

更多的时候，人们愿意缴纳赎金，为了让这伙健壮的灾星快快离去。但是钱只能解决一时的问题，同一片海域的海盗有好几股，这个大王离去，另一个头领又翩翩登场。

在国家防守薄弱的地区，维京海盗更加疯狂，甚至有些海盗都在沿海城市里做起了土皇帝，少量军队来围剿，他们根本就不会放在眼里；并且用重金贿赂国家的高层官员，往往等到大批部队开进港口的时候，"海洋好汉"们早已经乘坐海盗船跑得无影无踪了。

"上帝啊，保佑我们逃过北欧人的暴行吧！"几年后，这句广为流传的祈祷词，描绘了西欧近海城市人们几近绝望的心情。他们特有的牛头盔，成了当时西欧人的噩梦。

而这，还仅仅是一个开始。

维京人攻掠欧洲分为东西两路：

全副武装的瑞典人向东进发。他们的攻掠对象，首先是俄罗斯的保加尔和基辅这样的市镇，并在当地建立堡垒。他们的舰队沿河逆流而上，一直杀到君士坦丁堡，甚至与阿拉伯国家、加洛林帝国也交了手。

公元9世纪，瑞典维京人从瑞典海岸出发，来到东欧的斯拉夫部落。来自北欧的维京人被当地人称为瓦兰吉亚人或者罗斯人。根据12世纪东正教教士的《俄罗斯初期编年史》记载："862年，斯拉夫人向罗斯人建议：'我们的国家地大物博，但是目前一片混乱，请到我们的国家来统治。'"而在一些记载中，瑞典的维京人并不是统治者，而是充当雇佣军的角色。

当时，瑞典维京人的头领留里克成为诺夫哥罗德大公，建立了俄罗斯历史上著名的留里克王朝。由于诺夫哥罗德所处的地理位置偏僻，有许多不利于发展的因素，留里克之后继位的奥莱格向第聂伯河进攻，并于公元882年占领基辅，并以基辅作为首都。奥莱格励精图治，四方征讨，征服了周围的斯拉夫部落。公元907年，奥莱格率领7000艘战船、8万余名兵士向拜占庭帝国的首都君士坦丁堡进攻，迫使拜占庭人签订协议，向维京人献上贡品。

奥莱格的孙子斯维亚托斯拉夫继续向伏尔加河和多瑙河进发，并打败了那里的保加利亚部落。后来斯维亚托斯拉夫中埋伏身亡，其子弗拉基米尔击退了进犯的敌人，巩固了成长中的俄罗斯帝国。公元988年，拜占庭国王拜访俄罗斯，提议两国联姻，将其妹妹嫁给弗拉基米尔，条件是弗拉基米尔要信奉基督教。弗拉基米尔表示答应，接受洗礼并以武力强迫全民接受基督教。就这样，这支建立在东欧的维京人政权与基督教文化迅速融合，成为新的民族——俄罗斯民族。

在瑞典国内，维京人的征服并未停止。几个世纪里，瑞典维京人组织了数次远征。1040年，瑞典维京人的头领"大旅行家"英格瓦尔率领30艘船，离开瑞典海岸朝中亚进发。次年，英格瓦尔死于叙利亚。他的死，为瑞典维京人的征服画上了句号。

西路是丹麦和挪威的海盗，主要是向西欧和不列颠诸岛扩张。公元797年，丹麦维京人首次入侵查理大帝统治下的加洛林帝国，并在以后数十年内多次入侵帝国领土。不过，当时加洛林帝国如日中天，丹麦维京人的入侵大都被查理大帝及其子路易一世击退。公元834年，丹麦维京人大举入侵，抢劫了金融商业中心多雷斯港（即今日的德国汉堡），并溯易北河北上，洗劫了沿途的鲁昂、图尔、沙特尔等地，并获得了大片土地。

他们于公元835年开始即向英国发起侵略，公元865年在不列颠岛沿海建立战略据点，进而溯泰晤士河而上，袭扰内地。约克郡是英格兰著名的基督教中心，维京人在公元867年来到这里，他们抢劫修道院，甚至亵渎教会。公元871年丹麦海盗占领伦敦，把后世的堂堂"日不落帝国"踩在脚下。之后他们开始大肆攻掠西欧，劫掠对象蔓延到苏格兰、爱尔兰、西班牙、葡萄牙、意大利直至法国巴黎。

公元874年，大批挪威维京人到达冰岛定居下来（其实公元825年他们就发现冰岛了，而爱尔兰的僧侣早已到达那里）；公元907年，他们以7000艘战船和8万人的部队攻击君士坦丁堡，不过他们被拜占庭皇帝以最优惠的贸易条件成功收买；公元911年缔结《圣克莱尔协定》后，才开始在法国西北部塞纳河口一带的诺曼底（这个名字其实就是因北欧人的一支诺曼人而得名）地区定居；公元982年，绰号"红发埃里克"的挪威流亡犯人率众抵达北美格陵兰岛。

公元840年，查理大帝的继承者路易一世去世，加洛林王朝开始衰落和分裂，这为丹麦维京人的入侵提供了契机。公元885年复活节，3万丹麦维京战士乘坐700艘战船溯塞纳河而上，直抵巴黎（指巴黎旧城

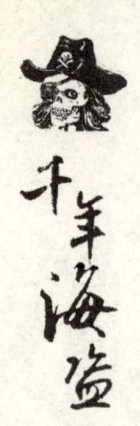

斯德岛）。维京人登陆后，对巴黎开始发起猛烈进攻。当时的国王胖子查理远征在外，而城内只有主教巴兹兰和纽斯特里亚的奥多伯爵率领200名骑士和少量士兵守卫。巴黎人并没有因为力量悬殊而屈服，他们顽强抵挡住了维京人的进攻，使得维京人不得不把城市包围起来，展开长期包围战。围困之中的巴黎生活异常艰难，城里的守兵大都已战死沙场；加上流行瘟疫，这座既浪漫又英勇的城市陷入了绝境。

直到次年，奥多伯爵越过城墙，历尽艰险，终于将巴黎的困境当面禀报法兰克国王查理三世。但是，查理三世是个庸碌无能的国王。他得到奥多伯爵的禀报之后，日夜兼程，几天之后，率领法国大军来解巴黎之围。他在巴黎城外与维京人接连打了几仗，仍然无法获胜，也无法彻底解除巴黎之围。无奈之下，他只好向丹麦维京人承诺，给维京海盗700磅黄金作为送别礼，并签订了通商协定，请求维京人离开。后来维京人又多次溯塞纳河而上，抢劫了沿岸一些地区。查理三世如此懦弱的行为激起民众的不满，查理三世因此被赶下台，而英勇的奥多伯爵成了新的法兰克国王。

公元878年，有"英国海军之父"美称的阿尔弗烈德大帝，在伊盛尼战役中打败丹麦人，次年签订《威德摩尔和约》。根据和约，丹麦人占据英格兰东北部，历史上称为"丹麦区"，包括约克、诺丁汉、林肯、莱斯特、斯坦福等地，斯堪的纳维亚语成为丹麦区的官方语言。

当伟大的阿尔弗烈德执政威赛克斯期间，他跟主要的维京部族达成协议，允许他们定居在英格兰东南部地区，称为Danelaw（今天丹麦的法律就称为Danelaw）。即便如此，脆弱的和平还是时时被打破，因为每一方都想得到更多土地。

但这种土地换和平的计划并未维持多久，阿尔弗烈德死后，他的继承者们重新征服了"丹麦区"。公元980年，海盗们重新进犯，而统治者埃塞雷德国王无力抵抗，只好向人民征收繁重的"丹麦金"来进贡给海盗，以免遭到入侵。直到10世纪以后，丹麦人的势力衰退，才逐渐退出英国。

公元937年，爱尔兰海盗和苏格兰海盗、维京海盗、皮克特海盗、威尔士海盗一起进攻英格兰，被当时的英格兰国王阿瑟尔斯坦打回老家。

自从诺曼底公国成立后,维京人当中就不断涌现卓越的战士,包括在1066年征服英国的威廉一世、在1060年和1091年之间从阿拉伯人手中夺取西西里的罗伯吉士卡特和他的家族、由十字军战士所建立的耶路撒冷王国的国王鲍特温一世。

11世纪,维京人在北海地区建立了斯堪的纳维亚帝国,由英格兰、丹麦、挪威等国家与地区组成。

1002年,英国国王艾特尔雷德二世下令处死所有英国领土上的丹麦人,引来丹麦国王斯汶(八字胡子王)的报复。斯汶的继承者克努特大帝于1016年征服英格兰全境,登上英格兰王位。克努特大帝于1019年成为丹麦国王,1028年又击败挪威和瑞典,成为挪威国王,并占领瑞典南部地区,建立起包括英格兰、丹麦、挪威、苏格兰大部和瑞典南部的"北海大帝国",维京人的征服在此时达到巅峰。

克努特大帝于1035年去世,他的子孙们并没有保住强大的帝国。1043年,克努特二世驾崩,标志着"北海大帝国"瓦解,同时也标志着丹麦维京时代终结。

海盗的族群众多,意味着劫掠永远不会停止。哪怕是挪威和丹麦的国王加涅特,在征服了英格兰之后,他的领地还是常常被瑞典海盗骚扰。在不胜其害之下,这位强大的君主也不得不缴纳赎金。

唯一的例外是在1066年,征服者威廉一世带着诺曼底士兵踏上英格兰,他的暴戾连海盗都望而生畏,于是当地老百姓在外国人的皮鞭下反而度过了相对平静的一年。

苏格兰离北欧更近,公元795年奥克尼群岛被维京人占领,然后是苏格兰和爱尔兰的海岸线为海盗控制。他们在这里建立了与挪威的贸易路线,并以此为落脚点,向更西的地方发展。苏格兰是挪威人的天下,彼此相安无事。爱尔兰则复杂很多,挪威人、丹麦人还有爱尔兰海盗相互之间都不好相处,于是常常爆发大规模械斗。

公元837年,丹麦维京人登陆爱尔兰北部,建立Dyflinn城,并于公元851年统治爱尔兰。为了和丹麦维京人争夺爱尔兰,挪威维京人同他们展开了长期的斗争,并最终建立起一个爱尔兰维京国家,包括爱尔兰、马恩岛和英国西部。直到公元902年,挪威人才暂时离开爱尔兰。

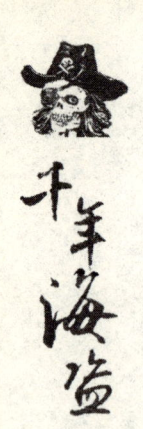

之所以说暂时，是因为他们于公元 917 年又卷土重来，占领了都柏林作为贸易港湾。直到公元 1000 年，爱尔兰人在领袖博罗姆贝的带领下，才赶走了维京人。公元 1100 年，都柏林又被诺曼人接管。但是众所周知，诺曼人正是丹麦海盗在法兰西留下的后裔。而那时，维京的斯堪的纳维亚文明和爱尔兰的凯尔特文明已经融合，很多在爱尔兰的维京人已开始信奉基督教。

北海固然是满目疮痍，维京人越过直布罗陀，在地中海沿岸继续肆虐。与强大的对手做生意，面对弱者就成了盗贼。这些不法之徒甚至打劫修道院，因为修道院中总有大量储藏的食物与财宝，而僧侣又不会动手反抗。

公元 843 年，挪威维京人抢劫了法国的南特，溯卢瓦尔河直达图尔。次年，他们远征西班牙，劫掠了加迪斯和塞维耶。10 世纪，又有一支挪威维京人的船队掠夺了葡萄牙的里斯本。

沿着欧洲海岸线前进的维京海盗成了整个欧洲的噩梦，只有西班牙和法国幸免于难。公元 844 年，西班牙的阿拉伯军队在康多巴组织了一次成功的反登陆，伊比利亚半岛从此风平浪静，只有和气的维京商人前来交易葡萄酒和奴隶。法国国王、"头脑简单"的查理先是老实交付了赎金，后来又学着英国人的做法，把最大的海盗头子罗勒封为诺曼底大公。需要知道的是，这位老兄正是征服者威廉一世的高曾祖父，他的后裔在 1066 年终于成为英格兰国王。

挪威人离开家一直往西远航，寻找新的家园。公元 874 年他们大批登陆冰岛，原先住在那里的僧侣在一片恐慌中纷纷出逃。公元 986 年，他们来到格陵兰开始定居，实行殖民。他们还沿此西行，到达今加拿大境内，在那里发现了许多有用的物资，包括木材、葡萄、毛皮等。但那里的气候一年比一年寒冷，不能种植庄稼。还有一个原因是，维京人遇上了美洲的土著民族——印第安人，好勇斗狠的维京人与他们发生流血冲突，因此导致他们的报复。终于，在 1500 年，全部维京人离开了这块冰冻的岛屿。有意思的是，若干年后，这里竟成了哥伦布发现的"新大陆"。其实，维京人比哥伦布还要早 500 余年到达美洲。

后人一直在寻找北欧人到过美洲大陆的证据。据称，1898 年在美国出土的一块北欧石刻，后来被证实为赝品。1965年找到的维京航海图，有详尽的美洲海岸轮廓，后来也被证明是伪造的。直到1969年，在丹麦的一个海盗墓中终于找到一枚石制的箭头，后经测试证实，这确实为美洲的产物，海盗们的确曾经到过美洲。

挪威维京人的最后一个英雄是国王哈拉尔德三世。1066年，为争夺英格兰王位，哈拉尔德三世与诺森布里亚伯爵斯蒂格联合，与当年即位的英国国王哈罗得二世作战。维京人的舰队登陆后迅速向约克进发，并于9月20日在富尔福德大败英军。这场战役使得英军元气大伤，对黑斯廷斯战役的结局具有深刻影响。不过，哈拉尔德三世并没有看到最终的胜利，他在同年9月25日斯坦福布里奇之战中败给了哈罗得二世的英国军队，战死沙场。而几天之后登陆的征服者威廉坐收渔人之利，打败哈罗得二世，成为新的英国统治者，即威廉一世。哈拉尔德三世的死，使得长达数个世纪的维京时代正式终结。

在野蛮的武力和文明的融合面前，常常是野蛮落后的一方先成为征服者，而先进的文明却笑到了最后。在长达数个世纪的征战里，不可一世的维京人纵横欧洲。同时，这几个世纪的征服也成为维京文明史诗的最后篇章。在征服的过程中，维京文明与当地文明融合，形成了许多新的民族。而维京人也在这个过程中逐渐失去自己的文明与信仰。基督教的势力延伸到这些被西欧、南欧、中欧人称为"蛮族"的思想中，延伸到欧洲的各个角落。

在中国的历史上，同样发生过许多类似的事情。

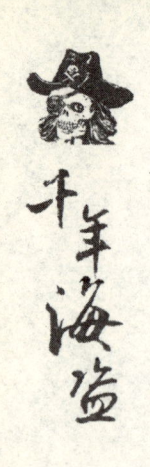

1 维京人溯源

在大航海时代来临的几百年前,就曾有一个民族的船队到达"新大陆";公元9世纪之前,北大西洋上的冰岛和格陵兰岛都还是未开发的土地,直到被这个民族发现。

中世纪初期,来自北欧的他们使得整个欧洲为之战栗。因而,在后人的叙述中,深受其害的人们往往将其描述成无恶不作的海盗,却忽略了他们的功绩:移民冰岛、发现格陵兰、比哥伦布早500余年到达美洲……

他们是航海家,也是侵略者;是商人,也是海盗;是高明的造船工匠,也是铤而走险的探险分子;是出色的水手,也是英勇的战士。

这个民族是英雄和战斗的民族,它的名字叫做"维京"。

维京民族,一个似乎只在传说中存在的民族,然而却真真实实地存在着,存在于欧洲大陆北部斯堪的纳维亚的风雪和严寒中……

如果一边旅行一边打劫的人们认为,是地中海拉开了世界海盗史的序幕的话,那么,北欧海域则见证了世界海盗史的高潮。如果说,地中海的海盗都是"散户"的话,那么,北欧的海盗则是这个行当的第一个"品牌"。

维京人(Viking)就是北欧海盗,又被罗马人称为日耳曼人,是最后一支威胁欧洲的蛮族部落。他们从公元8世纪到11世纪一直侵扰欧洲沿海和英国岛屿,其足迹遍及从欧洲大陆至北极的广阔疆域,欧洲这一时期被称为"维京时代"(Viking Age)。在英语中,这个词是从18世纪的传奇故事中引入的,有一种说法认为可能是来源于古代北欧人的古北欧语,"vik"的意思是"海湾","ing"的意思是"从……来",加起来"维京"的意思就是在海湾中从事某种事,"vikingr"就是在海湾中从事这种事的人。另一种说法认为它是来源于古英语"wíc",意思是"进行贸易的城市",因为后来部分维京人定居在不列颠岛,并和当地人进行贸易。

"vikingr"这个词曾经出现在斯堪的纳维亚半岛的古代庐恩文石碑上面,在冰岛的土语中也意味着"海上冒险"。在英语中,"wicing"这个词首先出现在公元 6 世纪的盎格鲁－撒克逊的诗歌中,意思就是海盗,但当时英国人并没有将北欧海盗称为维京。在中古英语中,"维京"这个词已经消失了,但 18 世纪时又重新出现在传奇故事中。到了 20 世纪,"维京"不仅指海盗,意义扩展为指整个斯堪的纳维亚人,并出现许多新词如"维京时代"、"维京文化"、"维京殖民地"等。

由于后来斯堪的纳维亚人沿着俄罗斯的河流从事商业活动直到拜占庭帝国,并在河流沿岸设立殖民地定居,所以后人将来自斯堪的纳维亚的商人也称作"维京",北美洲的斯堪的纳维亚人也被说英语的人称为"维京"。实际上,并不是所有斯堪的纳维亚人都是海盗,他们和其他地区的欧洲人一样也是农民、渔夫和猎人,他们为防止海盗入侵也成立了舰队。将所有的斯堪的纳维亚人都称为"维京"会造成混淆。

最早见于历史记载的维京海盗,是记录在《盎格鲁－撒克逊编年史》中的公元 789 年一次对英国的袭击,当时他们被当地官员误认为是商人。第二次记录是在公元 793 年。以后 200 年间,维京人不断侵扰欧洲各沿海国家,沿着河流向上游内地劫掠,曾控制俄罗斯和波罗的海沿岸。据说他们曾远达地中海和里海沿岸。其中的一支渡过波罗的海,并远征俄罗斯,到达基辅和保加尔。有些船队远航至里海,前往巴格达与阿拉伯人做生意。而更为著名的一支维京人则向西南挺进,在欧洲的心脏地带掀起轩然大波。他们大肆劫掠不列颠半岛,并且还向欧洲大陆进行侵扰。"维京"一词便带有掠夺、杀戮等强烈的贬义。身为异教徒的他们,会毫不犹豫地杀害教士和掠夺教会的财产。一般人都会惧怕他们的无情和残暴,他们就像来自地狱的魔鬼。

传说维京人戴着有角的头盔,穿着野兽皮毛制成的皮革衣服,浑身肮脏,浓密、蓬乱的长头发和红色的大胡子混在一起,用人的头盖骨作酒碗。实际上,除了曾经在古石刻中发现古代北欧人欢庆时确实头戴有角的头盔外,其他都不正确。古代北欧语言中"skal"的意思是"酒碗",却被不正确地翻译成拉丁语"头盖骨"。此外,维京人喜好清洁(相对其他古代人)在历史上是有记载的。

传说维京人的身材非常高大。有现代学者进行过研究,认为维京人身高大约是 168 至 174 厘米。与现代西方人比起来,这不算很高。但跟当时的人相比,这确实是非常高的,大概与其遗传基因有关。

维京人对于欧洲历史尤其是英格兰和法兰西的历史进程产生了深远影响。

11世纪时候的德国历史学家——不来梅的亚当曾在其著作《汉堡教堂的主教故事》第4卷中记载过:"海盗们在西兰岛聚集了大量黄金,这些海盗被他们自己人称为'维京',我们称他们为'阿斯考曼尼',他们向丹麦国王纳贡。"财富比政权更吸引他们,尽可能多地掠夺财富是他们的最终目的。

13世纪时,挪威国王哈罗德一世下决心要将这些海盗从苏格兰及附近岛屿清除出去,部分维京人逃到了冰岛。北欧的传说将他们描绘成无畏的英雄,但到18世纪的欧洲传奇中又把他们描绘成强盗。欧洲人认为是斯堪的纳维亚农民业余去做海盗,但斯堪的纳维亚人认为可能这些人只是非法的强盗。又有一种说法认为,是斯拉夫人中的海盗逃亡落脚在北欧。

维京人的船是维京文化中重要的组成部分,可以说维京人的一切都与他们的船有密切联系。他们以船为伴,以海为家,对船有着很深的感情。因此,当他们死亡时,往往也是将船作为归宿,"以船为葬"。

维京船制造的材料主要取自高大笔直的橡树;桅杆用松树,可以略有弯曲;在桅杆顶端装上金属制的风向标;橹则安装在船体后部右侧;船帆两侧挂上麻绳编织的网,防止船帆在强风中被撕裂。

维京船分为战船和货船两类。战船较轻,船窄,灵活轻便,又很耐风浪;货船船身又高又宽,船体也很重,在波涛汹涌的大海中载重航行时可保持稳定。这样的船最常见,全长20米左右。最大的船可以用60支桨,70~80个强壮的海员,能运载几吨货物。两类船都有通常所说的弯曲船首,用一整块完整的橡木精雕细刻而成;两头尖翘,高高仰起,像中国的龙头一样,故亦被叫做"龙头船",在大海

维京人的龙头船

上无可匹敌。前两年刚打捞出水的"格兰德拉夫海洋牧马"号便是其代表作。只要一看到这种龙头船，人们就知道是维京人来了！

维京战船由于吃水浅，速度快，转向灵活，不用掉头即可反向前进，十分适合远征异地时突袭式的劫掠活动。但由于维京战船甲板是露天的，因此不能起到挡风遮雨的作用。风雨和巨浪使维京人又冷又湿，冻死人和夜晚被巨浪卷下海淹死都是很常见的事情。由此可见，维京人这种穿越大海的征服行动，无疑必须具有无比的勇气和坚定的毅力，在取得胜利之前首先要忍受极大的痛苦。他们历来就认为，懦弱是罪恶，而力量是善良。因此，维京人这个名词从中世纪带有强烈的贬义发展到今天，又带有了勇气的含义。

在惊涛骇浪中纵横四海的维京人令整个欧洲闻风丧胆，并从此成为海盗的代名词。而他们也是最恶名昭著的中世纪海盗。虽然维京人有着至今仍让北欧国家引为骄傲的辉煌文化和技术传统，但他们的很多行为无疑符合1982年《联合国海洋法公约》对"海盗"的定义。而且他们不但劫船，也上陆地抢劫，这也是历史上海盗的普遍行为。

然而，许多历史学家不甘心就此断定维京战士的恶劣品质。他们仍然念念不忘童年时代读过的北欧英雄的冒险故事。在他们的记忆里，维京战士英勇善战，坚强刚烈，机智幽默，热情如火，敢作敢为。他们怀着对美好生活的向往，凭着毅力和决心突破海上的千难万险，开拓着维京人的前途。

2 几个维京关键词

一、政治

维京人的社会体系主要包括三个阶层：

Jarl：王侯，多为大领主，世袭贵族；

Karl：自由人，军队主力，武士阶层；

Thralls：最底层的奴隶。

但这种划分并不绝对。如果他丧失了所有自己的份地，一个自由人可以变成奴隶；他忠诚侍奉主人，就会得到赎身的机会，一个奴隶也能变成自由人。

贵族与自由人定期开会，每月一到两次，露天举行，决定重大事件，解决争端，他们称这种会议为"厅格"（Thing），类似于后来的议会。有关维京人生活的所有决策都在厅格作出。而在基督教统治之前，维京人的国王和头领也由厅格选举产生。有时候厅格还可以代理法院的职权。

最早的时候，国王是最大的贵族，由他作出几乎所有重大决定，以至于部族会议只负责一些地方事务。但在冰岛，由于从来没有国王，部族大会便决定一切，全岛贵族与自由人都要参加，每年定期在某个地方召开，为期两周。

维京人无条件地接受国王和大会的全部法令，这些法令为每个人所熟知。违背的人将被开除出部落，称为 Outlawed。这些被开除出部落者不能耕作任何土地，不能接受任何人帮助，他们只能住在山洞中，过着躲藏、偷盗的生活。

随着时间的发展，还出现了一个新的专业工匠阶层，如铁匠。在北欧神话中，善于制造各种武器和工艺品的侏儒们得到神与人类的尊敬；而在维京人的世界里，铁匠也是人们尊敬的职业。

二、生活

维京人很注重家庭，家庭观念十分浓厚。他们过着家族生活，父母子女祖孙姑侄生活在一个屋檐下，或是一个农庄或是公共庭院中。他们彼此忠诚，家族中一员受了欺负，全家人就一起去部落大会寻求公正。如果一名男子被杀，他的家族多半会要求得到金钱或是土地的赔偿。如果部落大会认为他们确实有权力提出这样的要求，凶手家族爽快地付了赔款，那就万事照旧；但如果死者家族觉得裁决有欠公正，他们就会私下杀死对方一名成员，于是冤冤相报，没完没了的世仇可能成为古老家系的额外传统。

他们实施一夫多妻制，一个男人可以娶几个妻子：一个是合法妻子，负责管理家庭财产和处理家务；其他的则是小妾，属于奴隶阶层。女性谈婚论嫁由全家人决定，但她有权力从列出的清单中挑选一名。婚后她还保有以前的财产,并且在丈夫出远门时负责照看家里的土地。离婚很简单,夫妇俩发表一个声明,当着公证人的面说清他们离异的原因就可以了。有些理由在今天看来很可笑,比方说有丈夫抱怨他妻子老是穿裤子而不是裙子。

孩子们则与长辈住在一起,直到他们成年后,出去加入另一个家庭。在这之前,男孩子学习耕作、战斗技巧和航海术,以及工具和武器制造;女子则学习纺线织布,制作黄油与奶酪。

大多数维京人平时是职业农夫,他们住在乡间。荒蛮之地没有大城镇的概念,只有少数几个重要的港口(如约克、博卡),更多维京人与其家族一起生活在小农场中。根据史料记载或挖掘到的遗址,后人复原了当年的房屋,发现所有农场几乎都一样。主建筑是一幢长方形屋子,考究一点的会额外增加一些独立的小屋,充当牲口栏和手工作坊,农夫在作坊内自己制造工具和武器。

在早期的长屋中只有一两个房间,全体家庭成员就在一间屋子里工作、生活;并且与饲养的牲口混居在一起。这样的屋子一般有20米长、6米宽。厕所同时也是浴室,北欧人喜欢洗蒸汽浴。正对着进门的地方是一个火塘,全家做饭或者取暖都在这里。这间屋子同时也是储藏室。每面墙上固定着木质长椅,白天用于坐,晚上用于睡觉,底下还堆放着各式杂物。每户人家有一到两张高背椅,只有一家之主才有资格落座,或是来了什么特别尊贵的客人。除了见过世面的国王以外,北欧海盗没有床的概念。

长屋中阴暗潮湿,没有地板,踩的就是泥地。北方苦寒之地,树木稀少,石头也很少见。维京人垒墙用的是草砖,即将草和泥土的混合坯子稍加烧制,他们自己称为 Turf,在冬季这种砖很保暖。有些人家在砖墙内侧用木板再做一道夹墙,中间要空开一段距离,以免木板受潮发烂。长屋通常有两扇门,窗很少,如果有,也就是一个简单的窟窿。可以自由开合的窗户对于他们来说是多余的装饰。全部采光来自门。火炉上方为排出炊烟的小孔。夜晚照明用蜡烛,用动物的油脂做成,在密不透风的房间里燃烧起来,可想而知是什么味道。结核病或肺炎在这里大范围流行。人均寿命几乎不超过30岁,每2个孩子中只有1个才能活到14岁以上。

妇女在屋里纺线织布。所有衣服都是家庭手制,手巧的主妇会加上较

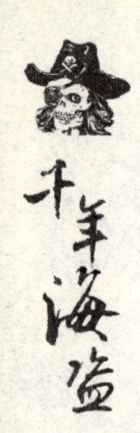

多装饰。她们先把羊毛或者亚麻纺成线、织成布,再用蔬菜汁将其染成不同颜色。这些颜色无外乎有黄、黑、绿、褐、蓝、红等,最后将布剪裁成衣服。整个过程复杂、漫长,每个人没有几件衣服,可以连续用上好几年。其实,日常维京人的衣服只要舒适就好,并不讲究式样,更不论什么时尚。以至于数百年时间中,他们的装束一点没有改变。

大多数农场规模很小,依靠单独的家庭经营。较大的农场需要更多劳动力,农夫可以雇用没有土地的自由人,或购买奴隶。这种古老的耕作方式至今没有什么变化:春天播下种子,晚秋收获。不能留过冬的牲口,在秋天最肥壮的时候宰杀,肉经过熏、腊、腌的方式被保存下来。农夫的另一种身份是海盗,劫掠与耕作相交替。海盗每年在春播或秋收之后外出两次。妻子会顶替他在家中打点一切。冬季的气候总是很恶劣,北欧人躲在屋里修补工具,缝制衣物,硝制兽皮,同时准备好来年出海的船只。

保存下来的维京人家居遗址和垃圾堆,揭示了他们的饮食结构:主食以肉类和鱼类为主。他们饲养猪、鸡、鹅、鸭、牛、羊,得到肉、奶、蛋,偶尔还打猎捕鱼。他们种植黑麦和大麦用来做面包,用甘蓝和洋葱作调味品,此外还有大蒜和水芹。他们用木杯或镂空的牛角喝啤酒、牛奶以及一种用蜂蜜自制的酒。每天吃两顿饭,早上8点左右是早餐,晚上8点左右是晚餐。全家人聚在一起,用木制锅碗瓢盆做饭。维京人用刀和勺进餐,但没有叉子。

三、文化

每一个民族都有他们的传奇。在斯堪的纳维亚,同样流传着众多神话和传说。除了与希腊神话、罗马神话并称于世的北欧神话外,最著名的便是"萨迦"和"埃达"。"萨迦"是13世纪前后冰岛和挪威人用文字记载的古代居民的口头创作,包括他们纵横驰骋欧洲大陆的传奇故事;"埃达"则是中世纪冰岛学者所记录的神话传说。

维京人信仰很多神灵,有男有女,不同神灵照看着日常生活的不同方面。他们时不时地在各处显灵,让适当的事情在适当的时间、适当的地点发生。

古老相传,神灵都住在一个叫"阿斯加德"的地方,相当于中国的天堂;在地底的世界自然也有地狱,叫做"尼夫海姆"。海盗们坚信,如果一个男人光荣战死,灵魂就能进入天国"阿斯加德"的神宫"瓦尔哈拉",勇士们的英灵在那里饮宴、欢歌、享乐、讲述传奇。如果身为战士而很黯淡地死在床上,那就只配进地府。

从这点出发,维京人相信人死不过是去另一个世界旅行,因此他们就在死者的墓穴中堆放很多陪葬品,供其路上花用。有吃的穿的,还有各式工具,诸如兵器。更有甚者,如果死的是国王或者了不起的大英雄,他们会将死者生前的战船与其一起埋葬,这即是很有名的"海盗大葬礼"。

维京人认为,在动物中亦埋藏着神性。他们据此将动物分成善良的和邪恶的两类。他们相信幽灵的存在——而他们自己也像幽灵一样横行欧罗巴大陆。"地精"和"大地精"也来自维京人的神话。维京人相信,有人可以预知未来,他们将这些先知称为"真言者",类似中国的巫师。这些人居住在偏远的乡间,受四方膜拜者的供养。

维京海盗喜欢听故事和诗歌。有很长一段时间,他们就用这种方式来记录历史。每个部落中有人专门记录这种故事,并编写新的传说。将这些冗长的故事用文字刻到骨头上,显然需要很长的时间。维京人在漫长的冬季里,便躲在屋子里讲述父辈流传下来的故事。

职业的艺人或吟游诗人四处采风,参加每年举办3次的节日,也参加婚礼和宴会。这种场合总需要歌唱与舞蹈,讲故事的人会得到某种形式的礼物——戒指或者项链。他们的故事对于今天的人来说可能有点夸张,如某人杀死了屋子那么大的野猪,某主妇一天挤完了1000头奶牛。维京人的逻辑是这样的:值得描述的功绩不是已经做了什么,而是能够做些什么。

聆听维京人的歌唱,需要极大的胆量和毅力。有个阿拉伯旅行者去过丹麦后说:"我从来没听过这么吓人的吼叫,一群野狗的咆哮比得上他们的嗓音,但没有他们的放荡。"

维京人喜欢玩文字游戏,他们的"沙加满"是比喻的复合词,用来指代某种事物而不用直接提到名字。比方说,剑被称为战斗调料,这样的比方让后世考古学家迷惑了很久。他们还喜欢猜字谜,交换各种字谜是文化交流的重要部分,就像我们今天在网络BBS里看到的各种字谜笑话一样。

维京人早期的故事、历史、诗歌并没有写成文字,而是通过口头传唱代代流传。直到1100年左右,居住在冰岛的维京人才有了自己独特的文字。

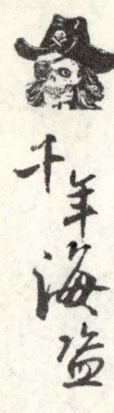

它们被记录在兽皮、兽骨、木块和石头上,这种文字由几条简单的曲线构成,称为 Rune,最早有 26 个字母,后来渐渐演变成 16 个。

四、战斗

从孩提时代开始,维京人就喜爱种种竞争激烈的游戏,他们比试马术、举重、划船、操帆和游泳,每年部族大会同时也是北欧的奥林匹克。他们最热衷的运动是摔跤,比赛前,先划出一片空旷的场地,中央放置一块尖头的界石,然后比赛双方用力将对方推到石头上去。

此外他们还比试射箭、滑雪、溜冰。所有这些比赛,都是为了锻炼出更加强壮的战士。哪怕冬天躲在屋里,玩的游戏也是如此。从阿拉伯流传下来的棋盘游戏,内容总是围绕着攻守技巧。

维京人是强悍的战士,他们人数较少,于是就得依靠周密的策划与出其不意的突袭。在战斗中他们又表现得异乎寻常的狂热,一点不怕死,于是人们谈之色变。

维京战士戴牛角盔或鸡冠盔,武器是战斧或者长剑。其战斧是单刃斧,斧头尖端带一倒钩。在战斗中,斧头砍入对手胸腹,顺势一钩一拉,其状惨不忍睹。他们一般都佩带盾牌,在初期,这些盾牌是由坚硬的木头制作而成,到后来则逐渐换成铁制的。在战斗中,有些人服用一种兴奋剂,即使身体受伤也毫不怕疼痛,以此来鼓舞士气,这也是他们被称为"狂暴战士"的由来。

维京战士画像

他们的突击常分成两个部分:先在远距离上投掷长矛和发射火箭;然后用剑和战斧做近距离的了断。在海上相遇时,海盗遵守古老的传统,一声不吭地将船系在一起,在船头搭上跳板,然后依次上场单挑。每个走上跳板的人都面临这样的命运:或者将对方统统杀光,或者自己战死,由后面的同伴替自己复仇。如果感到害怕,可以转身跳进海里。没有人会追杀逃兵,但放弃战斗资格的人与死者无异,从此连家人都会忽视他的存在。

战斗中生存下来的男人慷慨分享胜利。维京人的第一位国王名叫哈罗德，绰号"细头发"，他统治的地域就是今天的挪威。某个夏天，他出发去讨伐打劫其领地的海盗，由于征战时间过长，以致不得不在奥克尼（Orkneys, 苏格兰北部岛屿）过冬，顺带就占领了苏格兰、设得兰和赫布里底群岛。第二年开春大队人马要回挪威，这位国王就把新的领地交给罗根伐德伯爵统治，因为这位伯爵在远征中失去了自己唯一的儿子。而罗根伐德又把领地谦让给齐格尔德伯爵，因为对方在战斗中救了他一命。今天苏格兰还有以齐格尔德命名的港湾。

五、贸易

维京人的农场出产几乎全部日常生活用品，从工具到衣物，过着自给自足的生活。随着时间推移，擅长制造某种器具的人慢慢成了专门工匠。他们随处开设店铺。但铁匠铺子总在镇子边上，因为炉子有失火的危险，可见他们的市镇建设还是很讲科学的。

工匠生产的器具多种多样，包括工具、武器和珠宝。维京珠宝享誉至今，有很复杂的制作工艺。胸针通常是用白蜡为坯，白银或青铜浇铸，加以打磨制成，上面镶嵌彩色的石子或者珠宝；琥珀和染色的小石子可以制成项链；黑玉和绿松石则制成骰子和筹码，用来下棋。货郎往来各地城乡，兜售着这些做工精美的首饰。

维京人与很多地区保持着贸易往来。今天考古学家从北欧的墓葬群中也发现了不少别的地区的产品与钱币。不过他们更喜欢白银，维京商人随身带着天平，用银块充当砝码。石刻与传说记载了他们的旅行：

公元860年，沿着伏尔加河下溯的维京人来到俄罗斯。他们同当地的斯拉夫人作交易，从诺夫格罗德南下，沿河到达波尔加，用奴隶换取蜂蜜和毛皮；再顺着伏尔加河进入里海，换乘骆驼，一直抵达巴格达，交易丝绸和香料。另一条贸易路线则是沿着第聂伯河到达基辅，进入黑海，到达盛产葡萄酒、丝绸的伊斯坦布尔，出售精美的珠宝首饰。

这是因为维京人是很好的水手和船匠，他们的船重量轻，船身狭窄，吃水浅，可以在欧洲所有河流中航行。他们在冬天建造或者修补船只，通常在露天建造，偶尔会搭个工棚，步骤、分工非常有条理。

海盗每年外出两次。冬季蛰伏，夏季侍弄农田。一般是春播或秋收之后，便开始出海"狩猎"。因为，春秋多大雾天气，使海上航行变得异常艰难。而对海盗们来说，这正是大肆劫掠的天赐良机。

水手们随身带着一个小箱子，里面装着衣物和武器，划桨的时候就坐在上面。但他们很少划桨，他们更多的是操帆的好手。每艘船的首尾都有一个舱室存放食物，储藏着黄油、奶酪、啤酒、淡水、肉食、苹果和干栗。此外还有各种炊具、帆具和上岸用的帐篷。他们穿着毛皮大衣，就在船上和衣而睡。船上还能生火做饭，用一个装满沙子的盒子做炉灶。在海上，他们用日月星辰做方向标。天气差的时候也用指北针——一块简单磁化过的铁片。

在维京人漫长的旅途中，船是他们移动的家。桅杆可以放倒，蒙上船帆就是很好的帐篷。海盗们甚至像阿尔戈英雄一样扛着座舰前进，从一条河到另一条河。因为水运更省力，可以运载更多的人与装备。

不能坐船的场合他们就骑马，沿着古罗马驿道前进。他们在冬日出门，可以借助滑雪和溜冰；用鲸鱼骨制作冰刀，绑在鹿皮鞋底上就成了冰鞋。雪橇可以运载老弱病人，以及大量装备。不管怎么说，他们讨厌步行，因为速度既慢，又要背负沉重的行李。

为什么维京人一直在旅行？有很多种说法，有人认为是天性使然；另外，北欧自然条件差，生活艰难，他们不得不朝外发展；得到公认的看法是，他们在寻找可以耕作的土壤。在北欧维京人那里有一个不成文的规定：一家之主死后，长子继承家业，别的儿子成年后必须离开兄长，自己组建家庭。于是，随着人口增长，北欧原本不多的耕地更加不够使用，于是维京人四海为家，寻找更好的地方开辟农场。

3 维京遗族今何在

随着基督教在欧洲大陆的推广，维京人在金钱或者刀剑下逐渐改变信仰，宗教终于让他们放弃在拳头上讨生活的做法，漂泊不定的海盗在各地定居下来。那么,今天他们的遗族在哪里呢?

除了北欧国家(瑞典、芬兰、挪威、丹麦等,当他们先后成为王国后,很多其国王的敌人都投奔到他们的土地)以外,我们先来看看一位阿拉伯旅行家伊本·费德拉的记载:"罗斯人居住在湖中的岛屿上,他们劫掠附近的斯拉夫人村落,将俘虏卖到伏尔加河的下游城镇。"

伏尔加河流域的原住民是斯拉夫人,部落之间多年来不断争斗,有人去北欧请来强有力的佣兵和领导人。于是,来自斯堪的纳维亚的瓦兰吉亚人结束了纷争,大量涌进的维京移民被当地人称为 Rus,也就是罗斯人。直到公元 882 年,奥列格大公建立起罗斯国家,将他们居住的国家称为 Rusland,即今天的 Russia——俄罗斯。

斯堪的纳维亚的居民在许多世纪以来,以放牧、农耕和捕鱼为生。在公元六七世纪,他们开始沿着波罗的海和大河深入俄罗斯等地做贸易。在某些不为人知的原因驱使下,他们在公元 8 世纪后期突然开始攻击性地入侵欧洲沿岸,并沿途设置要塞来作防卫。有可能是因为他们在从商时,惊叹于所遇见的财富;或是因为他们察觉到了南方种族的弱点;或是因为新的航海和造船技术,让他们可以作远航或迅速的移动。公元 793 年,异教的维京人攻击在林第斯法恩的大修道院,这座修道院由爱尔兰的僧侣建立在英国东北海岸对面的海岛上。

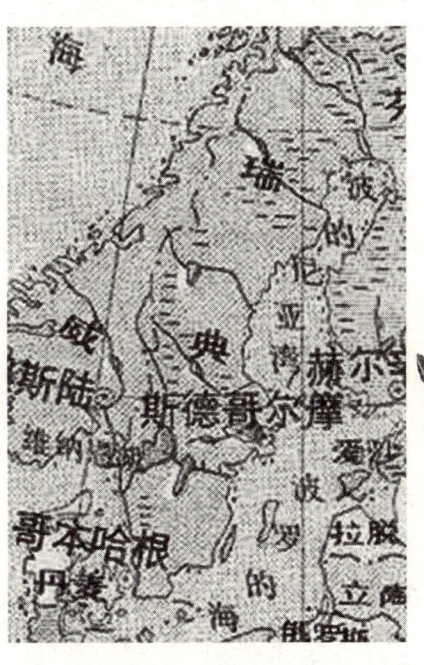

斯堪的纳维亚半岛地图

快速、吃水浅的维京大战船,让维京人可以从海上和河道上迅速作出攻击。由于公元 9 世纪时陆地上的道路还非常缺乏,所以维京人能够集中对付富裕的城镇或修道院。他们可以迅速登陆并制伏任何反抗,并在任何有组织的武力赶到之前运走俘虏和劫掠品。

居住在日耳曼、法国及英国海岸和河边的人,都十分惧怕这些入侵者。

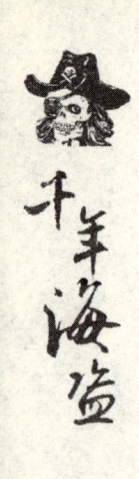

这些地区的中央政府因为无力防御这种闪电式的入侵而陷入民怨之中。人民开始转向地方上建有城堡的贵族寻求庇护。这种转变，加强了贵族在地方上的势力，亦削弱了国王的权威。

到公元9世纪，维京人变得更加大胆。规模更大的维京族群结合起来进行实际的侵略，程度远远超过以往的袭击行动。他们洗掠中欧、东欧包括汉堡、乌特勒克、基辅和鲁昂等重要城市。他们在不列颠以外的岛屿、爱尔兰的部分地区（设立都柏林）、冰岛和格陵兰岛等地定居下来。

冰岛位于北大西洋，远离欧洲大陆，虽然地处高纬，但是由于受北大西洋暖流的影响，岛上的气候比起斯堪的纳维亚半岛还要温暖。岛上遍布火山，但是山谷和平原土壤肥沃，适宜耕种；树林茂密，铁矿丰富，沿海鱼类众多，是个适宜居住的地方。因此在以后100多年内，大量维京人移居冰岛。其开创者就是狂野而有韧性的汉子——维京战士阿纳尔森。

但是，由于冰岛地域狭小，而且适宜居住和耕种的土地不多，随着人口大量涌入，岛上的资源就显得非常有限。这促使维京人必须去更远的地方，征服新的土地。

公元982年，维京人头领"红发"埃里克因谋杀罪被判处流放3年。埃里克乘船向西（这里后来便被叫作"埃里克峡湾"），横渡茫茫高寒水域（北大西洋），发现了一块新的土地，他将这块土地命名为"格陵兰岛"，意即"绿色之地"。埃里克回到冰岛后，赞颂这片土地的神奇，许多维京人决定前往这个"绿色之地"定居。公元986年，第一批500人乘坐25艘满载牲畜和生活必需品的船只向格陵兰岛进发。只有15艘船到达目的地，而其余10艘则被北大西洋风暴所吞噬。

但是，格陵兰岛的纬度太高，终年严寒，22万平方公里的土地上只有9万平方公里的面积没有冰层。而且岛上铁矿稀缺，木材不足，使得维京人很快陷入困境。直到11世纪初，岛上只有3000人，生活在300多个农庄里（直到今天，格陵兰岛还是维京人后裔丹麦人的殖民地）。

公元992年，"红发"埃里克的儿子埃里克森率领35名男子离开格陵兰岛，起航继续向西航行去寻找新的土地。于是，埃里克森发现了美洲，到达加拿大东部的拉布拉多海岸，并向南到达纽芬兰岛。次年，埃里克森返回格陵兰岛，并宣布了他的发现。此后，也有几支维京人的船队陆续到达新大陆，不过由于和当地印第安人发生冲突，不得不离开那片土地。

丹麦人占领并统治英格兰的东半部1个多世纪（一说有近2个世纪）。其他武力则沿塞纳河溯流而上，并包围巴黎达两年之久，直到收取赎金与劫掠品之后才撤走。另一个族群（瑞典人）则统治了从基辅往西的俄罗斯地区，并从黑海攻击君士坦丁堡。他们入侵回教统治的西班牙，并深入至地中海。

公元10世纪，法国国王以割让部分领土（即诺曼底，由古代挪威人或诺曼人统治）向维京人买回和平，并封他们的领袖为法国公爵。诺曼人还依协议皈依基督教。诺曼人成为中古时代的一个非凡族群，曾经征服英格兰，并建立起第一个最大的欧洲王国。其他诺曼人亦征服了西西里、大半的意大利（亚平宁半岛），并在巴勒斯坦建立十字军的王国。

维京人的入侵在公元10世纪末期便已停止，部分原因是他们在成为基督徒之后，便不再听从过去异教信仰的战士价值观。另外，斯堪的纳维亚已分为几个王国，新的统治者将注意力主要集中在管理业已拥有的土地上。此外，维京的殖民者，在俄罗斯、法国和不列颠等地亦被他们周围的文化所同化。他们放弃了漂泊和侵略，最终在欧洲各地安定下来。

维京人再也不像过去那样肮脏不堪了，他们剪掉了和胡子缠绕在一起的长发，懂得怎样修饰自己的容貌，也变得爱洗澡了，曾经那些野蛮人的形象几乎不再存在。当野性归化于文明时，维京海盗的时代也就自然宣告终结。

不过，为回应维京人的威胁而发展出来的欧洲战士文化，却随后在地中海东部的圣地找到了发挥的新出口。而且中世纪是个荒蛮的时代，不单人文凋敝，新兴国家还各恃武力，争抢着罗马帝国昔日的版图。凯尔特人、法兰克人、汪达尔人、撒克逊人……纷纷建立起各自的国家，当然也包括维京人。

于是，他们成为冰岛人、俄罗斯人、德意志人、英格兰人、爱尔兰人、法兰西人、意大利人、葡萄牙人、西班牙人、东欧人、土耳其人、中东人、北非人等等，遍及欧、亚、非三大洲。

有意思的是，今天的北欧，除了那些著名的海盗博物馆和夏季热热闹闹的"海盗节"之外，已经看不到一点当年维京海盗的影子了，到处都是和

和美美过日子的北欧人。2008年夏天,"全欧洲幸福指数调查"(主要是综合碳效率、生活满意度、寿命预期等指数)评选结果揭晓,排在前几位的是:第一冰岛,第二瑞典,第三挪威,第六丹麦……全是维京人的老巢。

每年夏季,北欧国家都要举行一系列"海盗节"活动。2008年的活动中,最突出的就是仿制海盗船出海,让今天的人们"穿梭时空",回到了著名的"维京时代"……

第三章

东海海盗——臭名昭著的"倭寇"

应永之战：事关对马岛倭寇

1419年（己亥年，日本应永二十六年），朝鲜王朝进攻日本对马岛（位于朝鲜海峡与对马海峡之间）。日本称此战事为应永外寇，朝鲜则称之为己亥东征或对马岛征伐。

自高丽王朝末期开始，朝鲜沿岸地区经常受到来自日本的倭寇袭击。朝鲜多次要求室町幕府在九州的官员（九州探提）下力镇压倭寇，并以允许对马岛事实上的统治者宗贞茂的商人和朝贸易作为交换。

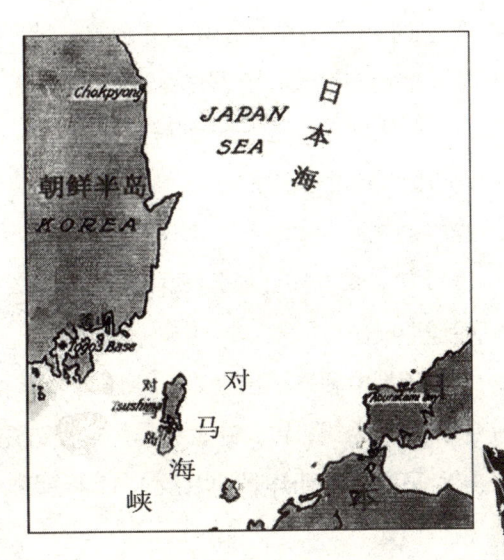

对马岛位置

1418年，宗贞茂去世，其子宗贞盛继位，但权力被当地的倭寇头目左卫门大黄所掌控。这些倭寇在1419年抢掠中国明朝的途中，顺带袭击了朝鲜八道的忠清道和黄海道。

这个消息传到朝鲜宫廷之后，群臣震动，纷纷要求出兵攻打对马岛。当时的朝鲜世宗不倾向于出兵，已经逊位但仍在军队当中有影响力的太宗则力主出征对马。

此年6月9日，太宗下旨，命令李从茂将军带领朝鲜水军，进攻对马以清剿倭寇，并称对马岛是朝鲜的领土。

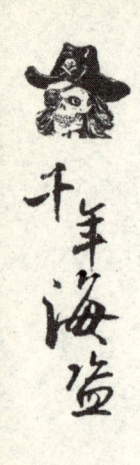

6月19日，李从茂率领17 000余名将兵，乘227艘战船从巨济岛出发，次日在对马岛浅茅湾尾崎浦（《朝鲜王朝实录》上说是豆知浦）登陆。李从茂先派此前捉获的倭寇俘虏劝降。在被拒绝之后，派出先遣队沿途杀死岛民和倭寇，掠夺船只、烧毁庄稼。他们还找到并释放了被倭寇掳掠来的131名中国俘虏和21名别国奴隶。李从茂一共找到129艘船，烧掉了109艘，留下最好的20艘。经过几次小型的遭遇战，朝鲜军队俘虏了600多名海盗，杀死200多人。

6月26日，朝鲜军队遭遇埋伏。他们本来以为对方是倭寇，后来才发现是正规日军，结果损兵200余人。此役被当地人称作"糠岳之战"。

宗贞盛失败，请求停火。朝鲜军队于7月3日退回巨济岛。

9月29日，宗氏向朝鲜投降。之后宗氏和朝鲜达成协定：宗氏的商人可以在3个指定的地点与朝鲜贸易，同时宗氏要控制与制止倭寇对朝鲜的袭击。1422年，对马向朝鲜进贡黄铜与硫黄，换回日本战俘。1443年，双方签订《癸亥条约》，朝鲜给予宗氏贸易垄断，宗氏则要向朝鲜进贡。

贸易中朝鲜输出大米、漆器、大麻和儒家典籍，对马则出口自产和来自日本的铜、锡、硫黄和草药。双方的长期贸易互利互惠，除了1510年对马商人在朝鲜暴动以致1512年朝鲜对对马加强限制之外，双方一直和平相处。

日本方面的说法：

1419年6月，朝鲜即将入侵日本的传言，使得日本国内人心惶惶，令人想起"元寇"（元军侵日战争）。旧历八月初七，对马宗氏向室町幕府报告袭退朝鲜军队。然而，被俘的朝鲜士兵说中国明朝即将入侵日本，使得幕府将军足利义持十分紧张。

7月15日，宗贞盛收到朝鲜方面的通牒，声称对马岛属于朝鲜，要求他离开：或者回到日本，或者迁到朝鲜。9月，一个人自称是宗氏的特使到了汉城。10月，太宗对他重复了对对马的领土要求。次年闰一月十日，该特使口头上同意对马岛归朝鲜庆尚道管辖，23日朝鲜朝廷批准这个协定。但后来发现，此人并非对马岛的特使。

1419年底，日本幕府的特使到汉城，次年初朝鲜特使出使日本。由于朝鲜特使了解了宗氏是日本幕府的藩属，于是表示朝鲜对对马没有领土要求，并且朝鲜不会被明朝派遣攻打日本。双方和解，但态度仍然敌对。对马和朝鲜互派使团，但一直没有达成和约。直到 1423 年强硬的太宗去世，和平路线的世宗终于和对马达成通商、剿寇协议。

东海枭雄：中国历史上的海盗代表

• 海盗"祖师"孙恩、卢循

东晋末年，孙恩和卢循领导的海上大起义，从公元 398 年至 411 年，前后历时长达 13 年，有近百万人的海盗大军，转战长江以南广大地区，纵横东海、南海两大海洋。如此波澜壮阔的海上武装起义，是中国海盗史上所罕见的，在世界海盗史上也并不多见。

孙恩，浙江人，字灵秀。世奉五斗米道。东晋孝武帝时，其叔父孙泰为五斗米道教主，在民众中有威信，敬之如神，教徒分布于南方各地。至孙泰遇害，孙恩逃到海上，聚合众多亡命之徒，志欲复仇。公元 399 年，他自海岛率其党，杀上虞令，乘胜攻取会稽，队伍迅速扩大，壮大至数十万人。孙恩转战绍兴、宁波、舟山、台州、温州、南京、扬州等地。

卢循，字于先，"神彩清秀，雅有才艺"，善草隶、弈棋，是个文雅之士。公元 402 年，孙恩作战失败后投海自杀，余部由卢循领导，他转战广州、长沙、南昌、南京和广东各地，于公元 411 年失败。孙恩、卢循领导的海上反乱被称为"中原海寇之始"，为后世海盗活动提供了经验。

中国后世常称海盗为孙恩，孙恩成了海盗的代名词。这就是海盗祖师孙恩的由来。

• 浙东"海精"方国珍

方国珍是浙东台州黄岩县洋山澳人，出身贫苦。史书说他"身长七尺，貌魁梧，面黑体白，坚毅沉勇，力逐奔马"，有歌谣

方国珍塑像

"杨屿青,出海精",为方国珍起义作舆论准备。

元朝末年(1348年),方国珍海上起兵,转战浙苏,20年间占领浙东三郡,威行海上,阻抢粮运,在推翻元王朝的武装斗争中起了重大作用。方国珍后来归顺朱元璋,被朱元璋称为威行海上的英雄豪杰,为明朝重要开国元勋之一。

- **"海盗王"陈祖义**

明朝初年洪武永乐年间著名海盗,后为郑和船队所剿灭。详细内容见下文。

- **东南私商领袖——净海王王直**

王直,徽州歙县人,少任侠,及壮多智谋。他说:"中国法度森严,动辄触禁,孰于海外乎逍遥哉。"便奔海滨,卖货浙闽,南下广东,觅利海外。

双屿港位于浙江宁波东面海上,为商船南来北往及对外交通贸易必经之地和民间自由贸易港口,港市繁荣。王直此后在双屿港为许二(即许栋)当管库,后被提拔为管哨(掌管船队)。许氏兄弟逃亡,王直"素有沉机勇略,人多服之"之誉,收其余众,移巢烈屿,重整旗鼓,组织武装船队,进行亦商亦盗活动。

王直早与葡萄牙商人有交往,后东渡日本,受到敬重与信任。倭商运货到中国,委托他为经纪人。王直叩关献捷,乞通互市。官府不许,并以舟师围攻他。王直逃到日本,积蓄力量,后率众打回浙江一带。

嘉靖三十一年(1552年),王直纠集"岛倭"及海盗,犯松江、上海与温州,破黄岩。次年,王直"连舰数百,蔽海而至,浙东南、江南北、海滨数千里同时告警。其船队如入无人之境,官兵莫敢撄其锋,威震海洋,王直怨恨与蔑视明王朝,占据舟山称净海王"。他在沿海商民的支持下,屡败官兵,"浙、直、闽、广几不可支"。1556年,王直派人传话给明朝政府,表示愿意听从命令,协助剿除松江各处流民,并希望以此换得明政府开放沿海贸易的许诺。闽浙总督胡宗宪到徽州拘捕王直母亲和妻女,并派员去日本,欺骗王直同意解除海禁开市通商。王直归降后,被捕杀。

当时有人说，王直以威信雄于海上，无他罪状，杀之无理。徐光启也为他鸣不平说："王直向居海岛，未尝亲身入犯，招之使来，量与一职，使之尽除海寇以自效。"

十分明显，捕杀王直是不得人心的。王直临死前预言："死吾一人，恐苦两浙百姓。"王直是明嘉靖时期徽州商人和东南海商的代表人物，东海枭雄中最具传奇色彩的人物。

- **"China Captain"李旦**

李旦（？—1625年），福建泉州人，17世纪中国东南沿海知名的海盗商人，系华侨侨领。他原本在菲律宾经商，因与西班牙统治者不和，转至日本九州定居，借由日本海盗集团的帮助，筹组武装船队。拥有大型武装船队的他，于中国、日本、东南亚等辐辏航线同时进行商业贸易（包括荷兰人、英国人）与船只抢劫。德川家康统一日本海外贸易，也是靠他的支持与资助。他因海上作风强悍，被西方人称为"China Captain"。其子李国助继承父业，也是当时著名大海商。

因为他与颜思齐背景极为相似，部分史书与历史学者曾一度以为他就是颜思齐。不过后来已证实，两者为不同人。另外，传闻郑芝龙曾投效他麾下，并成为其义子。1623年，明朝派兵驱逐荷兰人离开澎湖，荷兰人因此转至台湾，即是与中荷双方都熟悉的李旦亲至澎湖协调，郑芝龙担任语言翻译。一般人认为，郑芝龙之势力范围与资财，皆系继承自李旦。

- **明末"海上大王"郑芝龙**

郑芝龙（1604—1661年），小名一官，号飞虹、飞黄，字曰甲，福建泉州府南安县石井乡人，明末著名海盗兼大海商，著名民族英雄郑成功的父亲。在海上拼搏几十年，演出独具特色的三部曲：早年背井离乡闯世界；继而当海盗，兼营海商，亦商亦盗；最后由盗而官，亦商亦官。像他这样一身兼商、盗、官三种名分与经历的人，中国乃至世界历史上实不多见。

郑芝龙多才多艺，通日文、荷兰文、西班牙文、葡萄牙文等多种语言，且能演奏西班牙吉他等乐器。其父郑绍祖（一说叫郑士表）为泉州知府蔡善继的库吏。其弟有三：郑芝虎、郑芝凤（郑鸿逵）、郑芝豹。

其子郑成功，后受封南明延平郡王，以金门、厦门及台湾为根据地，谋求明朝复国。

郑芝龙 18 岁时，到澳门的舅父黄程处学习经商，并于澳门接受天主教洗礼。之后往来东南亚各地与日本，并一开始就追随于日本九州岛的华侨李旦门下。娶福建华侨翁翊皇的义女、日人田川氏为妻。李旦过世后，郑芝龙逐渐接收其势力。1623 年接收李旦的船队后，又吸收了李旦旗下最重要的武装势力。

郑芝龙从事海商活动的范围广泛，从海上到陆地，从国内到国外，同葡萄牙人、西班牙人、荷兰人有过接触，与日本朝野关系密切。在海外商业竞争中，他善于经商，大获其利，成为富可敌国的大海商。当海盗时，拥有 1000 余艘舰船与 10 万部众。入仕明王朝后，控制各种海船万艘，能号集大海船 3000 艘，可称为世界史上第一个国际大船王。

明末，郑芝龙率领武装船队纵横海上，冲击闭关锁国的明王朝，屡败官兵，击退荷兰殖民者几次入侵福建沿海，消灭其他海盗集团，统一海洋，威震东南海上；后入仕任海疆将官，"坐论海王，奄有数郡"，专制海滨，垄断海外贸易。

1624 年，郑芝龙将基地从日本迁到台湾笨港（今北港附近），归附海盗甲螺（即头目）颜思齐。此后不久，荷兰人登岛，驱逐了以台湾为基地的其他势力。郑芝龙遂携妻子定居于中国大陆，拥有当时福建沿海实力最强大的一支武装势力及商业团队，横行于台湾海峡。

明朝崇祯初年，福建总督招安海盗，郑芝龙欲投降明朝政府。1628 年，他接受福建巡抚招安，为明廷守备沿海以防海盗和荷人进攻，官至都督总兵官。不久便返回福建南安老家，成为当地首富，也是少数迎娶了日本人却仍能正式返回大陆的海盗。

郑芝龙投降明朝是假，其实是为消灭其他海盗团伙，称霸中国沿海。1633 年，郑芝龙于福建金门沿海击溃荷军舰队，为明朝控制海路各国商船舶靠费用，郑芝龙也因此迅速富可倾国。其手下最多时达到 10 万人，是当时世界海盗中的"巨无霸"。

不久，郑芝龙应明政府要求，率军讨伐其他昔日结拜兄弟的海盗力量，包括李魁奇、钟斌、刘香等人，最后大获全胜，名震福建。不久福建省内发生大灾，郑芝龙遂以巨船载饥民数万移民台湾，并给予移民十分优惠的资助条件，令他们自行拓殖。

当时的台湾土地肥沃，气候宜人。据史料记载，那些拓殖的难民不久便能够衣锦还乡，因此引发向台湾岛移民的浪潮。这是历史上首次大规模、有组织地由大陆向台湾移民。

当时，荷兰东印度公司统治台湾南部，在今台南市修筑热遮城、普罗民遮城两城，驻防近2000人。但大陆移民却多达数万。荷兰人无力治理全岛，城外便成为郑芝龙的天下，移民均须向郑氏纳税。郑家也因此聚敛了大量财富，富可敌国。

而且，在日本锁国后，郑芝龙却与荷兰一样，仍然持有日本幕府的贸易特许权。郑家跟德川幕府关系不错，日后的南明时代，郑家还曾数度租给日本兵力。

顺治元年（1644年），南明弘光皇帝册封郑芝龙为南安伯、福建总镇，负责闽省的抗清军务。

1645年，郑芝龙、郑鸿逵兄弟在福州奉明唐王朱聿键为帝，年号隆武。郑芝龙被册封为南安侯，负责南明所有军务，一时间权倾朝野，短短几个月时光是郑芝龙政治生涯的最顶峰。

但实际上郑芝龙只是个商人，他并无匡扶明朝复国的雄心，1646年遂与清朝接触，后仅带心腹北上与清人洽谈投降事宜。

同年不久后，清军攻克福建，擒隆武帝朱聿键。其子郑成功曾苦劝郑芝龙未果，遂至孔庙焚儒服哭庙；后率部出海，继续抗清。而投降清军的郑芝龙，却遭到南征主帅贝勒博洛的背约，挟持其到北京。

在北京时，郑芝龙先是被编入汉军正黄旗，再转镶红旗，1648年赐三等子爵，1653年晋封同安伯。为安抚郑成功，清朝对投降的郑芝龙优待有加。郑芝龙数次奉清皇帝令，命郑成功投降，郑成功均坚辞不受。

1655年，有人弹劾郑芝龙纵子叛国，郑芝龙即被削爵下狱。两年后，黄梧上疏，力主将叛将家族逐出北京，郑芝龙乃被命充军吉林宁古塔，但当时并未成行。

1660年，福建巡抚佟国器奏报截获郑芝龙与郑成功私信，议政王大臣会议遂以"通海（敌）"罪名，奏请将郑氏全家斩首，后改为流徙宁古塔。

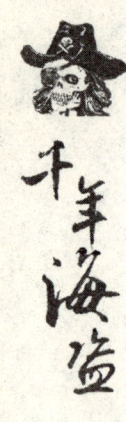

1661年顺治帝去世，年幼的康熙帝继位，由索尼、鳌拜、遏必隆、苏克萨哈等四辅臣辅政。同年10月，苏克萨哈矫颁诏斩郑芝龙于宁古塔。

• **嘉庆年间纵横东南海上的蔡牵**

蔡牵，福建同安县（今厦门）西浦乡人，出身贫苦，被迫出海为盗。清乾隆五十九年（1794年），蔡牵聚众出海为盗。至嘉庆时，部众发展至2万余人，大海船200余艘。蔡牵纵横海上15年，曾攻略台湾，称"镇海威武王"。

对于整个17世纪，台湾最活跃的时代是郑芝龙及郑成功父子的时代。当时中国是闭关状态，而闭关的原因是由于心态问题，因为中国不愿意对外沟通。自郑和下西洋后，中国即不愿意对外开放。

但民间与外界沟通贸易仍不间断。明朝封国的时候，第一次大规模的海上活动是徽商许家三兄弟，他们与浙江海边的人合作，形成海商集团。这批人以浙江为基础，向外扩展。

第二批继起的海商，是在泉州、漳州、潮州。最晚的是蔡牵，他曾经进入到苏澳。海商都是突破官方禁忌，勾结日本海商，形成历史上的倭寇活动。

这些人虽然到处劫船，但大部分转运工作是他们完成的；不太平的时代，需要一个没有人管束的地带来当作中继站，台湾当时也是这样一个中继站。

台湾是个很好的地点，北到江苏、浙江，南至福建、广东，辐射范围很大；但是台湾都是河港，荷兰、西班牙、葡萄牙的高桅船不能直接进入台湾，要在其他地方停泊，之后再用东方的船转运到台。

• **"侠盗"张保仔**

张保仔（1786—1822年），原名张保，广东新会江门人，1810年以前广东沿海著名海盗，到现在仍为人所熟识的香港历史人物。

取名"张保"，是因为父母希望他平平安安；而广东人喜爱把"仔"放在姓名后面，所以叫"张保仔"。他本是新会渔民的儿子，15岁时跟随父亲出海捕鱼，但遭海盗郑一掳走，年青时即成为其部属。因为郑一是同性恋，竟然喜欢英俊的张保。而郑一嫂（石氏）也喜欢张保，竟搞出"三角关系",也令张保仔在海盗内的地位大大提升。 有一次,郑一遇到台风溺水而死。 此后,其妻石氏被属下拥立,继领红旗派。 当时女性地位较低,为巩固自己势力,郑一嫂便用张保为助手。 后来,张保干脆与郑一嫂结为正式夫妇,从此红旗派所有领导权遂交由张保继承。

红旗海盗团全盛时期拥有三四万海盗及 600 艘战船,堪称南中国海最大的武装势力之一,并以沿海岛屿为基地。 张保仔经常横行广东沿岸,主要劫掠沿海的运盐官船或外国货船。 其他商船要经过他控制的地区,也要先交纳"行水"(保护费)。 相传张保仔骁勇多计谋,讲义气。 他虽然横行南中国海域,但因其本人出身贫苦,所以特别爱护平民。 他们在向乡民购买粮食时,往往加倍给钱。 并保证不滋扰平民和渔户,严禁部下在驻扎地区掠夺。 因而得到穷人支持,百姓视他为劫富济贫的侠盗。

清军多次剿捕红旗海盗。 最大规模的一次战役,是张保在赤鱲角遭清水军封锁围剿,双方各有约 3 万海军,数百艘船,炮 2000 门。 据葡萄牙文献记载,葡清联军的舰队与红旗派海盗的主力舰队曾经在大屿山海面进行一场激战。

清嘉庆十五年(1810 年),澳大利亚与葡萄牙联合舰队在大屿山海面与红旗派主力 300 多艘武装船相遇。 张保所派出的两支先锋船队被澳葡舰队击败,于是他亲自率领水师驶抵战场。 海盗团分成 6 个小队,每队围攻一艘葡萄牙战船,试图利用人数上的优势,用登船肉搏的白刃战术来击败葡萄牙人。 而葡萄牙人则以密集式炮火攻击对方,成功阻截海盗船逼近。 众小队阵脚大乱,海盗无心恋战,纷纷逃离战场。 张保乘大雾撤离赤鱲角。

经过赤鱲角海战后,张保的红旗派势力锐减。 加上两广总督百龄借招安瓦解了海盗间互不侵犯的均势,令黑旗、蓝旗两派攻打红旗派。 后来,澳门名医周熊飞作出调停,郑一嫂率领 10 多名妇孺到广州,代表红旗派与百龄谈判。 加上前辈大哥蔡牵集团失败,张失去合作依靠;而越南政治趋于稳定,不再需借助华南海盗(所谓安南艇匪)助战。 于是,1810 年 2 月,张保接受清朝政府招安。 根据招安条件,清政府授命张保为三品武官,派驻澎湖围剿海盗。

此后，张氏家眷亦跟随张保到宝岛（台湾）澎湖定居，育有一子张玉麟及一女。

至今，香港还有许多与张保有关的遗迹。在长洲、塔门、南丫岛和春坎角等地，都有张保藏金的传说。最为人所知的，是长洲张保仔洞。不过也有人认为，张保仔洞极为狭窄，无法埋藏宝物。所以张保仔洞其实只是躲避清兵追捕或放火药的地方。

此外，据许地山教授考查，现今香港岛上的西营盘，就是当年张保营寨的旧名。在港岛歌赋山山腰，有张保旧时据守海岛、以青砖和蛮石镶砌而成的堑壕遗迹。而且，相传今日荷李活道的庙也是张保修建的。

郑和下西洋：剿灭世界最大海盗集团

中国人都知道郑和下西洋在古代航海史上的意义，却还不知道，当年郑和舰队曾剿灭过世界上最大的海盗集团，维护了东南亚海域的安全。

明朝永乐年间（1403—1424年），国力蒸蒸日上，经济实力、造船技术、航海经验都足以保证开展大规模的航海活动。

永乐皇帝朱棣也有着雄心壮志，他很不满意明朝初期相对保守的对外政策，一心想向别的国家宣扬国威，展示明朝的实力。所以，他一当上皇帝，就多次派人要求周边国家前来朝见。为此，他决定组织一支阵容强大的海上舰队"下西洋"。

郑和画像

郑和，本姓马，回族人，生于云南，在朱棣还是燕王时就净身入王府侍候，并因跟随朱棣起兵有功而受赐姓郑。他本名三保，所以也有人称他为"三保太监"或"三宝太监"。明成祖对他的忠心和才干非常信任，所以派他带队执行这项规模庞大、行程艰巨的任务。

当然，也有历史学家认为，朱棣主要是想借机找到下落不明的侄子、建文帝朱允炆。朱棣从朱允炆手中夺得皇位，很担心朱允炆有朝一日羽毛丰满，归朝复辟。

1405年7月11日，钦差正使、总兵太监郑和奉明成祖朱棣诏书，组织船队出使西洋，2005年是郑和下西洋首航日600周年。

当时的明朝在政治、经济、文化以及造船和航海技术等方面，不仅遥遥领先于中国以往任何一个时代，而且在世界上也处于领先地位。正如英国著名汉学家李约瑟在《中国科学技术史》一书中所描述的："在15世纪上半叶，在地球的东方，从波涛万顷的中国海面，直到非洲东岸的辽阔海域，呈现出一幅中国人在海上称雄的图景。"

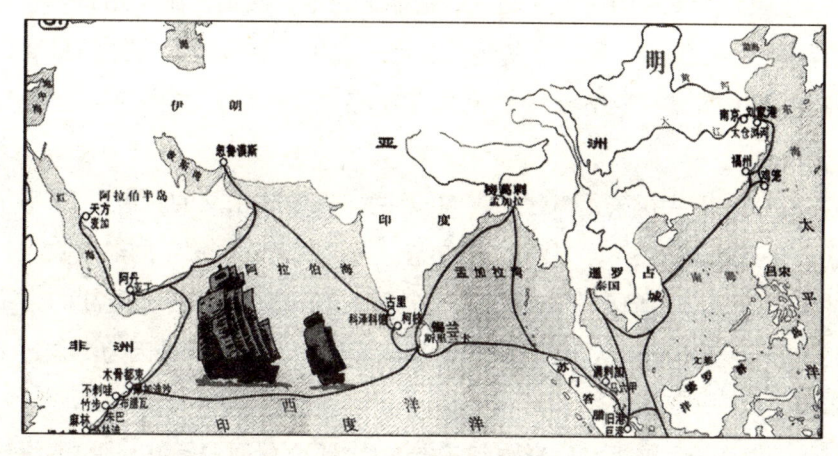

郑和下西洋路线图

郑和率领208艘舰船组成的庞大船队，包括官兵27 800人，从南京龙江港起航，在江苏太仓的刘家湾编队集结，驶向福建长乐的太平港驻泊，以等候东北季风。冬天，东北季风来临，郑和船队便从福建闽江口五虎门正式扬帆远航；经过南中国海西部沿海海域，首先到达越南的占城(今归仁)，然后到达印度尼西亚的达爪哇(今爪哇岛)、马来西亚的满剌加(今马六甲)、印尼苏门答腊岛上的旧港(今巨港)、阿鲁、苏门答剌(腊)、南巫里。再从南巫里出发，横越印度洋的孟加拉湾，到达锡兰山(今斯里兰卡)。然后绕过印度半岛，先后到达印度的小葛兰(今奎隆)、柯枝(今科钦)、古里(今卡利卡特，位于印度半岛西南端)。

郑和在古里修整待航数日，并在该地立碑纪念。碑文说："其国去中国十万余里，民物咸若，熙皓同风，刻石于兹，永昭万世。"这是郑和在国外最早建立的纪念碑。

郑和巨型"宝船"中，至少有 40 多艘配备了当时最先进的航海仪器和武器装备。像这样大规模的船队、如此精良的装备配置，不仅在中国历史上是头一次，在世界航海史上也是前所未有。

船队的军事装备如此精良，事出有因。当时东南亚地区海盗盛行，他们横行不法，劫掠民间财物，连当地官府也奈何他们不得。

绰号"海盗王"的陈祖义祖籍广东潮州。明洪武年间，全家逃到南洋入海为盗，从此盘踞马六甲十几年，成为当时全世界最大的海盗集团头子，其成员最多时超过 1 万人，战船近百艘，活动范围包括日本、中国台湾、中国南海、印度洋等地，总计超过 1 万艘以上的过往船只遭其掠夺；明朝有 50 多座沿海城镇被其攻陷过，南洋一些国家甚至向其纳贡。

为此，明太祖朱元璋曾悬赏 50 万两白银要陈祖义的首级。永乐年间，赏金更是高达 750 万两。要知道，当时明朝政府每年的财政收入也才 1100 万两。所以，陈祖义成了世界上有史以来悬赏金最高的通缉犯。很多历史学家认为，朱元璋时期闭关锁国，主要就是因为海盗过于猖獗。

"海盗王"陈祖义后来跑到三佛齐（今印度尼西亚巨港一带）的渤林邦国，在国王麻那者巫里手下当上了大将。国王死后，他干脆自立为王，成了渤林邦国王。他也到明朝永乐皇帝那里进贡，可是很多贡品并不是在本国港口准备好的，而是空船出发，一路抢，抢到什么送什么。回国的时候，他也不落空，又是一路抢回去。最让永乐皇帝受不了的是，他不但抢西洋诸小国的船，连明朝的使船也抢。而且，他还实行残忍的"三光政策"——抢光、杀光、烧光。

郑和下西洋，经过与陈祖义多次交战，最后将他这个历史上规模空前的海盗集团剿灭了。

1 前期倭寇与后期倭寇

"倭寇"一词,是从古代朝鲜"高句丽广开土王碑"(公元 414 年,中国是东晋十六国时期末年)碑文上所记载"日寇××(某地名)"而来。在这里"寇"当动词,即"日本侵略××(某地名)"之意。之后"倭寇"二字作为名词独立使用,用以称呼来自日本的侵略者。

日本昔日统治者丰臣秀吉像

而据日本学者田中健夫考证(《倭寇——海上历史》),"倭寇"一词见于文献,高句丽好太王十四年(公元 404 年)有碑文载:"倭寇溃败,斩杀无数。"在这里,倭寇就已经是名词了。

另一方面,在 16 世纪(中国是明朝后期)日本统治者丰臣秀吉(见上图)发动侵略朝鲜的战争,中朝两国人民都称呼侵略的日本军为倭寇。而在以后的抗日风潮中,倭寇更成为日本侵略者的代用语。

在倭寇最强盛的时候,他们的活动范围曾远至东亚各地,甚至是内陆地区。倭寇的组成并非仅限于日本海盗,只是由于这批海盗最初都来自日本,所以被统称为"倭寇"。及至后期,由于日本国内政治形势转变,加上官府管制,日本人出海抢掠船只的事件减少。取而代之的,是来自中国和朝鲜的海商与海盗。他们仍按过去倭寇抢掠的方式继续在东海为祸,也被归于倭寇之列。

因此,虽然这些人同被称为"倭寇",但两者的成分其实差别很大。根据年代,以中国明朝嘉靖时期为界,大致可以分为前期倭寇与后期倭寇。

日本古称"倭(矮小之意)奴国"(最初见于《山海经》、《后汉书》等古籍),故中国古代史籍将这些日本海寇以及后来与之勾结的内陆奸民通称为"倭寇"。自元末至明万历年间(13 至 16 世纪),一部分日本武人、浪人

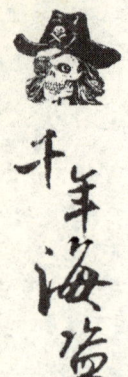

（流亡海上的败将残兵）、海盗商人和破产农民，不断侵扰中国、朝鲜沿海地区，前后历时达 300 年之久。

一、前期倭寇

前期倭寇（从元末、明初到正德年间）是以日本海盗为中心，主要攻击范围为当时臣服于元朝的高丽。由于先前臣服于元军的高丽军，在元世祖忽必烈两次进攻日本的军事行动中，对日本的对马、壹岐、松浦、五岛列岛等地的居民进行屠杀，因此前期倭寇以这些地区的残存者为主要构成部分。他们对朝鲜沿海进行含有报复式的海盗行为，目的一方面在于夺回被俘的岛民，另一方面则在于掠夺粮食以弥补因遭虐杀而下降的农业生产力。

朝鲜史书取对马岛、壹岐岛、平户岛三地之名，称其为"三岛倭寇"。清朝的徐继畬所著《瀛环志略》，以及朝鲜的安鼎福所著《东史纲目》，均指出倭寇的起因在于朝鲜人（高丽人）配合蒙古侵日行为所引发的报复。

后来日本进入南北朝的动乱状态，倭寇的活动也由于政府的管制力减弱而加剧。内战中的败将残兵、海盗商人及破产农民流入海中，趁明初用兵之机，屡寇滨海州县。洪武时，海防整饬，尚未酿成大患。经永乐十七年（1419 年）六月的望海埚之战，明辽东总兵刘江率师全歼数千来犯之倭后，倭寇稍稍敛迹。正统年间以后，因明代海防逐渐空虚，倭寇侵扰时能得手，致使倭患又起。这一时期的倭寇成员，多为日本本土之人。除赤裸裸地侵扰外，他们还利用中日间存在的"勘合贸易"（官方贸易）载运武器和各地物产。路遇官兵，则矫称入贡；乘其无备，则肆行杀掠。

由于前期倭寇对日本与明朝、高丽贸易均造成破坏，初成立的明朝政府对日本南朝发出讨伐倭寇的要求。随后，敕封讨寇有功的南朝将军"日本国王"的称号。继而，北朝室町幕府在南北朝合一后，由室町幕府将军足利义满再度对其进行讨伐，随后受封为新的"日本国王"。李氏朝鲜的开国君主李成桂因为讨伐倭寇有功，得到很大的声望和势力，后来进行政变，取代高丽王朝建立朝鲜王朝。之后，随着明朝与日本之间勘合贸易的盛行，以及对马岛与朝鲜之间的贸易开放，前期倭寇也逐渐式微。

前期倭寇因以日本人为主体，故被称为"真倭"（以平户藩松浦家为核心）。

为避开他们的骚扰,中国当权者实施了禁止国民贸易的政策。但与设想正好相反,中国商人更趋向于和日本人贸易,甚至加入他们,屈从他们。

二、后期倭寇

明成祖发动叛乱、夺取政权、迁都北京后,据说建文帝在南方的残余势力与日本海贼合作,在中国东南沿海进行报复性侵扰。由于这些南方人体型上比北方人矮小,所以沿用"倭寇"一词来称呼由日本人与南方中国人所组成的海盗集团。

明成祖晚年,由于北方的陆上威胁已除,南方在郑和下西洋以后,激增的海陆来往也带来了渐盛的倭寇侵扰,明朝遂实行海禁政策,只开放勘合贸易。

但总的说来,嘉靖以前,倭寇侵扰只限于个别地区,时间亦短,尚未成为明朝东南地区的严重祸患。直到嘉靖二年(1523年)爆发了宁波之乱,加上稍早时的葡萄牙人入侵,发生屯门海战与西草湾之战,此后沿海治安多次陷入危机,明朝遂宣布中断一切贸易,期望以围堵的政策来减轻倭寇的威胁,但也断绝了许多自唐朝以来整个贸易产业链相关从业人员(渔业、手工业、造船业、商贸业)的生计,致使对外贸易下滑,商业纠纷无从解决,相互之间遂转成武力报复,倭寇之乱不减反增,造成了嘉靖倭乱。

更重要的是,自此以后,明清两朝中国长期实行闭关锁国,对外缺乏国际交往与合作,没有了汉唐盛世"万邦来朝,道路络绎"的气象,于是在科技、经济、体制、文化、军事各个方面逐渐落后于西方资本主义发达国家。中国曾经许多年作为世界最强大的帝国,却屡屡被西方的洋枪洋炮打败,最后沦落为半封建半殖民地社会。

在后来的发展上,明人王直扮演了很重要的角色。王直曾上疏朝廷请求解开海禁,被拒绝后,他把倭寇基地设在日本的平户藩,以反对明朝海禁政策的南方中国人为基础,与日本人、佛朗机人合作进行走私,在后期倭寇中很为知名。胡宗宪与戚继光、俞大猷曾参与讨伐倭寇的军事行动。

所以,后期的倭寇——也就是戚继光他们抗击的倭寇,实际上并不是真正的倭寇,而是"假倭"。

那么,到底何谓"假倭"?

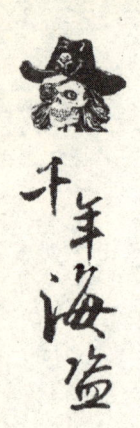

"假倭"是指 15 世纪中叶至 16 世纪,活动舞台为中国沿岸、东南亚一带,成员以中国人及朝鲜人为主的倭寇。此时期倭寇的发生是由明代中国的生产力增加,但政府施行海禁政策所致。史书中所见的最后倭寇,在 1624 年 7 月侵犯福建沿海。"推其祸始,乃由闽、浙沿海奸民与倭为市;而闽浙大姓没其利,阴为主持,牵连以成俗。当时抚臣朱纨欲绝祸本,严海禁;大家不利,连为蜚语中之,而纨惊死矣。纨死而海禁益弛,于是宋素卿、王直、陈东、徐海、曾一本、许恩之流争挟倭为难。自淮扬以南至广海万余里,无地不被其残灭,而闽祸始惨矣。"

之后,由于丰臣秀吉发布八幡船禁止令(即禁止海盗行为)的影响,倭寇的活动开始减少,东亚的海上贸易也因此平静不少;而类似支持反清复明运动的郑芝龙之类的武装海商集团也是存在的,但是已经不称其为倭寇了。

2 嘉靖时期倭患

明朝中期嘉靖以后,是倭寇活动加剧的时期。其原因有四:

(1) 战争造成日本各阶层人士的大量破产和失业,遂多流为寇盗;

(2) 由于日本商业的发展,大小藩侯的奢侈欲望日益增长,对中国大陆各种物资和货币的需求更加强烈;

(3) 日本室町幕府名存实亡,无力控制全国政局,诸侯各自为政,尤其是南方封建主,将掠夺中国大陆视为利薮;

(4) 这一时期有大量的中国商人、破产农民和失意知识分子等,由于各种原因留居日本。其中有资本者则纠倭贸易,无财力者则"联夷肆劫",成为嘉靖、隆庆年间倭寇的重要组成部分,构成这一时期倭寇的一个显著特点。如侨居日本的倭寇首领王直、徐海、毛烈、陈东、叶明(叶麻)、邓文俊、林碧川、沈南山等,即为此类人物。

厦门大学台湾研究中心主任林仁川教授认为,16 至 17 世纪明朝中叶时期,整个中国东南沿海就是一个海盗的世界。这里有中国海盗、日本海盗、葡萄牙海盗、西班牙海盗、荷兰海盗等。那时商、盗没有明确划分,有生意做的时候就是商(走私),没生意做的时候就是盗。他们有时候互相抢,有时候就上岸抢。

商人伙同倭寇,在日本封建主的支持下,袭用倭人服饰旗号,乘坐题有八幡大菩萨旗帜的八幡船,侵扰中国东南沿海地区,掠夺大量财物。但此时明世宗朱厚熜迷信道教,不问政事;而且严嵩专权,贪贿公行,致使吏治腐败,文恬武嬉,沿海士兵大量逃亡,战船锐减,海防设施久遭破坏,为倭寇活动猖獗提供了可乘之机。

嘉靖二年(1523年)六月,日本封建主大内氏使臣宗设谦导与细川氏使臣瑞佐及宋素卿,因争夺对明贸易,在中国土地上相互厮杀。宗设格杀瑞佐,又以追逐宋素卿为名,大掠宁波、绍兴一带,杀掳明朝指挥刘锦、袁琎等,夺船出海而去,此即震动朝野的"争贡之役"。

此后,明朝政府要求日方惩办宗设及倡首数人,放回被掳中国官民,缴还旧有勘合,遵守两国所订之约,如此方许换给新勘合,继续贸易。日方没有答复这些要求,致使双方贸易实际中断。于是倭寇走私贸易猖獗,并伺机多方掳掠。

嘉靖二十一年(1542年),倭寇由瑞安入寇台州,攻杭州,侵掠浙江沿海。嘉靖二十三年(1544年),许栋、王直等导引倭寇,聚于宁波境内,潜与豪民为市,肆行劫掠。倭寇在山东、南直隶(今江苏)、浙江、福建、广东沿海大肆烧杀掳劫,江浙一带民众被杀者达数十万人,严重破坏了社会生产力的发展,威胁东南沿海人民生命财产的安全,激起中国朝野上下各阶级、各阶层人民的愤怒反抗。

在福建巡抚谭纶、戚继光、总兵俞大猷等领导下,东南沿海军民浴血奋战,抗击倭寇。嘉靖三十二年(1553年),俞大猷率精兵夜袭普陀山倭寇老营,重创倭寇;又在王江泾歼灭倭寇2000人。嘉靖四十年(1561年),戚继光率戚家军等在台州九战九捷,痛歼入侵之敌。此后,戚、俞联合,基本肃清福建、浙江倭寇。嘉靖四十四年(1565年),戚继光与俞大猷两军配合,击灭盘踞在广东、南澳的倭寇。至此,东南沿海的倭寇被荡平。

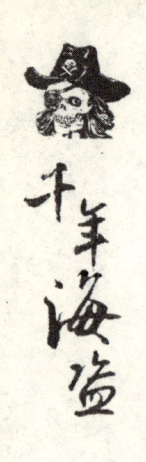

3 王直其人及后世对他的评价

眼下,对倭寇罪行翻案者有之,扼腕者不乏,同情者大有人在,故有人以"月之暗面"的笔名撰文《倭寇罪行始末辩——兼驳为王直翻案风》以正。

由日本人捐资修建的安徽歙县柘林王直墓

一、倭寇的出现

——明廷的海禁政策,是在倭寇疯狂侵略的非常情势下被迫提出来的,是特定历史条件下的产物,是保护国家安全和民众利益的防范性政策。不是海禁引来倭患,而是倭患导致了海禁。

倭寇的发生,以明代为最盛。"倭寇"一词出现于中国,最早见于《明太祖实录》一书,记载了洪武二年(1369年)倭寇劫掠山东、苏州、崇明的情况。但是,倭寇对于中国沿海的掠夺,绝非始于明朝。《元史·兵制二》记载:1308年,日本商船焚掠庆元。这才是倭寇对中国最早的侵略。到明初,其规模已经很大了。

基于以上史实,中国明史学会会长张显清先生在其《关于明代倭寇性质问题的思考》中指出:"……所谓海禁是有条件的、局部性的,而不是一般的反对所有的海外通商,不是完全禁海,不是闭关,官方市舶贸易非但没有禁止,有时还很活跃,并于正德年间出现了由市舶贸易向海外市场贸易转变的趋势。只是为了防范'奸民'(也就是王直这样的人)与倭寇相结合,防范倭寇乘机而入,才禁止沿海居民私自出海。就是说,海外贸易是由官方来控制,而不是绝对禁止。用'闭关锁国'来概括明太祖以来的海外政策是不准确的,所谓'闭关锁国'引来倭寇更没有根据。"

倭寇的出现,是与日本的武士阶层的特性分不开的。日本学者井上清著《日本历史》一书中说:"杀人、劫财、强盗为武士的习性。"而在日本,自13世纪起的2次变乱(南北朝对立、战国时代)之中失去知行领地的武士成为浪人后,率先向海外寻求出路而形成海盗。此后,日本沿海大名(如大内、细川)见有利可图,便加以支持,于是形成有组织的侵略行径。及至王直等汉奸败类加入,以及明代海防废弛、国内土地兼并严重等情况,遂导致了嘉靖时代的倭寇大规模入侵。

由此看出,倭寇之祸是家贼引外鬼的结果,而非什么民族内部矛盾。明倭寇为患尤烈,不仅仅是来自日本海盗的凶残本性,更是因为有像王直这样熟知东南兵力部署、地理环境、物产风物的所谓"杰出"人士为伥、为向导、为助力,才会真正形成明际三大祸患之一,最终动摇了明朝的基业。无可辩驳的事实证明,王直之流不仅仅是作伥,更主要的是他主动投入到这一"事业"中,还把中国尚处于萌芽的海洋之花变成了毒芽,最终成为守旧士大夫们葬送一个大陆海洋梦的口实。

二、倭寇的成因及王直等人叛国的目的

——王直带着"鬼子"进村了!

关于倭寇的成因,我们先看看日本学者是如何解释的。

田中健夫在《倭寇与勘合贸易》一文里写道:"因经济拮据,无法依靠国内(这个国内当然是指日本)的产物生活,所以铤而走险到海外去。"

这个海外是指哪里呢?毋庸置疑,是当时的中国和高丽。

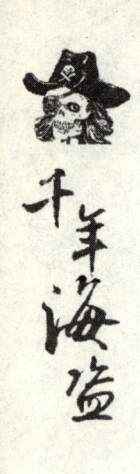

其实，田中的这个说法，还是照顾本国面子的。台湾学者郑梁先生指出："倭寇成群结队地从事劫掠时，非有许多船只不可。"

这一句说得不错。造船是要钱的，何况是制造可以跨越东海的大海船，没钱造得起吗？因此，他们的行为，完全是对财富的贪婪、欲望使然。同理可见，王直等人也是在巨大利益驱动下附逆作恶，为了自己的贪欲而甘心成为汉奸。以下就是他们作为海盗的掠夺破坏行径：

嘉靖三十二年（1553年），萧显攻上海，"焚治所，掳掠子女财帛不可胜数"（《虔台倭纂》）。翌年三月，"贼深入内地，杀掠甚惨，数百里内，人皆窜亡，困苦极矣"。四月，"掠袁花镇，焚劫甚惨……随处劫掠人口"，男人做炮灰，女人白天做缫丝苦役，夜晚轮奸。五月，攻韩撒浦不下，杀男女千人泄愤。"此党贼留居我土，凡四旬有三日（123天），杀害数千人，荡民产数万家。"六月，贼退石条街，抢劫放火，烧毁数百里房屋。三十四年正月初三，贼袭击夹石口镇，放火3天，死者无数。后攻崇德，将当地丝绵工场抢劫一空。五月犯长安镇，平民死伤者堵塞路途，繁华乐土一夜之间化做荒野。又犯湖州街市，大肆毁坏掠夺，杀人无算，城边流血数十里……（采九德《倭变事略》）

以上这些惨无人道的奸淫烧杀、抢劫掠夺的例子，不胜枚举。汉奸们勾引倭寇，将江南富庶之地当作他们发财致富、杀人泄欲、欲取欲求的乐土，化繁华为白地，变殷实为贫穷，使商贾云集之所一夜之间尽成瓦砾。倭寇所过之处，人民大量死亡、被掳、逃亡，农业与工商业遭到严重破坏。

但是，王直等辈在掠夺到财富后，可曾将其转化为资本，进行过任何增值性的投资与建设吗？没有！他们只是完全彻底地进行破坏，然后将掠夺所得饱肥私囊，挥霍一空。对此，那些大喊着"把东南百姓生计放在第一位"的人，为何视而不见呢？还是昧着良心装作看不见？

资本的萌生，需要一个相对稳定的环境来吸引投资，招徕客商繁荣交易。站在北京皇帝的龙庭眺望：向西大漠阻隔，向北极地寒冰；那么，当我们向东、向南张开风帆的时候，王直带着鬼子进村了！他们进犯的沿海地区，正是中国资产阶级萌芽的主要地区，也是中国经济最繁华的地区。他们的烧杀抢劫，正是摧毁、扼杀这些地方的微弱萌芽的凶残魔手！试问，世界上有哪个繁荣的资本主义是建立在不断的被掠夺和被摧残的废墟之上的？

自我中华百年兵连祸结以来,自虐情节就不断困扰着我们寻找真理、破开坚冰的脚步。那些为倭寇翻案、把王直看作民族脊梁的人,不正是那些在我们不断上升的复兴道路上,再次把我们拖向愚昧与甘愿受虐的绳索么?警惕啊,"美丽罂粟的结晶叫鸦片!"

三、倭寇的构成

——其中多数普通百姓都是被蒙蔽、裹挟进去的。

有些人认为,倭寇的主体是中国百姓。认为真倭不过占30%,假倭也就是中国人占70%。甚至认为,那30%的真倭也是雇佣兵性质。王直、徐海、陈东、叶麻、萧显等人,才是倭寇的真正首领。

但是,看一支武装队伍的主流要看什么?要看其在为谁服务,看其武装的性质。否则,封建时代的军队主体是农民,却代表地主阶级利益;包括日本侵华时期在华北、东北组织的伪军,也会因其主体为农民而成为农民武装了吗?而无论哪个时代,都是以少数领导者来支配大多数百姓。

至于投入倭寇的中国人中,其中多数普通百姓都是被蒙蔽、裹挟进去的;还有是元末起兵的张士诚、方国珍残部逃亡海外,再其余便是如王直这样的地痞无赖。且并非占绝大多数。倭寇"随处劫掠人口,男则导行,战则令先驱";"贼以掳民为先锋,使敌我兵而自脱去"。(采九德《倭变事略》)

再看战绩:嘉靖四十二年平海卫大捷共歼灭倭寇2200余人;4月26日夜,明水军"冲倭寇船4只,生擒真倭27名,斩首级20颗"(《谭襄敏公奏议》,谭襄敏公即抗倭名将谭纶)。这些战斗当中均无"从贼"者,即无中国人。四十三年的仙游之战,围攻之贼"几二万"(戚继光《戚少保奏议》),其中"真倭实有万余"(《谭襄敏公奏议》)。可见,真倭绝非所谓的"十之一二",甚至是倭寇的主力。

大量史实证明,是先有倭寇,而后王直引以为援,却为祸国家民族,一逞个人私欲。没有王直,倭寇还会来;但是,有了王直引路,倭寇劫掠便更加得心应手。倭寇在中日历史上第一次引起如此巨祸,不是王直给倭寇做了指路明灯又是什么?王直不是汉奸又是什么?

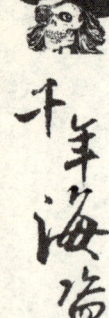

四、王直等人的真实嘴脸

——汉奸。

有人说,王直等人是封建时代的资本主义萌芽的代表,是开拓海外市场的先驱者。他们与明朝的对立,是民间自由贸易的诉求和闭关锁国政策之间的对立,并因此将倭寇之祸归类为国内矛盾。

对于真倭与王直等人之间的关系,明朝兵部尚书杨博如是说:"倭奴非内逆无以逞其贪狼之志,内逆非倭奴无以遂其鼠窃之谋。"这实在是一针见血之论,充分指出了二者之间是相互利用、狼狈为奸的关系。正是有了这些熟悉内情的民族败类的指引,倭寇才会在300年间愈演愈烈,形成中国的大患。

也有人说,王直等人是倭寇真正的首领。这又是一种谬论。

王直在接受胡宗宪招抚的时候,说日本三十六岛都听他的指挥。这纯属是为了获得谈判筹码而自吹自擂。别说是真倭,便是称为其部下的陈东、徐海等人,也未必听从他的指挥。如果他真的拥有那样大的权威,在他表示归附明朝时,陈东攻打桐乡,他只需下一道命令便可制止,又何劳胡宗宪再使离间计来对付徐海呢?倒是王直在写给胡宗宪的书信里说出了实情:日本战国纷争,沿海诸大名各自派遣海盗,需要"便历晓谕"和"抚谕各国",才能"杜绝诸夷"(采九德《倭变事略》)。

可见,他不过是那些贪婪大名之中的某一家的走狗而已,而并非倭寇之首领。

其实,王直能居留平户,也是通过"倾赀勾引"的手段,即向当地日本领主进献大笔钱财来换取居留权的。所谓的"夷人大信服",不过是花钱买来的。他在日本人的眼中,不过是获取财富的工具而已。什么日本人的恩人之说,不能成立。

还有,如果王直真的"征服了日本",是日本三十六岛倭寇的真正领袖,那么在他于嘉靖三十六年(1557年)十一月入狱后,倭寇之祸便应当减轻或者杜绝了。但此后的从嘉靖三十七年(1558年)正月到四十三年(1564年),倭寇又先后入侵江苏、浙江、福建、广东沿海,其规模之大,多至数万之众,丝毫不逊于王直等人的时代。

再看看与王直同时期的其他汉奸的面目:

徐海本来是佛门弟子，却被他的叔父徐惟学骗到日本，作为借款抵押大偶国夷。徐惟学利用这笔钱组织倭寇侵犯广东，被明守备墨孟阳杀死，于是徐海就要做倭寇，通过劫掠来还债（《天下郡国利病书》）。可见，他的主子还是日本人。

陈东是"萨摩州君（应该是大名岛津氏）之弟掌书记（秘书）首"，嘉靖三十五年（1556年），胡宗宪说服徐海归降时，让他捉陈东作为进见礼。于是，徐海出千金贿赂萨摩州君之弟，使他将陈东交到自己手中，然后献给胡宗宪（《筹海图编》、《虔台倭纂》）。可见，陈东这个所谓的"掌书记"，也不过是一个被日本主子抛弃的可怜奴才而已。

在《西园闻见录》中，记载了这样一段被掠的中国人在倭寇内部的见闻，见闻的主角是"多谋善战，王直亦惮而让"（《筹海图编》）的厉害角色萧显。这个被掠的中国人是华亭泾（今属上海）人杨元祥。他在遭到审问后，供述了南翔地方的富庶。倭寇大掠南翔后，杨元祥乞求得到释放，萧显却先要带他去见日本船主。"船主，日本人也，不知其名也。（萧）显见叩首，陈（杨元）祥之功。"此后，杨元祥才被放回。可见，这个连王直都忌惮的萧显，连释放一名俘虏的权力都没有，还要向其日本主子叩首禀报，求得同意。如此可怜模样，也算是倭寇首领吗？

在一篇题为《论王直的倒掉——中华的大陆坚定和海洋迷失》的文章中，错误地将封建主义的自身缺陷与外来侵略混为一谈。譬如，一人得病期间，却又被另一人拔刀砍伤，难道砍他的人是在为他治疗吗？这病人便是明朝，而凶手就是倭寇。如此道理，实在是闻所未闻，更加难以自圆其说。难道如戚继光、谭纶、俞大猷等保卫海疆、保卫民众、反击侵略的民族英雄，反而是阻挠中国进步的反动力吗？

故此，王直的倒掉，实是为国家去一毒瘤，为百姓斩一凶手，为天下除一奸佞的大快人心之事。纵将此人剖肉烹食，分飨江南万千受害百姓，亦不足抵偿其对天下苍生所犯下的无边罪孽。

五、结语

——究竟是谁阻止了中国的海洋路？

倭寇的目的是掠夺与破坏。无论真倭、假倭，都是以抢劫中国大陆的财富为目的,其中还存在着日本各地方政府的指使与组织,他们才是倭寇的真正指挥者。而倭寇的行为,则是有计划地对中国沿海地区的侵略。至于王直等人,只不过是为倭寇引路的走狗,是出卖本国百姓利益以肥自身的海盗,是倭寇侵略中国的帮凶,是不折不扣的背叛祖国与民族的汉奸。正是因为有了以他为首的这样一伙出卖灵魂的奸佞之辈,才在中国本已举步维艰的海洋路上又设置了一道新的不可逾越的藩篱。

究竟是谁阻止了中国的海洋路,已经是不辩自清的事实了!他们的罪恶行径,将永远钉在历史的耻辱柱上!任何为其翻案、辩护的理论,都是荒谬的曲解和悖论。

第四章

加勒比海盗——"黑珍珠"的诅咒

叱咤风云的"海上王"：德雷克、基德船长、黑胡子、罗伯茨、黑山姆……

● "海上魔王"弗朗西斯·德雷克

弗朗西斯·德雷克（1535 或 1540—1596年），英国探险家、著名海盗。据说他是在麦哲伦之后完成环球航海的第二位航海家。他的地位和经历在历史上最为特殊。

德雷克是一个权欲极强、办事严厉、情绪狂暴、孤僻多疑和盲目迷信的人，他的这些性格特征在他的同代人中是十分罕见的，人们把

弗朗西斯·德雷克像

他称为"铁腕海盗"。有一次，海上发生风暴，他叫喊道，这场风暴是由船上他的一名敌对者引起的。他说，他的敌对者是"巫师、巫婆，兴妖作怪，妖魔都是从其箱子里出来的"。自然，那个人必须马上处死。

德雷克出生于英国德文郡一个贫苦农民家中，从学徒干到水手，最后成为商船船长。当时英国虽然已开始过渡到生产力急速发展的资本主义时期，但由于原始积累不够，还并不是什么航海大国。

那时的海上霸主是西班牙人。早在15世纪，伟大的航海家哥伦布就在西班牙和葡萄牙的赞助下发现了美洲大陆，后来麦哲伦又完成了环球航行，使得西班牙对海洋的认识远远超过其他欧洲国家，率先进入美

洲，葡萄牙人则开进了印度。 1519年，西班牙人找到了传说中的黄金之国，在毁灭了阿斯特克和印加这两支玛雅人后裔后，彻底控制了南美大陆，控制了秘鲁金矿。 为垄断与亚洲和美洲的贸易，他们封锁航路，严禁一切他国船只来往，非西班牙的船只甚至连太平洋都没有到过，太平洋变成了西班牙的私海。 英、法等国虽有怨气，却也是敢怒不敢言，只能通过奴隶贸易分一些油水。

1568年，德雷克和表兄约翰·霍金斯带领5艘贩奴船，通过大西洋、加勒比海前往墨西哥；翌年又从加勒比海到达中美洲。 他们企图强占中美洲一些西班牙人的城市，以便与当地的西班牙种植园主展开免税的自由贸易。 但由于受到风暴袭击，船只受到严重损坏。 起先，西班牙总督同意他们进港修理；但在几天后突然下令攻击他们，将英国船员全部处死，仅有德雷克和霍金斯逃离虎口，捡了一条命。 德雷克不明白为什么西班牙要屠杀无辜的商人，更想不通的是新大陆的财富凭什么只有西班牙才能享受。 从此以后，他就怀有一颗仇恨西班牙的心。 他发誓在有生之年一定要向西班牙复仇，就此确定了其一生的轨迹。

1572年，德雷克召集一批人乘坐小船偷偷横渡大西洋、加勒比海，躲进巴拿马地峡，像当年的探险家一样，横穿美洲大陆，第一次见到浩瀚的太平洋。 在南美丛林里，他们蹲守了近1个月后，抢劫了从秘鲁运送贵重金属的骡队，又抢劫了几艘西班牙大帆船，并成功地返回英国，最后扬扬自得地成了英雄。 这次行动的意义，并不仅仅在于获得黄金，更重要的是，德雷克证明了西班牙人并不是不可侵犯的。他受到女王召见，并很快成为女王亲信。女王下令招纳志士专门劫持西班牙商船，德雷克是第一个参加的人。

1577年，在伊丽莎白女王支助下，德雷克再次从英国出发，乘着旗舰"金鹿"号（1937—1970年，英国的钱币半便士上一直以它为图案）直奔美洲沿岸，一路打劫西班牙商船。 西班牙人做梦也想不到，竟然

伊丽莎白一世像

有人敢在"自家后院胡闹"。当他们派出军舰追击时，德雷克早已逃往南方，并受到当地巴塔哥尼亚人款待。德雷克这样描述他们："他们是一些心地善良的人。我们在基督教教徒中从来没有感受过像他们对我们所表示的同情和关怀。他们给我们拿来最丰美的食物，他们把款待我们认为是他们的幸福。"在德雷克环球航行时，他的船上还带着一个乐队，以便当场可以为新大陆的土著演奏，以博得他们的惊喜和愉悦。

但由于西班牙的封锁，他们无法通过狭窄的麦哲伦海峡（一种说法是他们先通过了麦哲伦海峡，在进入太平洋以后，被风暴赶到了德雷克海峡）。在一次猛烈的风暴中，"金鹿"号同船队其他伙伴失散，被吹向南，纬度偏出5度多，最后来到了西班牙人也未曾到过的地方，那就是南美洲最南端的合恩角。自从麦哲伦海峡被发现以来，人们一直认为海峡以南的火地岛就是传说中的南极大陆的一部分。但此时呈现在德雷克面前的，竟是一片汪洋大海。德雷克被这意外的发现惊呆了，他高兴地向大家宣布："传说中的南极大陆是不存在的，即使存在，也一定是在南方更寒冷的地方。"后来，这里被命名为"德雷克海峡"。

但德雷克仍一直沿着美洲大陆西海岸向北到达今加拿大，途中又劫持了大量黄金白银和宝石，并把美国西海岸加利福尼亚州一带领土划归"伟大的英国联邦女王"的领地；再向西横渡茫茫太平洋。1579年8月22日穿过北回归线，9月底到达马里亚纳群岛，接着又到达菲律宾群岛、马鲁古群岛、苏拉威西岛、爪哇岛、马六甲海峡、印度洋、好望角、大西洋，翌年9月26日驾驶"金鹿"号回到阔别已久的普利茅斯港，再次成为"民众的英雄"。

这次航行是继麦哲伦"维多利亚"号之后的第二次环球航行——而且是真正的走遍全球，并且德雷克还是第一个自始至终指挥环球航行的船长（众所周知，麦哲伦在菲律宾被土人做成三明治吃了）。德雷克带回了数以吨计的黄金白银，充实了女王腰包，伊丽莎白赐其皇家爵士头衔。更重要的是，德雷克为英国开辟了一条新航路，大大促进了英国航海业的发展。而且他还发现了宽阔的德雷克海峡。自此以后，太平洋再也不是西班牙的海了。

德雷克把他的海盗行径从小安的列斯群岛一直扩大到西班牙本土的海岸附近。此后，他又在美洲的太平洋沿岸地区，对西班牙人进行了一系列毁灭性的袭击。按照秘鲁的西班牙副王的说法，他"给新教派的异教徒、加尔文主义信徒、路德派信徒以及其他强盗们开辟了通往太平洋的道路"。由于这条新海盗航道的开辟，大大损伤了英国与西班牙之间的关系。西班牙驻英国大使强烈要求对这个海盗严惩不贷，并要求归还被他抢去的全部财物。但是英国女王并无意归还，还对德雷克倍加关怀和宠爱。

作为一个探险家，德雷克的业绩到此为止。但作为历史上著名的海战专家，他的冒险才刚刚开始。

1587年，伊丽莎白处死了亲西班牙的苏格兰天主教女王玛丽亚·斯图亚特，西班牙对英宣战，积怨已久的两国终于拔剑相向。但当时英国海军还非常弱小，仅有34艘战舰，根本无力与西葡联盟（自1580年至1640年，两国实行联合）作战。危急时刻，德雷克带领25只海盗船赶到。沿着西班牙海岸，德雷克开始"外科手术式的清洗"。在加的斯港外，他击沉了36艘西班牙补给舰；接着又冲进加的斯港内，击沉和烧毁33艘西班牙船只。按德雷克本人的说法，他是想"纵火烧一烧西班牙国王的大胡子"。5月15日，德雷克舰队又突袭葡萄牙里斯本附近的舶锚地。在混乱当中，千百艘船只相撞沉没，损失无以估量。接着，他又攻占了圣维森提角要塞，扼住地中海咽喉。在回国的路上，他又打劫了西班牙国王菲利普二世的私人运宝船，抢到了价值11万镑的财富。由于这一系列的行动，战争至少延后了1年，从而为英国争取了宝贵的作战时间。

1588年5月20日，由10个支队、130条船舰、8000多名水兵（为有效地进行登陆作战，舰上还有1.9万名陆军士兵）组成的西班牙"无敌舰队"从里斯本起航，7月19日开始在英吉利海峡布阵。英国方面，除34艘皇家海军战舰外，还有私人船舰60艘。前锋是由34艘战舰组成的"德雷克（时为海军中将）支队"，德雷克表兄——海盗船长霍金斯也赶来帮忙，两人准备一起为当年死于墨西哥湾的同伴们报仇。英方总指挥是霍华德勋爵，西班牙方面则由麦迪纳公爵领军。

此时的西班牙战舰仍旧是以老式楼船为主，这种船非常大，除了水手外还装满步兵，火力配备主要以重型加农炮为主。作战时，西班牙海军亦仍旧使用古老的"横队战术"，即让舰船肩并肩前进，用舰首炮轰击后，靠近敌船打接舷战。17年前，西班牙人就是凭借着这种战术取得了勒班托海战的胜利。但此时英国人却采用了更为先进的战术，他们的战舰多为船身轻便的快帆船，除了水手外不带任何步兵，灵活迅捷，更易于转向和突进，而且根本舍弃了接舷战这种落后的方式。用德雷克的话说："海上的事要由船来解决，和步兵没有关系。"

在火力配备方面，英国人使用轻型长炮，且多布置在两舷。战斗时，则采用德雷克发明的"纵队战术"，即让舰船首尾相接地排列，用舷炮轰击。这是海战史上的一次革命。自此以后，火炮才取代步兵成为海战主角。就这样，在战争还没开始前，西班牙舰队覆灭的命运便已注定。

7月22日晨，英国舰队借着顺风，以"一条单长线"队形楔入西班牙舰队。由于先进的战术和灵活的机动性，没有一艘船被西班牙陆军抢占。到7月25日，西班牙已损失了1/10的舰船；而英国方面则汇合了西莫尔勋爵与荷兰方面的援军，使舰船总数达到136艘。7月28日晚，在德雷克等人的建议下，霍华德下令采取古老的火船战术（恰如三国时期的火烧赤壁），西班牙舰队阵脚大乱，无法保持队形，英舰趁机突击。从29日上午9时到下午6时，双方舰队在没有编队的情况下，互相混杂，三五成群地对射，直到都没有炮弹为止。西班牙损失了近一半船只，死伤1400人；英军则一船未沉，且死伤不足百人。

马克思评价说："这场战斗，或者不如说这场追猎战（因为英国人在所有的出击点均具有明显优势）一直持续到天黑。西班牙人勇敢战斗，但是他们的笨重船只不适合在近岸的水区航进，也不能展开机动灵活的战斗，西班牙人遭到了全面失败，损失惨重。"

这就是史上著名的英西大海战。自此以后，西班牙一蹶不振，英国逐渐取代其成为海上霸主。而德雷克则被封为英格兰勋爵，登上世界海盗史的最高峰。1596年，他因痢疾病逝于巴拿马。

英国有一首民谣叫做"德雷克的鼓"，大意是说，如果英国蒙难，

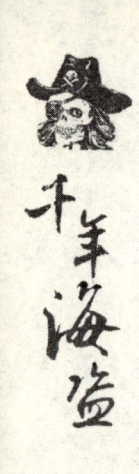

只要德雷克的鼓又响了，他就一定会回来拯救英国的。但西班牙人也不是吃素的，他们雇佣北非巴巴里人和马耳他人袭击英国船只。从1609年到1616年，英国共损失了466艘商船。

• 冤死的基德船长

因为日本宇野比吕士的漫画《海盗王子》，所以"基德船长"这个名字比任何一个海盗更加让人熟悉。他是英国有史以来最引人注目的海盗船长。他的一生不断与命运抗争，却总没有好运气，于是充满传奇色彩，极富悲剧意味。

真实的基德船长即威廉·基德（1645—1701年），出生于苏格兰港口城市格林诺克（一说是北爱尔兰贝尔法斯特）一个虔诚的基督徒家庭。5岁时父亲过世，后来全家移民到新大陆纽约殖民地，自少年时期他就开始了漫长的航海生涯。到20岁时，他已经是一个常年在海上漂泊、见多识广、具有丰富航海经验及高超驾驶技术的船长。

17世纪时，许多苏格兰水手获准成为士兵，以对抗攻击苏格兰商人和渔船的荷兰人、法国人。1689年英法开战时，基德应征入伍，获得当地总督的许可证，当上武装民运船"布莱斯特·威廉"号（其实也是海盗船）的船长，在西印度群岛和加勒比海一带同法国人和海盗作战，屡建战功，甚至还得到英国国王威廉三世的亲自嘉奖。1691年5月，基德和一个富有的寡妇结婚后，在曼哈顿岛南部买了一幢豪华的房子，然后生儿育女，过着舒适、平静同时也平庸的生活。

然而，从小四海为家的基德，很快就厌烦了陆地上一成不变的生活。他习惯了在海上漂泊，也习惯了水手们的豪放和侠义。1695年，作为富商的基德路过伦敦，接受充当武装民运船的任务，其中包括缉拿大海盗亨利·埃夫里和托马斯·图。此年12月，基德驾驶38米长、配备了36门火炮与150名水手的三桅帆船"冒险"号，开始了他另一种海上生活。次年9月绕过好望角，进入印度洋活动。

然而，不幸的事情很快降临了。由于这一年中没有任何收获，为稳定水手们（其中本来就有不少是出身海盗）的情绪，基德被迫偷抢了一艘印度商船（据英国东印度公司的一位船长声称，困窘之下的基德袭击了由该公司保护的莫卧尔帝国使者船，并干脆将此豪华船据为己有）。

但是，在一次对法国商船的劫持中，对方竟然悬挂出了"米"字旗（大英帝国联邦国旗），另一说是商船的船长系英国人，基德不得不撤退。可是，倒霉的是"冒险"号仍然被认了出来。基德也就此被打上海盗的恶名，成了与亨利·埃夫里齐名的通缉犯（按照当时法令，只能攻击抢掠非本国船只，一旦出现打劫本国船只的情形，不管什么原因都会被取消政府承认的一切权利而被定为罪犯）。

1698年4月1日，基德在其手下水手们（他们在马达加斯加投靠了海盗罗伯特）的胁迫下正式成为海盗，横行于南印度洋，被称为"海上恶魔"。但他始终认为自己是无辜的，坚信"只要回到英国解释一切，那都会好起来的"。最后，他带着13人踏上了回乡之路。

他们回到加勒比海之后，得知已被列入海盗名单，于是弃船前往纽约，希望能为自己辩解。1699年7月，波士顿的贝洛蒙特（他是麻萨诸塞等地的首任总督，也是当初基德从事海上活动的建议者和合伙人）担心自己受到牵连，便用花言巧语把基德骗进港。在被收回几份可以作为证据的文件（包括与贝洛蒙特的协议、首相佐莫斯勋爵签署的特许证等）后，基德被逮捕，他在狱中受尽残酷折磨，精神几乎失常；并被抄家，但是只找到1111盎司的黄金、2353盎司的白银，以及1磅多的钻石，而其他宝物藏在哪里无从得知。据说在到达纽约之前，基德将财宝埋藏在了长岛西端的加迪纳斯岛上。

由于能证明自己清白的证据已被贝洛蒙特拿走，1701年5月9日，在伦敦的一番"走过场式的审讯"中，被囚禁长达1年多的基德被认定犯有海盗罪和谋杀罪，并被判处绞刑。临死前的喊冤也无济于事，写给国王的信则石沉大海。就这样，曾经的海军英雄、大名鼎鼎的基德船长成了政治的牺牲品，被吊在泰晤士河边，示众达2年，只留下一副可怕的骷髅架，或许当政者这样做是为了杀一儆百。但他的宝藏一直没有找到，这和他那坎坷传奇的经历一起成了永远的传说。他曾在监狱里留给妻子几个神秘的数字："44－10－66－18"，这些数字令人百思不得其解。

尽管在这个骷髅架子跟前好多人吓得不敢睁眼，甚至绕道而行，但对有些人来说，他们对基德船长却念念不忘。随着时间的推移，念叨着

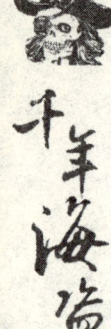

他的人反而越来越多——这自然跟他的宝藏有关。

2000 年初，一支远征探险队在水下探险家巴里克利福德的率领下，前往传说中的金银岛——非洲东海岸马达加斯加的圣玛丽岛执行探险任务，终于找到了已埋藏 300 多年的"冒险"号海盗船残骸，整个世界为之震惊。

• "海盗学者"威廉·丹彼尔

威廉·丹彼尔（1652—1715 年），英国人，年轻时在印度洋上当过见习水手，后来应征入伍成了一名皇家海军，并参加了英荷海战。1673 年，21 岁的他加入西印度群岛一带的海盗集团，袭击西班牙船只。1683 年，他们又转移到西非几内亚湾打劫。凭着他的胆量和才干，很快成了船长。与其他海盗不同，他对金钱和珠宝并不在意，却对气象、水文现象和海洋动植物有着浓厚的兴趣。多年作为海盗的航海经历，让他对自然界的一切极为熟悉。1693 年，他第一次回到伦敦后，根据自己的经历写成了《新环球航行》一书，引起轰动。所以世人又尊称他为"海盗学者"。

"海盗学者"威廉·丹彼尔像

1699 年，丹彼尔再次出航时，已经是英国皇家海军军官，他接受任命指挥"罗巴克"号军舰考察南太平洋。1700 年 2 月中旬，他发现了今天的澳大利亚。此次航行，使他绘制了完整的南太平洋地图。1700 年，丹彼尔回国发表《风论》，在书中对大量气象规律进行总结，成为海洋气象学史上不朽的名著。

值得一提的是，在 1708—1711 年丹彼尔的环球航行中，他们在智利附近一个荒无人烟的岛屿（胡安·菲南德岛）上发现了一个身着羊皮的"野人"。这个名叫亚历山大·塞尔科克的苏格兰人，就是后来笛福小说《鲁滨孙漂流记》主人公鲁滨孙的原型。

1715 年，63 岁的丹彼尔于伦敦病逝。尽管他曾是一名海盗，但是人们铭记的，却是他对科学事业作出的巨大贡献。

丹彼尔死后没几年，1724 年，查尔斯·詹森船长出版了一部《抢劫与谋杀——声名狼藉的海盗通史》，书中有非常详尽的关于加勒比海盗的描写。有些学者甚至怀疑詹森就是丹尼尔·笛福——《鲁宾孙漂流记》的作者。

- "黑胡子"爱德华·蒂奇

爱德华·蒂奇（1680—1718年），出生于英国布里斯托尔，敢于冒险，残酷无情；是世界航海史上最臭名昭彰的海盗之一。

他长着一双深陷的、充满野性的眼睛，一脸浓密而又极具个性的大络腮胡子。他的胡子非常张扬，据说打出娘胎以来就没剃过，下至前胸上举齐眉，既长且厚，有时不得不用带子扎成很多朝各个方向乱窜的小辫。他独眼、一条腿由一

爱德华·蒂奇画像

根木头代替、一年四季爱穿双鹿皮靴——今天文艺作品中许多关于过去海盗的形象，实际上就是根据他的形象来的。他精力充沛、食欲极佳、脾气暴躁，整天酒气熏天，浑身散发着刺鼻的臭汗和火药的怪味。味道之大，使每个想与他说话的人都不由自主地后退一步。他宽阔的双肩上总是披着佩带，佩带上固定着满满的子弹夹和3把插在皮套中的手枪。并且，手枪用当时最高级的丝带装饰着；这种丝带在欧洲只有公爵才能使用。看来，历史学家说得一点也不错，海盗们把武器当作宝贝，更胜过关心自己。

更绝的是，他心情好时，他的肩膀上总是落着一只悠闲的鹦鹉。而最为鲜明的特征是，每次在实施抢掠前，他那达达尼昂式的帽子下面，还插上两根点燃的导火线，冒着黑烟并在他两边的耳朵上高翘着，使每个人看到他时，都好像面对着一个随时要爆炸的火药桶——这就是大海盗"黑胡子"。

当时英国正处在安妮女王时代，与多年海上竞争对手——西班牙正处于交战状态，动荡不安。于是，英国政府便默许一些武装民运船（其实与海盗船并无区别）在海上进攻和抢劫那些过往的外国商船（主要是

针对西班牙商船），年轻的"黑胡子"就在这样的民运船上当了水手。

1713年"西班牙王位继承战争"（以英国、荷兰、哈布斯堡皇帝为首的反法大同盟同西班牙支持的法王路易十四之间的战争）结束，同年英西海战也落下帷幕，欧洲大陆进入和平发展时期。西班牙再次战败，根据《乌特勒支条约》，不仅将直布罗陀海峡割让给英国，还使英国获得了贩卖奴隶的垄断权，大英帝国成为名副其实的海上霸主。随即"三角贸易"开始兴起。

所谓三角贸易，即以贩卖奴隶为中心的国际贸易。当时，大量英国商人从利物浦、布里斯托尔和伦敦等地把玻璃、陶瓷器皿、铜锡器物、各种装饰品、枪支弹药、杜松子酒用船运往非洲交换黑奴，再把黑奴运往西印度和南美洲殖民地的种植园，卖给种植园主，然后买进殖民地的糖、烟草等返回英国。

三角贸易为英国带来了源源不断的金钱，很多人在短时间内变得非常富有。在这样的贸易氛围中，原来的武装民运船可谓如鱼得水，好多水手失去工作并成了职业海盗。到后来，他们竟然发展到不但抢劫别国商船，就连英国自己的船只也不放过。于是，整个加勒比海成了海盗们的狩猎场。当女王下令武装民运船停止对商船进攻时，才发现什么叫玩火自焚、搬起石头砸自己的脚。黑胡子就是在这种历史背景下，开始了他惊心动魄的海盗生涯。

1716年对黑胡子来说是个"事业"上的转折点。此年，他开始跟随著名的大海盗霍尼戈尔德船长。后来，霍尼戈尔德任命他在一艘劫掠来的小船上担任指挥官。黑胡子忠心耿耿地跟随霍尼戈尔德干了2年。在加勒比海一带，霍尼戈尔德成功地抢掠了一艘从非洲到美洲贩卖奴隶和运送珠宝的大商船，那是一艘在荷兰建造的非常豪华，并配备了40门火炮的三桅帆船。当时，船上除了有数量众多的奴隶之外，还满载着金银和珠宝。霍尼戈尔德把这艘船弄到手之后，就作为酬劳转送给了黑胡子。黑胡子异常激动地接过这艘战斗力极强的大商船，把它重新命名为"复仇女王"号，从此另起炉灶，自立门户。

黑胡子刚开始单打独斗时还默默无闻，但他头一次出航就一举成名。原来，当时的海盗们毕竟打着为女王陛下服务的旗号，所以总是想尽一切办法避开大英帝国皇家海军。即便是狭路相逢，也尽量避免战斗。除非陷入绝境，他们是不会与英国海军交战的。黑胡子却不管三七二十一，他天生是个亡命之徒，在别人眼中看来是天塌地陷的大祸，但在他看来正好是最有刺激的挑战。他一出海，就指挥着"复仇女王"号直奔东海岸的英国海防处，在军港明目张胆地抢劫英国商船"爱伦"号。

当时，在港内停泊的英国海军战舰很多，官兵们看到英国海盗青天白日之下抢劫英国商船，大吃一惊，迅速出港截击。英国战舰首先开火，黑胡子驾着"复仇女王"号船避开对方炮击，瞅准机会全速前进，拦腰撞在英国战舰上。这种自杀性的亡命徒做法，简直把英国皇家海军吓得目瞪口呆。他们从来没见过这样的打法，一时间手足无措。而黑胡子手下的海盗们则趁机举枪向甲板上疯狂射击，英国官兵死伤惨重，在惊恐万分中狼狈逃窜。

他的疯狂，使得此战之后人人都知道了"黑胡子蒂奇"的名字，可谓名震天下。而整个大西洋沿岸陷入"连皇家海军都无法确保安全"的恐怖之中。来往的船舶只要听到这个名字，无不望风而逃。

正当人们被黑胡子这个名字闹得人心惶惶时，他却突然无缘无故消失得无影无踪，令追捕他的英国海军无功而返。过了两年，当这事渐渐被人们忘却时，他又悄悄地出现了，而且变得更加疯狂。从此，在北至美国弗吉尼亚州，南至洪都拉斯之间的航线上，所有来往船只几乎都在他的抢劫范围之内，好多商船成了他的囊中之物。经过长达18个月的疯狂抢劫，黑胡子战利品堆积如山。在北卡罗来纳州的一些港口城市，他以低廉的价钱处理掉了很多抢来的东西。

更令人难以想象的是，人们很快发现，黄金和金钱并非此人唯一的爱好，他最大嗜好是以折磨人受罪为乐趣，直到其痛苦致死。

黑胡子每劫到一艘船，都下令把旅客双手捆住，再蒙住他们的双眼，用利剑威逼着他们一个接一个从船舷上跳进大海，直到整船旅客全部死光为止。一次，有位被俘的船长稍微对黑胡子表示反抗，他就把这个船长的鼻子和耳朵割下，当场逼着他把血淋淋的鼻子和耳朵吃下去。最残忍的是，黑胡子不但滥杀无辜，而且就连跟随他卖命的手下也不放过。据说，每当抢掠到一批财宝需要埋藏时，他都带着一个水手一同前

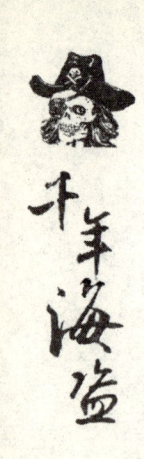

往。然而，当埋到一半时，他常常从背后突然袭击杀死这名水手，将他的尸体和财宝一起埋下。

1718 年 5 月，黑胡子成功地实现了堪称是他整个海盗生涯中一次最大胆的突袭：他率领 4 艘海盗船封锁了南卡罗来纳州首府查尔斯顿，将港内船只洗劫一空，然后放了一把大火。顷刻间，所有船只陷入一片火海。在这次抢劫中，他绑架了不少人质和市政议会议员，以砍下这些人质的头进行要挟，要求市政府以巨额赎金来换取人质的自由。在黑胡子的残暴威逼下，市政府不得不满足他的要求。当黑胡子的海盗船队离开查尔斯顿港时，不仅获得棉花、烟草等大量物品，还勒索到 150 万英镑的赎金。

这笔巨额赎金足够他终身享用。于是，他想趁机散伙，把财宝自己独吞。为除掉那些跟他出生入死的同伙，他设下一条毒计，驾驶着"复仇女王"号和另外 2 艘船来到一个孤岛旁故意搁浅，让自己手下登岸去检查修理，他和另外 40 名心腹则趁机乘船迅速离开这座孤岛。两天后，英格兰少校博奈特偶然驾着他的帆船来到这个荒无人烟的小岛，才把这些被黑胡子甩下的海盗全部救了出来。

当时，尽管南卡罗来纳州市政府大多议员都被黑胡子的淫威所吓倒，但有一个人例外——弗吉尼亚州州长亚历山大·施普茨伍德，他决心不惜一切代价除掉黑胡子。而黑胡子这种对自己同伙的绝情无义，也激怒了当时所有活着回来的海盗。他们联系到很多被黑胡子伤害的商人、种植园主一起找到施普茨伍德，决心配合他向黑胡子复仇。

不久，施普茨伍德发布公告，鼓励广大民众帮助政府抓捕黑胡子及其同伙。州政府悬赏：抓到黑胡子本人奖 100 英镑；抓到其他海盗船长奖 40 英镑；抓到他手下干将奖 20 英镑；抓到下级军官奖 15 英镑；抓到普通海盗奖 10 英镑。

施普茨伍德还向英格兰海军求助。皇家海军便派出"珍珠"号和"里姆"号两艘战舰，共装载 60 多名水手和大量武器，前去帮助捉拿黑胡子。海军中尉罗伯特·梅纳德是这两艘战舰的总指挥官。

1718 年秋，施普茨伍德接到密报说，黑胡子的旗舰"冒险者"号停泊在奥克拉库克湾。他立刻派遣那两艘军舰前去抓捕。而此时黑胡子也通过其内线——州长的秘书得到密报。晚上他们先在岸上通宵狂饮，天亮后才回到那艘配备了9门火炮的海盗船上——真可谓"艺高人胆大"啊！

11月17日下午，双方开始交火。梅纳德老远就看见对方海盗船的桅杆顶上悬挂着黑胡子的旗帜——黑色底图上印有一颗血红色的心和白色的骷髅头。

黑胡子的炮手毕竟久经沙场，刚开始战斗他们就准确击中了"里姆"号，船上的士兵伤亡惨重，船长贝克当即阵亡。黑胡子又调转炮口，射向"珍珠"号。双方激战中，只见黑胡子拿着点燃的导火线靠近火炮的导火管，他阴沉着脸喊道："见鬼去吧！"立刻，手中的小火花蹦了起来，沿着导火索向后蔓延。随后，后膛炮在叉形活动炮架上猛地一撞，一颗致命的炮弹就射向了英格兰战船……

海盗船上的火炮队，一发接一发地用后膛炮朝着皇家海军的军舰炮击。英格兰单桅帆船和海盗船一米一米地逐渐靠近，直到两艘船突然接触，船舷碰到了一起。由于奥克拉库克湾地形复杂，到处是浅滩和暗礁，双方的船很快都搁浅了，海战变成了陆战。

这时，海军船上的梅纳德命令所有士兵隐藏起来，只留2个人站在甲板上作为诱饵。黑胡子果然上当，他以为船上所有的人都被炸死了，便带着手下狂吼着爬上"珍珠"号。皇家海军却突然从下面船舱里冲了出来，双方开始了激烈的肉搏战。

血战中，梅纳德最后只剩下了12名活着的士兵。黑胡子以为他马上即可得胜。突然，他发现了梅纳德，拔枪便向其射去。当时黑胡子和梅纳德几乎是同时拔出了手枪，但黑胡子因为喝醉了酒没能打中梅纳德，倒是梅纳德一枪打中了他的肚子。黑胡子一声惨叫，扑过来一下打断了梅纳德的佩剑。一个水兵眼疾手快，连忙上来一刀刺中黑胡子的脖子。黑胡子一边喷着血，一边死死掐住梅纳德的喉咙。其他水兵则一窝蜂地冲上去，连击带打，直到把他打死为止。

黑胡子本来稳操胜券，却鬼使神差地死了。他的死标志着美洲海盗的衰亡，所谓海盗王最后只剩下了罗伯茨一人。

事后，梅纳德和士兵们清理战场时，在黑胡子身上总共发现有25处刀伤和5处枪伤。他命令把黑胡子的头砍下来，将躯体喂了鲨鱼。

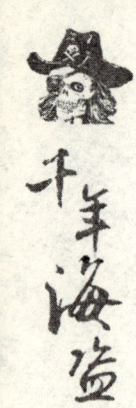

有关黑胡子的头颅，后来流传两种说法。

有人说，黑胡子的头被砍下来后，围绕"冒险者"号游了很多圈，直到永远消失在大海深处。

也有人说，梅纳德把砍下的头作为鉴戒，挂在军舰牙樯上带回弗吉尼亚。1个星期后，黑胡子的头颅被熬煮了，用银箔裹着，做成了酒杯。后来，人们在很多小酒馆里使用它，直到这个镀了银的海盗头在美国东海岸神秘消失。

黑胡子死后，他埋藏的财宝就成了许多人搜寻的目标。由于长期找不到，有人就想从他头上找到他隐藏财宝的线索。

实际上，寻找黑胡子宝藏的行动，从他刚被打死之后就开始了。当时，皇家海军的士兵们搜遍了"冒险者"号上所有可以隐藏财宝的地方。但是他们搜来搜去，只发现了145袋可可豆、11桶葡萄酒、1桶蓝靛和1包棉花，并没找到金银珠宝。

有关黑胡子下落不明的宝藏，开始流传出无数种说法。因为凡是被黑胡子抢掠过的商船船长都知道，他肯定藏了大量财宝。但是它们究竟在哪儿呢？

凡是与黑胡子有关的生活用品和住所，都成了寻宝者搜索的目标。多少年之后，人们终于承认，黑胡子太狡猾了，他没有留下只言片语和任何线索，更别提什么藏宝图了。

不仅如此，黑胡子在死前不久还曾宣称，只有魔鬼和他本人才能找到藏宝的地点。

1997年，在黑胡子海盗船"复仇女王"号沉没了270多年后，美国一个潜水员终于发现了它的踪迹。经考古学家测定，"复仇女王"号残骸位于距北卡罗来纳州海岸200米的所谓"飓风走廊"处。人们期待着能在水下捞出一批财宝——但这只不过是一种愿望而已。

- **"黑色准男爵"巴沙洛缪·罗伯茨**

罗伯茨（1682—1722年），出生于英国威尔士，早年间曾在武装民运船上服务。在当了近20年普通水手后，他加入了戴维斯船长的海盗帮。在一次和葡萄牙人的战斗中戴维斯被打死，水手们一致推举罗伯茨为船长。

罗伯茨喜欢穿华丽的黑色礼服并满身佩戴珠宝，不喝酒而爱喝茶，语言文雅，很是臭美，所以人们送他一个绰号"黑色准男爵"。

1719年7月，罗伯茨指挥"皇家流浪汉"号出发后的第一件事，就是为戴维斯报仇。他夷平了戴维斯遇害的葡萄牙殖民地，然后开始抢掠商船。1720年6月，"皇家流浪汉"号高高悬挂着骷髅旗，闯进特雷巴西港，将150余条船洗劫一空；并从中挑了一条最好的快船，作为他新的旗舰，名叫"皇家幸福"号。

此后，到处都在通缉罗伯茨。到1721年，加勒比海航运完全被他破坏，他们开始转回非洲。这里需要提到的是，罗伯茨除了自身有良好的习惯外，还为他的海盗船队制定了严格的规章制度，并且严厉执行，这也使他在海盗中有着极高的威望。

1722年2月10日晨，英国皇家海军的"皇家燕子"号巡洋舰遭遇"皇家幸福"号。激战中，一块弹片炸开罗伯茨的喉咙，他当场毙命。就这样，海盗史上最后一位有巨大影响的船长巴沙洛缪·罗伯茨结束了自己的生命。

罗伯茨是最早发展并扩大海盗法典的几个海洋枭雄之一。著名的"罗伯茨船规"（或叫海盗"十二诫"）包括以下内容：

(1) 每个船员都有权参与重大问题的决策，大家集体投票决定；只要一抢到新鲜的食物和含酒精的饮料，每个船员都同样有权得到它们。

(2) 每个船员都应当以预先决定的次序被叫到被抢船只的甲板上去，以便他除了自己的一份战利品外还能获得一套新衣服。

(3) 船上的人一律不准用纸牌或色子赌钱。其价值超过1个西班牙银币，就要被放逐或者枪毙。

(4) 灯光和烛光都要在晚上8点钟熄掉。凡是想要继续喝酒的人，都应当在甲板上喝。

(5) 每个船员务必使大炮、手枪和马刀保持清洁和完好无损。

(6) 禁止女人和孩子待在船上。把乔装打扮过的女人带上船来的人、未经女人同意就与她乱搞的人应当被处死。

(7) 擅自离船或离开战斗岗位的人、偷取同伙财物的人、隐瞒秘密或财物的人，要被处以死刑或被抛到一个无人居住的岛上去。（为延长被惩罚

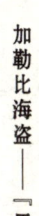

者的痛苦,通常会给他留下一小瓶淡水,这样他就会在喝与不喝的情况下徘徊数天,后来因为缺水受尽几天折磨而死。比较人道的时候,还会留下一件小武器和一发子弹。)

(8)船上禁止打架。所有争吵都应当在有公证人的情况下在岸上用马刀或手枪来解决。杀害同伴的人要和死者绑在一起扔到海里去。

(9)在每个船员尚未收到自己那份1000英镑的基金时,任何人无权离开协会。

(10)在打仗时失去手足或变成残废的人,可以不干活留在船上,并从"公共储蓄金"里领取800块西班牙银币;受轻伤的人得到的钱就少一些。(如:失去右手的受难者,给600西班牙银币或6个奴隶;失去左手或右脚的,给500西班牙银币或5个奴隶;失去左脚的,给400西班牙银币或4个奴隶;失去一只眼睛或一只手指的,给100西班牙银币或1个奴隶。)

(11)船长和航海长在分战利品时要得到2份,炮手、厨师、医生、水手长分1.5份,其他有职人员分1.25份,普通水手分1份。

(12)乐师们每逢星期天都可以休息。而在其余的6天里,他们都应当奏乐供船员们消遣。

违反任何一条规则的人,都会受到严厉的惩罚。

这样的管理模式,保证了海盗很高的办事效率,引起了现代人的莫大好奇。西方著名学者对海盗的管理模式曾展开过研究,最后得出结论:海盗的高效源于他们独特的权力模式。

• "黑山姆"山谬·贝勒米

贝勒米(1689—1717年),18世纪初期活跃于北美洲东岸及加勒比海一带的著名海盗头目,人称"黑山姆"或"海盗王子"。

"黑山姆"一名的由来,是因为贝勒米有着一头黑色的长发,他通常用带子把它扎束成马尾。"海盗王子"一名的由来,则是因为贝勒米的行事作风有别于当时其他海盗,他对俘虏十分宽大与慷慨;甚至在占领船舰后,便将自己的旧船给予俘虏,让他们得以逃生。他的海盗团员们也自称"义贼团"。

贝勒米加入本杰明·霍尼戈的海盗团之后,于1716年通过海盗特有的民主表决形式取代了霍尼戈,而成为新任的海盗头目;随后便四处大肆劫掠，取得了丰硕的战果。1717年，他们成功掠夺英国籍大型贩奴船——"维达"号，并以之作为旗舰，凭借"维达"号的重装武力，成为当时北美洲东岸海域最令人闻风丧胆的海盗之一。

不过，"维达"号不久便于同年4月26日在鳕角近海遭遇暴风雨而触礁沉船。翌日，人们在海滩上只发现9名生还者及一些被冲上岸的尸体、船体残骸、钱币与杂物。头目贝勒米则不知所终，据信已葬身海底，时年仅28岁。

尽管贝勒米掌权的海盗生涯只有1年光景，但他所率领的海盗团竟劫掠了超过50艘以上的船舰，包括当时堪称海盗界的顶级战利品——"维达"号及其满载的珠宝，估计该海盗团犯罪所得的金银珠宝约有9吨之多。

"维达"号的沉船地点于1984年被确认，至今仍在打捞，已找到10万件左右的物品，是史上第一艘有实物佐证的海盗船。

他们同样离奇：该时期另四位欧洲海盗

• "海盗中的达伽马"托马斯·图

托马斯·图成长于下层海盗，最早是武装民运船的船长。1692年，他入股经营70吨的"友谊"号快帆船，并通过贿赂官员得到一张民船委任状，授权他去袭击非洲的一个法国海上贸易站。但船一出港，托马斯就向船员们宣布去东方发财的计划，并获得他们的一致支持。

"友谊"号于是扬帆向东，沿着当年达伽马开辟的航线进入印度洋。结果上天似乎特别偏爱这位新出道的海盗，刚驶到红海海口，就遇到一艘莫卧尔大帝的运宝船，这成了托马斯的第一个猎物。巨大的收获，让仅有8门火炮的"友谊"号开始了它那长达33 000公里的疯狂之旅。1694年4月，当"友谊"号回到罗得岛时，托马斯带回的巨大财富，使他一夜之间成了万众瞩目的人物。而东印度方向也开始成为海盗掠夺的目标。然而，这位海盗中前往东印度开抢掠先河的先驱，却在其第二次东行时死于非命。

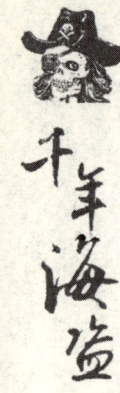

- **"辛格尔顿"的原型亨利·埃夫里**

亨利·埃夫里，1653年生于英国朴茨茅斯，十几岁就上船当了见习水手。成人后，在非洲几内亚湾做奴隶贸易。40岁那年，做了受西班牙雇佣的武装民运船"查尔斯二世"号的大副。1695年春，当他们在加勒比海上漫无目的地搜索法国船只时，传来托马斯·图在东方发财的消息。埃夫里随即发动"政变"，在5月夺取"查尔斯二世"号，并将船改名为"幻想"号，向东进发。当他们行驶到红海海口时，遇到另外5条"志同道合"的海盗船，这些海盗船组成一个船队，这样埃夫里的海盗船队形成了。这时他们拥有由46门大炮装备起来的精良船只，军事力量极为强大。

同年8月，在错过了一队满载货物的商船后，印度莫卧儿王朝最大的船队"冈依沙瓦"便成了埃夫里的目标。这位著名的海盗，在印度洋上演出了一幕以少胜多、以弱胜强的经典之战。仅仅几个小时，"冈依沙瓦"号就被击败。

当时在海盗界有个不成文的规定，一旦"猎物"反抗，就会遭到海盗们残忍的屠杀，以示惩罚。由于"冈依沙瓦"号船号的强烈抵抗，在他们被击败后，海盗们把幸存者杀掉，其中女乘客被强奸，船上的财物一扫而空，海盗们顿时富可敌国。之后埃夫里马上贿赂地方长官，并用钱遣散所有水手，准备"金盆洗手"。

然而，这件事情引起了英国和印度之间剧烈的国际冲突，亨利·埃夫里也成了大英帝国的头号通缉对象。此事更是印度历史上的耻辱。1696年，埃夫里集团终于收手散伙，集团中许多人一踏上英国土地就被挂在了绞架上，只有埃夫里逃脱。后来也没人再见过他，留下的只是他的海盗故事。而他，正是笛福小说《海盗船长》中辛格尔顿的原型。

- **"红发女海盗"卡特琳娜**

任何人都不会忘记《大航海时代2》中的红发女海盗卡特琳娜。有着西班牙"海盗女王"之称的唐·埃斯坦巴·卡特琳娜，18世纪中叶出生于西班牙地中海沿岸，是当时巴塞罗那船王的千金。自幼喜武厌文的性格，让她无法忍受父亲在她18岁时将她送到修道院的决定而逃离家庭。她剪掉自己的长红发，女扮男装，开始流浪生涯。为了活下去，她干过各种职业，在酒吧里当过伙计，在邮局当过邮差，参加过盗贼团，也干过水手。1年后，她在秘鲁报名参加了陆军，并成功隐瞒了自己的身份。但是后来在一次暴乱中，她错手杀死了自己的哥哥，从而走上海盗之路。

在一次海战中，因为船长战死，卡特琳娜被推选为新的船长，到这个时候她才恢复女儿身。此后的岁月中，卡特琳娜用自己的行动证明自己是真正的"海盗女王"。但她也有自己的准则：她从来不曾袭击过一艘西班牙船只，还经常救助那些落难的西班牙商船。在她心中，无时无刻不在思念自己的祖国。

最后，在西班牙和英国的联合围剿下，卡特琳娜的队伍被西班牙舰队击溃。她被带回马德里受审，经过一审就被判处死刑。但国民一致认为她是无罪的。这件事惊动了国王菲利普三世。在他的干预下，法院重新审理此案，最终将卡特琳娜无罪释放。不仅如此，国王还亲自召见了这位"西班牙的英雄"，赏赐给她"大笔的金钱和封地"。卡特琳娜后来一直住在自己的封地，终身未嫁。

- **"利马宝藏"的知情者汤普森**

世界古代海盗史上最大的一笔"买卖"，即所谓的"利马宝藏"案发生在1821年。

当年秋季，当拉美著名民族革命家西蒙·玻利瓦尔指挥的解放军逼近利马时，当地西班牙总督用重金租下了苏格兰人威廉·汤普森的私船"亲爱的玛丽"号，然后用了两天时间才把利马城里所有珍宝都搬到这艘船上，其中包括63所教堂的财产。

其中最具传奇色彩的珍品，是利马大教堂的圣母玛丽亚怀抱圣婴耶稣像。它由纯金制成，点缀着无数宝石，有真人大小，重量超过1吨，是当时锻压工艺的极品。此外，还有价值连城的"安登王冠"、用黄玉装饰的圣人遗骨、273把黄金手柄镶嵌宝石的宝剑、利马教堂圆顶上由成吨的金银条制成的瓦片等。全部黄金饰品重达27·吨，不知道究竟值多少钱，简直无法计数，绝对是个天文数字。

在当地居民的眼里，威廉·汤普森口碑很好，是位值得信赖的船长。西班牙官员、主教大人和教会人士及利马总督也全部上了船。但是，他们看错了人。实际上，汤普森就是海盗出身，而且他曾追随 19 世纪最臭名昭著的大海盗贝尼托·博尼托。

当天晚上，汤普森下令扼死船上所有乘客，并将他们都投进了大海。随后，他与手下把利马宝藏运到了鲜为人知的科科斯岛，并藏匿在其中一个偏僻的山洞中。此后，由于汤普森下落不明，"利马宝藏"的具体地点也成了一个至今无人解开的谜团。

1 从当今一部著名电影说起

《加勒比海盗》(另名《神鬼奇航》)是美国迪斯尼公司出品的3集系列电影,包括《"黑珍珠"号的诅咒》、《聚魂棺》与《世界的尽头》,2003年首集播映。导演戈尔·维宾斯基,主演约翰尼·戴普、奥兰多·布鲁姆、凯拉·奈特莉、尼奥梅·哈里斯、周润发等。影片引起全球轰动,海盗简直成了敢爱敢恨、敢作敢为、有勇有谋、叱咤风云的"海洋英雄"的化身。

加勒比海清澈湛蓝的海水,就像高出地面的海洋,构成了一个充满冒险和神秘色彩的乐园。海盗船长杰克·斯帕罗(该片主角)喜欢惹事而又迷人。但是,随着杰克的仇敌、老谋深算的巴伯萨船长偷走了他的"黑珍珠"号船以后,杰克悠闲洒脱的日子整个地变了样。巴伯萨还攻击了罗亚尔港小镇,绑架了镇长的漂亮女儿伊丽莎白·斯旺。

伊丽莎白儿时的朋友威尔·特纳与杰克一起,勇敢地驾驶着英国舰队里最快的军舰"拦截"号前去救她,并夺回"黑珍珠"号。伊丽莎白的未婚夫——温文尔雅的舰队指挥官诺灵顿又驾驶着"无畏"号军舰在后面一路追赶着他们。

威尔并不知道,巴伯萨和他的海盗们身背着咒语,因此不得不像活死人一样过下去。在月光的照射下,他们就变成了不死骷髅。他们身负的这个诅咒,只有那个一度被掠夺来的宝藏物归原主以后才能被打破。

海盗们以为佩戴着神秘金币的伊丽莎白可以帮助他们解开身上的神秘咒语,并想用她的鲜血来施用巫术。就在千钧一发之际,铁匠威尔和海盗杰克驾驶着军舰赶了上来。在他们身后,还有因被偷走军舰而穷追不舍的皇家军官诺灵顿。

于是,海盗们扯起"骷髅旗",杰克拔出手枪和剑,威尔挥起一把大刀,诺灵顿指挥手下端起长枪,一场壮烈的人鬼大战就此拉开……

影片中令人目不暇接的视觉效果,生动地描绘了无惧的英雄杰克、威尔以及他们与顽强的加勒比海盗之间的激烈战斗场面。

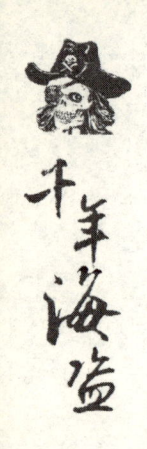

电影当然是夸张的、美化的,而《加勒比海盗》就是一场关于海盗文化的"银幕联欢会"。不过它也有一定的历史基础,那就是曾经在加勒比海、西印度群岛一带横行多时的海盗群。

加勒比海盗是历史上最声名狼藉的海盗,大约崛起于16到18世纪。海盗出现在加勒比海的最主要原因是:当时那里是世界的贸易中心;哥伦布新大陆的发现,开辟了很多对西班牙和葡萄牙有利的贸易。海盗的目标仍然是财富。西班牙在墨西哥有很大的银矿,这些银开采出来后就直接运往西班牙。运载的货船都没有采取保护措施,就直接航行在海盗所熟知的航线上。暴利最大的贸易是糖和甜酒。含糖的植物在欧洲很难生长,所以糖是稀有商品,而当时西方90%的糖都来源于加勒比。在加勒比有很多甘蔗园,西班牙人让非洲人在田里劳作。这种工作很低下而且危险,有很多人死于恶劣的环境,有人甚至起来反抗,现在的海地就是唯一成功摆脱西班牙统治的国家。海地人很快发现甘蔗可以制造酒精,并且价格更便宜,可以让公众也能用得起。海盗也意识到了这一点,就把目标放在装载这些植物和矿藏的船只上。

这个时代出现了很多著名的海盗,如"海上魔王"弗朗西斯·德雷克、"可怕的人"亨利·摩根、基德船长(威廉·基德)、威廉·丹彼尔、"黑胡子"爱德华·蒂奇、"黑色准男爵"巴沙洛缪·罗伯茨、"黑山姆"山谬·贝勒米等。很多影片都介绍了这些海盗,如《加勒比海盗》、《彼得·潘》、《金银岛》等。不过,并不是只有这些海盗在海域上徘徊,这些只是其中最出名的。

海盗们几乎都有一个甚至多个个性鲜明的绰号。他们的绰号不是凭空产生出来的,也不是为了自夸而产生的。当他们中任何一个人的绰号被人家叫得特别起劲时,人家就会注意它,并开始害怕它。这一点在打仗时往往会带来成功:只要某个"商人"一听到那可怕的绰号,他就会不战而降。

"美国海军之父"琼斯生于苏格兰柯库布里郡的柯克宾。因为他加入美国海军时指挥过几次大胆袭击英国沿海的作战行动,在自己的祖国也被认为是海盗。

海盗法典规定女性不能登上甲板,但历史上也有女性海盗的记录。著名的安妮伯妮和玛丽里德,女扮男装,凶狠好斗,1720年她们被判死刑,却都因怀有身孕而获缓。玛丽里德还没生下孩子就病死在狱中,安妮伯妮审判结束后神秘地"人间蒸发"。而最著名的,还是"红发女王"卡特琳娜。

海盗其实就是亡命之徒,干的是杀人越货的勾当,行的是一条铤而走险的不归路,所以,他们不但生命短暂,而且下场通常也很悲惨。"黑胡子"爱德华、"黑色准男爵"罗伯茨、基德船长、"海盗王子"贝勒米、托马斯·图……他们在海上的活跃期平均只有两三年的时间,最后的结局是不得好死。看过《加勒比海盗》第一集的人都有印象,当杰克船长第一次出现时,是他进港的时候,而港口旁边的悬崖上吊着一副副白骨。杰克船长脱帽向他们致敬,因为这些白骨正是他的前辈。

海盗们在被宣判死刑之后,通常都是用的绞刑,死后尸体从绞架上移开,涂上柏油,放在铁笼子里,挂在水道旁或者港口旁示众,任由阳光和风霜的腐蚀与海鸟的啄食。看着腐臭的白骨,使人们心中产生震撼:"你还想当海盗吗?"

2 加勒比海与西印度群岛

一、加勒比海

在北大西洋,有一个以当地原住民印第安人部族命名的大海,它的名字叫"加勒比海",意思是"勇敢者"或是"堂堂正正的人"。

加勒比海是世界上最大的内海,面积约 264 万平方公里。南界南美洲的委内瑞拉、哥伦比亚和巴拿马海岸;西接中美洲的哥斯达黎加、尼加拉瓜、洪都拉斯、危地马拉、伯利兹和墨西哥的尤卡坦半岛;北界大安的列斯群岛(包括古巴、海地、多米尼加、牙买加、波多黎各等)、墨西哥湾;东接小安的列斯群岛(包括安提瓜和巴布达、多米尼加联邦、特立尼达和多巴哥等)、大西洋。由于它处在两个大陆之间,连同墨西哥湾曾被不恰当地称为"美洲的地中海"。海洋学上称中美海。

加勒比海地区一般属热带气候。高温利于浅滩和火山岛基座上繁殖珊瑚虫,因而海区分布着众多的珊瑚礁和珊瑚岛。但因受高山、海流和信

风影响,各地气候有所不同。每年 6 到 9 月,时速达 120 公里的热带风暴(飓风)在北部和墨西哥湾比较常见,南部则极为罕见。

加勒比地区植被一般为热带植物。环绕潟湖和海湾有浓密的红树林,沿海地带有椰树林,各岛普遍生长仙人掌和雨林。珍禽异兽种类繁多。旅游业是加勒比经济中的重要部门,明媚的阳光及旅游区,已使该地区成为世界主要的冬季度假胜地。

加勒比海尤其是南美大陆西北部沿海,受离岸风影响形成上升流,把海中营养物质带到表层,适宜浮游生物和鱼类繁育,成为拉丁美洲重要渔场,盛产金枪鱼、海龟、沙丁鱼、龙虾等。海区南部是石油产地。

加勒比海也是沿岸国最多的大海。在全世界 50 多个海中,沿岸国达两位数的只有地中海和加勒比海。地中海有 17 个沿岸国,而加勒比海却有 20 个。

加勒比海是中美与南、北美洲交通、贸易航线的必经水域。自 1920 年巴拿马运河开通以后,它又成为沟通大西洋和太平洋的重要海上通道,大大促进了沿岸 30 多个国家和地区的经济发展。主要港口有加拉加斯(委内瑞拉)、科隆(巴拿马)、金斯敦(牙买加)、利蒙港(哥斯达黎加)和威廉斯塔德(荷属安的列斯群岛)等。

公元前 1 世纪,阿拉瓦人从今天的委内瑞拉等地上了加勒比海南端的群岛,他们慢慢从南向北占据了大多数岛屿。1500 年后,卡利勃人逐渐将阿拉瓦人驱逐走。当哥伦布来到美洲时,阿拉瓦人居住在大安的列斯群岛和巴哈马群岛,而卡利勃人则占据了小安的列斯群岛。

1492 年,哥伦布首次从巴哈马群岛登上美洲。他们虽然在加勒比海群岛上殖民,但大多数人继续航行到美洲大陆去了。继西班牙人和葡萄牙人之后,英国、荷兰、法国、丹麦等国都在这里建立了殖民地。

16 世纪,加勒比海成为海盗的"天堂",许多海盗甚至是由他们本国国王授权的。加勒比海上的众多小岛为他们提供了良好的躲藏地,而西班牙运送珠宝的舰队是他们的主要攻击对象。

大多数加勒比海岛屿在 20 世纪以后都获得了自己的独立。

二、西印度群岛

西印度群岛是北美洲的岛群,位于大西洋及其属海墨西哥湾、加勒比海之间,北隔佛罗里达海峡与美国佛罗里达半岛相望,东南邻近委内瑞拉北岸,从西端的古巴岛到委内瑞拉北海岸的阿鲁巴岛,呈自西向东突出的弧形,伸延 4700 多公里。面积约 24 万平方公里,由 1200 多个岛屿和暗礁、环礁组成。

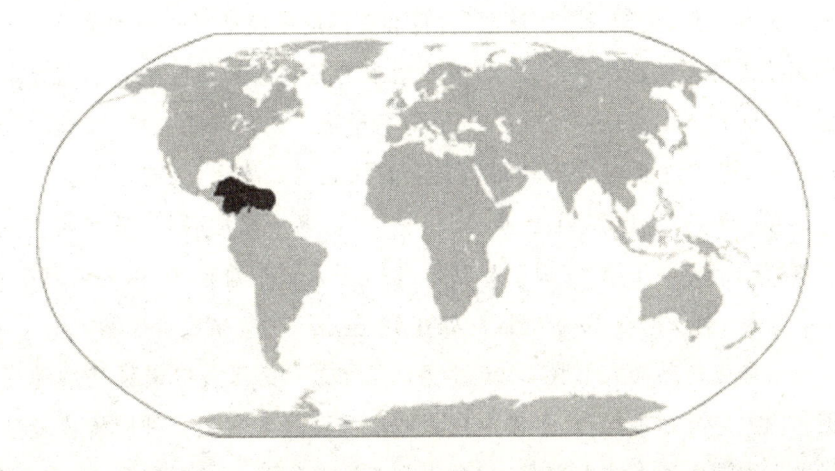

西印度群岛在世界上的位置

1492 年,意大利航海家哥伦布奉命携带西班牙国王致"中国大汗"国书首航,横渡大西洋,于 10 月 12 日登上巴哈马群岛东侧的圣萨尔瓦多岛,他误认为该岛是印度附近的岛屿;后因该群岛位于西半球,故称西印度群岛,并一直沿用至今。

群岛自北向南分为巴哈马和大安的列斯、小安的列斯 3 大组群岛及特立尼达和多巴哥岛共 4 个主要部分。大安的列斯群岛是西印度群岛主体,系北美洲科迪勒拉山系的延伸部分,多属大陆岛,著名岛屿有古巴、海地、牙买加和波多黎各等。小安的列斯群岛主要由弧形排列的背风群岛、向风群岛及南缘的众多小岛组成,岛弧内侧以火山岛为主,外侧小岛多由石灰岩构成,地势低平。特立尼达岛为大陆岛,是南美洲安第斯山脉北段支脉的延续部分,有世界最大的沥青湖(面积约 47 公顷)。多巴哥岛构造上属小安的列斯群岛,由火山岩构成。巴哈马群岛多属在海底石灰岩浅滩上发

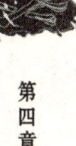

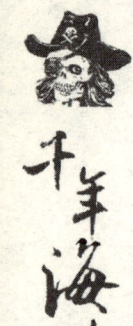

展起来的珊瑚礁岛,计有大小岛屿700多个及众多岩礁,群岛中矿藏资源丰富,主要有铝土、石油、天然气、镍、铁、钴、铬、锰等。

群岛位于北纬10°~27°之间,地处东北信风带,盛行暖湿海洋气团,暖流绕经各岛沿海,各岛向风的北、东北部与背风的南、西南部的气候和自然景观存在着明显差异。除高山外,年平均气温多在25℃~26℃,最热月出现在8月份。

西印度群岛原为土著居民印第安人的故乡。从15世纪末叶开始,相继沦为西班牙、英国、荷兰、法国、丹麦和美国的殖民地。长期的殖民统治,印第安人几乎被赶尽杀绝,从非洲贩运来的黑人成为该区主要的劳动力,黑白混血种人形成新的民族。19世纪初至第二次世界大战前,海地、多米尼加和古巴3个国家先后获得名义上的独立。二战后,又有牙买加、特立尼达和多巴哥、巴巴多斯、巴哈马、格林纳达、多米尼加联邦、圣卢西亚、圣文森特和格林纳丁斯、安提瓜和巴布达、圣基茨和尼维斯10国先后宣布独立。但是,至今仍有10个地区尚处在英、美、法、荷等殖民者控制之下。

西印度群岛共有居民3000多万人,为拉丁美洲人口最稠密的地区。但岛内人口分布不均,且多集中在大城市和避风港附近。种族构成复杂,黑种人和混血种人约占60%,白种人和亚洲人分别占35%和5%左右。在13个独立国中,古巴人口最多,已超千万,多米尼加和海地次之。

殖民主义者长期统治的结果,使西印度群岛各国、各地区经济大都以农业为主,外国农业公司占有大量土地,并雇工种植单一的经济作物。在已独立的国家中,单一经济状况至今仍未得到根本改变,经济畸形发展,人民生活水平低下。如独立最早的国家海地,现仍属世界41个最不发达的国家之一。农作物以种植甘蔗为主,香蕉、咖啡、可可、烟草等次之,粮食不能自给。长期以来,甘蔗种植和蔗糖生产与出口构成各岛国的经济基础,其中古巴是世界人均产糖和出口最多的国家。群岛各国工业不发达,以铝土、石油等采矿业为主,其次有镍、铜、铁等开采与冶炼业,且多为外国资本控制;轻工业中制糖等食品工业较重要。

西印度群岛地处南、北美洲之间,是大西洋经巴拿马运河通太平洋的海上必经之地,交通和战略地位很重要。海、空港众多,海、空联系便捷,主要港口有哈瓦那、圣地亚哥、金斯敦、圣多明各、太子港、圣胡安、西班牙港和威廉斯塔德等。近年来,旅游业有了较大发展,已成为世界著名的旅游、疗养胜地。在一些小的岛国中,旅游业收入已成为重要的经济来源。

　　西印度群岛的一致性和差异性来源于四个因素的结合,一个是地理因素,其他三个是历史因素。地理特点是岛屿性,三个历史主题是殖民主义、甘蔗种植和奴隶制。

第四章　加勒比海盗——「黑珍珠」的诅咒

第五章

古代海盗综述

1 史上五大海盗时期

一、成型期

在真实世界中,海盗几乎与西方文化同时诞生。海盗的历史源远流长,可以说有了海船也就有了海盗。

最早的海盗记录出现在公元前1350年的一块黏土碑文上。在此期间的腓尼基人和其后的迦太基人都是优秀的航海家,其造船术和航海术遥遥领先于地中海其他民族——当然,他们也是当时地中海横行无忌的海盗,打劫商船、掠夺城镇,如腓尼基人特别擅长掠取年轻男女卖做奴隶。所以,在游戏《帝国时代》中,腓尼基有最好的投石战船,他们的弩炮战舰攻击速度比正常快65%;而迦太基喷火船的攻击力则增加了25%。在罗马人征服了迦太基和埃及之后,整个地中海海域就没有别国的船队了;但是,帝国境内海盗活动依然很活跃。即使强大如罗马帝国,也因为初成气候的海盗而大伤脑筋。

而早在此之前,公元前1490年左右,由5艘海船组成的埃及船队向明特国驶去,船上载有士兵,装载的主要货物是用以同明特国百姓进行交换的玻璃制品。明特人把埃及人当作神的使者,他们深信这些人是从天而降。明特国的统治者交纳了贡品,成了埃及女王的臣民。

第勒塞尼亚人和色雷斯人就被认为是海盗。爱琴海北部的利姆诺斯岛长期抵御希腊化的影响,一直作为色雷斯海盗的天堂。公元前1世纪,安纳托利亚沿岸分布着很多海盗城邦,威胁着罗马帝国的统治。

从公元前 5 世纪开始,罗马人就不得不煞费苦心地对付科西嘉和撒丁岛上的海盗。他们由以前的星星点点、单船作案,逐渐演化成规模庞大、频繁骚扰。虽然海盗活动的势头受到了压制,但是威胁仍然存在。他们总是声东击西,在一次次的追逐战中保存甚至壮大自己的实力。散布在亚得里亚海岸的众多小岛,竟然是那些抢劫过往船只的"野蛮民族"的老巢。他们擅长造船,经常骚扰意大利海岸。女王特塔的王国成了一个正宗的"掠夺者的国家",不断给罗马帝国制造麻烦。直至公元前 219 年罗马出兵,才结束了她的统治。

但是,由于受到部分贪图利益的商人影响,海盗活动并没有受到更严厉的打击,反而有了反弹的势头。这样"缠缠绵绵"的战役,双方竟然开展了几百年,历经了几代人的努力。罗马帝国和海盗之间的海上追逐战,最后竟然升级为清剿与反清剿、武装报复与反报复。地中海里的"江洋好汉"们竟成了庞大帝国的第一心腹大患。

在海盗活动日益猖獗的情况下,罗马帝国终于忍无可忍,由庞培将军率木质战船 5000 艘、士兵 12 万出征地中海,采用"地毯式搜索,拉网排查,逐个清算"的办法,终于摧毁了海盗的老窝,使地中海暂时恢复了一段时期的平静。

如果说这个时候的海盗们都还只是些打劫商船、杀人放火的小角色,还无法和国家的舰队相抗衡,没有成为统治者们的心腹大患的话,那么只是因为他们的时代还没有到来。而且,海洋的霸主——维京人此刻还在斯堪的纳维亚的森林里追逐野鹿。几百年之后,他们将"追逐"整个欧洲。

二、海洋霸主维京人

维京人生活在 1000 多年前的北欧,即今天的挪威、丹麦和瑞典一带。当时欧洲人更多地将之称为 Northman,即北方来客。"维京"是他们的自称。在北欧的语言中,这个词语包含着两重意思:首先是旅行,然后是掠夺。他们远航的足迹遍及整个欧洲,南临红海,西到北美,东至巴格达。公元 10 世纪,当他们第一次在当地贫民和优雅的绅士面前出现的时候,就是以海盗的身份抢劫掠夺。

贫瘠寒冷的北欧山峦,造就了意志坚强、崇拜力量的男人。维京人是

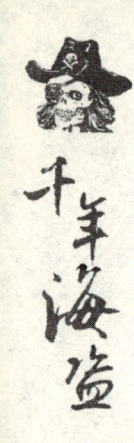

强悍的战士，他们分布极广，每一个细小单位的人数很少，于是就得依靠周密的策划与出其不意的突袭。在战斗中，他们又表现得异乎寻常的狂热，悍不畏死，于是人们谈维京海盗色变。

维京海盗在战斗中赤裸上身，发出粗野的吼声，忘情地享受战斗的酣畅，享受杀戮带来的"乐趣"。愤怒使维京海盗显得强大而骇人，这种战士被称为 Berserker，即"狂暴战士"。一般情况下，维京战士在近距离拼杀中，死伤的几率基本为零。没有人知道为什么，这种原始的战斗会激发出这么惊人的人类本性，狂战士的故事被代代相传。

公元 789 年，一伙维京海盗洗劫了多赛特郡，从此英格兰就受到不断的骚扰。当地人与强盗们英勇地战斗过，但更多的时候，他们选择缴纳赎金，这称为 Danegeld（今天丹麦的赋税就叫 Danegeld），希望让灾星快快离去。但钱不是总可以解决问题的，海盗有好几支，这个大王离去，另一个头领又翩翩登场。在防守薄弱的地区，维京海盗很是猖獗。

强盗的斧头毕竟无法和上帝的力量相抗衡。维京人征服欧洲，无情地将欧洲大地踩在脚下，在长达几个世纪的时间里，一直在海上扮演着猎杀者的高傲姿态，"追逐"着整个西方世界。可是，基督教却慢慢地侵蚀了他们的灵魂，改变了他们的信仰，他们融入了曾经被自己征服的文化——征服者变成了被征服者。这样，海盗们被沉入了海洋的最深处，等待着在未来被鲜血和烈火唤醒。阴郁的中世纪随后笼罩了欧洲大地，这就注定了无法出现像维京人那样勇敢的海盗——虽然这个时候，北非的柏柏尔海盗在地中海横行无忌，但是他们很快又被历史的海浪卷了下去。

正是因为历史上维京人如此深刻地影响了欧洲大陆，所以与北欧海盗或者北欧神话相关的游戏很多——维京武士、北欧海盗、维京战船、北欧天神奥丁……这些人物或者物品频频出现在各种各样的游戏里。

三、黄金时代

历史的宏大篇章，一下子就从公元 10 世纪翻到了 15 世纪。随着新航路的开辟，航海贸易业热了起来。新大陆的发现、殖民地的扩张和残酷的竞争，全球战事不断，令世界各地游曳着各种各样满载黄金和其他货物的船只。各国的利益竞争和对殖民地的野心，提供了海盗活动最大的温床。

海面上有些销声匿迹的海盗又开始活动了,他们看到载满金银的"宝船",眼里流露出贪婪的目光。一番攻击过后,海盗们站在自己掠夺到的成堆的宝物面前,脸上的笑容都因为巨大的兴奋而达到扭曲的程度。敌国的财富和一夜暴富的传奇,点燃了人们体内不安分的热血。许多生活不下去的贫民和生意惨淡的佣兵都加入了非法抢夺的队伍,来到无边无际的大海上释放着自己的激情,追逐着自己的梦想。

随着"私掠许可证"的出现,杀人放火、沉船越货的海盗活动甚至开始"合法化"了。私掠许可证听起来有点强盗逻辑,例如:能通过合法或外交手段来获得对他损失的补偿,反而能得到一封荷兰政府授权的私掠许可证,这样的许可证允许他可以俘获德国商船来弥补损失。

这种透露着强盗逻辑的私掠许可证,首先是由土耳其帝国颁发的,引诱着海盗们纷纷加入土耳其国籍。一时间,土耳其的浪荡佣兵和一些穿着破烂的海盗,成为帝国各个港口里一条特别的风景线。看到土耳其品尝到了好处,其他国家纷纷效仿,依次是荷兰、英国和法国。

各国政府使用这些许可证作为国家工具来加强海军,可以使本国在不增加预算的情况下,凭空多出一支能够攻击敌国商船的海上力量。海上新霸主英国就是靠着一群海盗起家的。难怪有人曾戏说:全英国就是一大群海盗,伊丽莎白就是最大的海盗头子。她甚至为了把海盗们拉到自己旗下,不但授予著名海盗头目爵位,还允许他们与英国贵族通婚。

据统计,伊丽莎白女王统治时期,英国从海上劫掠的财物总价值不少于 1200 万英镑,它们成为英国资本原始积累的重要来源。

在这个自由与荣誉共重、炮声随海风齐飘的海盗黄金岁月,一批著名的海盗头子纷纷涌现出来,基德船长、"黑胡子"爱德华·蒂奇、"黑色准男爵"罗伯茨等,都成了海盗史上的传奇经典。

在 17 世纪到 18 世纪的欧洲战场,私掠船(也被叫做武装民运船,实际上就是"官营海盗"船)是海军的重要辅助力量。这样政府既省下了造船费,又保存了正规海军的实力。在 1701 年到 1704 年的西班牙继位战争中,当时因为担心法国通过操纵西班牙继承人而使两国合并,英国等国和法国开战。战争中英国损失了 3250 艘商船,而法国损失了 3434 艘商船,其中很大一部分都要"归功"于私掠船。武装民运船船员虽然并不是真正

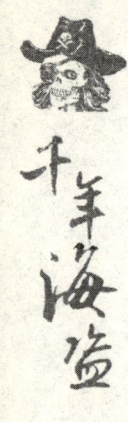

的海盗，但若攻击自己国家的商船或是友邦同盟国的船只，他们也会被捕。

在英国和西班牙战争期间，英国的民间武装船队最初只是劫掠西班牙的商船，到了后来，胆子越来越大，已经开始骚扰沿海地区的城市了。1713年英西战争结束后，英国人取得了海上霸权，官方的海盗行为显得不必要了。当政府宣布停止时，却没有人能够听从，因为很多民间私掠者已经习惯了海盗生涯，战争结束就意味着"失业"。水手们与其无所事事，倒不如重拾自己的老本行。与私掠劫者所不同的是，他们变成了真正无拘无束的海盗。

当时，美洲的加勒比海、西太平洋、印度洋都是海盗经常出没的地方，这些地方也是殖民者的主要航运路线，海盗们就是瞄准从殖民地归国的"宝船"。当然，所谓"宝船"并不是说装的都是金银珠宝。实际上，海盗们抢掠过的东西绝大部分是货物，钱财还是其次。但只要把货物再转手卖出，便能稳赚一笔。货物不但包括动物皮毛、烟草、棉花、胡椒、糖酒等，最有利润的还是非洲奴隶。海盗们把掠劫到的货物带回自己据点，再通过另一途径转卖。加勒比海群岛中的斯普罗维登斯岛、非洲大陆东南海面上的马达加斯加岛等，都是著名的海盗窝点。

这个时期海盗使用的武器，主要是短火枪和水手弯刀。短火枪携带和使用都非常方便，是海盗的最爱；水手弯刀比一般的刀剑略短，刀身呈弧状，利于近战劈砍，是海盗们的主要武器。除此之外，他们还配有利于狭小空间作战的匕首、登船时用来砍断索具和网的登船斧、较短但射程远威力大的火枪，以及集打鱼、防身、攻击三位于一体的超级武器"鱼叉"……

海盗船上则装备了大炮，可以发射单颗大铁球，也可以同时发射多颗小炮弹，另外还可以发射专门用来对付敌人桅杆的铁链弹——用长铁链连接的两颗大铁球。

在殖民地，海盗们用便宜的玩物换取玻璃串珠、镜子、华丽织物，甚至于用酒精、火药、枪支来换取贵重金属、香料、值钱的原料、动物和人。如不能以物换人，他们就用暴力掠夺对方。

在沿海掠夺的同时，海盗们对遇难的船只决不心慈手软，大肆抢劫。他们在危险地区改换航标，点起假航标，有时领航员故意按假的航海指南引导船只，自然就会有船只在距海岸不远的地方搁浅。如果有船在岸边遇难，海盗们就会毫无同情心地杀死幸存者，然后从容不迫地、不受任何干扰地劫掠猎物。

随着最后一位主角罗伯茨的退场，"30 年海盗黄金时代"也在历史舞台上缓缓降下它的帷幕。

在海盗退出历史舞台之后，寰球"大航海时代"开始走向末期。商会势力逐渐取代原来的海盗集团，开始在历史上扮演另一种重要角色。新兴的资本主义国家——荷兰、英国、法国、俄国、德国等成为新一代海上霸主。在大陆的东方，随着葡萄牙敲开日本国门，日本的对外政策尤其是对中国也开始起了明显变化。曾经倭寇的出现，将中日这两个东方国家也牵扯到海上势力竞争之中。然而，当资本主义开始在世界范围内大行其道的时候，"大航海时代"已经结束，而历史也翻开了新的一页！

直到美国独立战争（1775—1783 年）爆发，曾经的加勒比海私掠船还加入美国海军，袭击英国沿海及商船。也有一些海盗参与作战行动，俘获和击沉一些舰只，而成为美利坚的英雄。

19 世纪初期，美国海军不再需要私掠船的协助。而蒸汽轮船的发明，让海盗更容易被捕获。到 1850 年时，便只剩下了极少数的海盗。1856 年时，欧洲大多数海洋国家签署了"巴黎宣言"，一致认为私掠船行动为非法。

四、走向没落

随着西方大工业革命时代的来临，各国海军实力有了跨越性的发展，他们加强了对殖民地的统治，而海岸巡逻更加严密。特别是新兴国家——美国因为收不到海上税款而对这些江洋大盗们进行重力打击。1800 年初，刚独立的美国人就与"巴巴利（北非回教地域）海盗"打了一场海上大战。他们宁愿花大钱打仗，也不愿给海盗们一分一毫。海盗于是变成了"过街老鼠，人人喊打"，生存空间越来越小，再也没有了往日的辉煌。

这个时期的英国维多利亚女王，早已忘记了曾经是谁帮助"日不落帝国"奠定了雄厚的经济基础，也早已忘记了是谁在帝国弱小、动荡的年代鞍前马后地为她效命。当英明的女王感觉到再也不需要这些肮脏的家伙充当自己的垫脚石时，便下达了严厉的格杀令，并且把"海盗"这个词的定义扩展为："在海上或者沿海港口拥有大量来路不明的财产"的人。于是，好

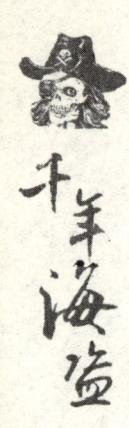

多金盆洗手的海盗，或者曾经和海盗有些联系的人，都被送上了绞首架。当然，那些真正生活在海上的亡命之徒，每年更会有大量的人被军队从海上抓回来，在英国上流社会的贵族旁观下，被送上断头台，结束自己枭雄的一生。

从18世纪末到19世纪初的相当长一段时间里，海盗几乎销声匿迹。也是直到19世纪，国际社会才感到有必要把禁止海盗活动作为一项基本法则列入国际法中，不过这一法规在19世纪并未制定出来。1907年，海牙公约向全世界宣告海盗为非法。1927年，专家们拟定了禁止和消灭海盗活动的草案，并在国际联盟讨论过，但未成文。

五、"幽灵船"重现

然而，海盗并未从此绝迹。1981年夏天，一艘"幽灵船"在加勒比海的巴哈马群岛附近被发现，它挂着满帆航行，不回答任何讯号，侧舷上布满弹洞，甲板上到处是血迹。经查，这艘名叫"卡利亚3"号的帆船，两天前曾发出求救电报，说受到4艘无标志快艇的攻击。这一切显示着：海盗们又死灰复燃了！同时，更快的船、更具威力的武器，都使海盗们变成了更难琢磨、更有危害性的暴徒……

此后，在马六甲海峡、印度尼西亚附近、孟加拉湾、尼日利亚沿海、几内亚湾……海盗的阴魂再次出现，幽灵船不断穿梭，杀人越货，甚至愈演愈烈。据国际海事组织（IMO）公报，2005年海盗活动较往年尤为猖獗。此年上半年，全球范围的海盗案件呈上升趋势。仅第一季度，全世界就发生了68起海盗袭击事件。

尤其是2008年下半年以来的索马里—亚丁湾海盗，更是极端猖獗，令人发指。

此外，在古代欧洲，海盗是个重要的社会角色，有人斥之为祸害，有人视之为豪杰。然而到了今天，有一点可以肯定的是，海盗已经不是人们想象中举着骷髅旗、戴着黑眼罩、手持长刀的样子。海盗也有现代武器和电脑设备，而且"生意"范围在不断扩大，不仅从事劫船掠货等犯罪活动，还参与或者主导走私、贩卖人口等勾当，对海运和贸易造成的威胁日益增强。

由于全世界90%的贸易靠海运，如此猖獗的海盗活动，对世界贸易构成了极其严峻的挑战,使世界经济每年损失达数百亿美元。而且,海盗活动对资源和生态的破坏更为让人担心。由于海盗活动的海域多半是海运枢纽地带,有很多运油船穿行,海盗的抢掠活动随时可能演变成大型海难,造成非常严重的污染与生态破坏……

或许人们不禁要问:为什么现代海盗竟然能这样无法无天?他们比过去的"前辈"究竟厉害在哪里?他们的抢掠生涯和组织方式是什么样的?他们究竟在哪里为非作歹?世界各国难道没有对付他们的高招吗?要回答这些问题,就不能不对整个世界海盗历史有一番全面认识与透视。

2 史上七大臭名昭著的海盗岛

一、Tortuga

位于海地北海岸,属于多岩石的岛屿,是历史上非常著名的海盗基地。1630年左右,由于劫持西班牙商船而被法国政府驱赶的海盗就定居于此。在影片《加勒比海盗1:黑珍珠号的诅咒》中,Tortuga岛就是海盗首领杰克和威尔最先赶赴的岛屿。

1667年之前,没有一位Tortuga岛的总督想到过要改善一下海盗们的生活。但是就在这年,贝特朗·德奥热隆解决了海盗生活的一个重大问题——妇女问题。并不能说,Tortuga岛上根本没有女人,但是海盗经常会觉得女人不够用,所以在海盗根据地上和平与安定成了急需解决的问题。于是,德奥热隆租了一艘专用船,把一批法国女人运到Tortuga岛上,共有150人。这些女人大部分是从法国城市的妓馆里征召过来的,有些人甚至是从监狱里放出来的。但是,海盗们对此一点也不计较。他们自己也是脚底抹油只想逃跑的那种人,因此,他们中的每个人都弄到了一个"妻子"——不过是用钱买来的。德奥热隆定下了每个女人的价钱,以便抵补把她们运到Tortuga岛上来的费用。

二、Port Royal（皇家港口群岛）

位于牙买加，是 16 世纪一个非常重要的航海港口。当时的英国政府鼓励海盗定居在此，并袭击过往的法国和西班牙商船。在 1692 年 6 月那次非常严重的地震使海水淹没岛屿上的城镇之前，这里都被称为"海盗乐园"。在今弗吉尼亚的航海博物馆中，对此次地震有着比较详细的记录，当时的人们认为这是"上帝的惩罚"。

在《加勒比海盗 3》中，杰克船长成功地离开毛利人的岛屿后，遵循着 terage 的指示来到这里，并在这里找到了一位名叫 dalama 的吉卜赛女人。

三、Nassau（拿骚）

位于巴哈马群岛中北部的新普罗维登斯岛北岸，距美国迈阿密城只有 290 公里。这里曾经是一个非常破烂不堪的小镇，甚至连真正的房子都没有。但是 Nassau 却见证了历史上海盗的"黄金时期"。新普罗维登斯岛建立了海盗共和国，首府 Nassau 则成了海盗行动的中心。作为当时加勒比海域最强大的海盗集团，这里出现了历史上很多非常有名的海盗首领，如 Calico Jack、Rackham、Anne Bonny 和"黑胡子"。一直到 1725 年英国政府特派伍德·罗杰斯来此剿匪，这里的海盗团伙才慢慢消失。所以 Nassau 岛的格言为"消灭海盗——振兴经济"。今天的 Nassau 是巴哈马国首都。

四、Cayman Islands（英属开曼群岛）

由佛罗里达半岛迈阿密以南 500 余公里的 3 个加勒比海岛屿组成，包括大开曼岛、小开曼岛和开曼布拉克岛。它于 1503 年被哥伦布发现。由于它正好位于墨西哥和古巴航线的中间，可以作为海盗中途停留休息的地方，所以经常被海盗用作基地。1722 年左右，托马斯·安斯蒂斯海盗船航行到大开曼岛附近的时候，被英国海军发现，海盗船遭到沉重的打击，死伤了很多船员。

五、Virgin Gorda（英属维京果岛）

它是 1493 年由哥伦布在寻找新大陆的第二次旅途中发现的。岛的得名是因为，哥伦布认为，从海上看过来，它就像一个躺着的、有着突出腹部的女人。该岛有锯齿状的海岸线，为海盗提供了非常安全的停泊地点，包括历史上非常有名的海盗"黑胡子"和基德船长均在这里停泊过。

六、St. Kitts（圣基茨岛）

根据安格斯所著的《海盗的历史》，17世纪末，法国政府在一些海盗团伙的帮助下，以"基德船长"的名义袭击了此岛。基德船长生于英国，受雇于法国。当他偷了法国军队的一艘船并将船开到尼维斯岛的时候，他很快就成了英国的英雄。但是，最后他还是因为曾作为海盗而被指控，并在泰晤士河边被实施了绞刑。

七、Guadeloupe（法属瓜德罗普岛）

位于小安的列斯群岛中部。根据《海盗共和国》的作者科林·伍德的描述，著名的"黑胡子"海盗曾在1717年11月28日逃离该岛，同时还偷走了一艘法国的运糖船。

这些有着众多小岛和避风港的西印度群岛，成了当年海盗船只最佳的藏身处。许多海盗船在冬天时沿着加勒比海沿岸打劫，然后在美国东北部海域停泊度过夏天。1632年时，马萨诸塞州第一位州长（当时称为殖民地总督）温斯罗普还曾组织海上侦缉队去追捕新英格兰的第一个海盗Dixie Bull。

3 骷髅旗："快乐的罗杰"

在各个时代、各个国家，船只都在桅杆上挂各种不同的、标明他们的国别或其他属性的标志——小旗、三角旗、大旗、军旗。

海盗在这方面也不例外。他们在各个时代里都在自己船桅上举行升旗仪式，各种各样的旗都有。他们并没有规定这些旗有很严格的功能，因此也无法对它们作明确分类。人们无法十分准确地说出，加勒比海的海盗在自己的桅杆上挂些什么旗，而地中海的海盗挂的又是什么旗。凡是想断

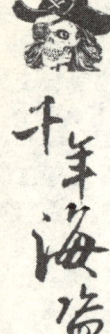

定哪些海盗升哪些旗的人，必定会彻底失望的。

通常认为，所谓的"快乐的罗杰"——即画着骷髅头和骨架的旗——是加勒比海的海盗或中世纪后期在其他海域行动的海盗们的"商行"旗。但是，最新的科学著作对这一个好像已被完全证实的事实提出了质疑。现在，从古代文献资料出发，已经确定，早在西里西亚海盗为了吓唬敌人时，就在自己船桅上升起画着骷髅头和骨架的旗——死亡的象征符号。看来，曾不止一次被讴歌过的"快乐的罗杰"有着多么深远的渊源。

骷髅旗

但是，这一符号并非是各个时代、各个民族的海盗们的唯一标记。例如，罗马海盗很乐意用墨丘利神的权杖来装饰自己的船帆。在那个时代的多神教象征符号中，这是一根缠绕着两条蛇的权杖。权杖是罗马贸易神墨丘利的标志物，它还会保佑机灵鬼、骗子和贼。因此，罗马海盗并不是无缘无故地把墨丘利选为自己的庇护神的。不过，他们在这样做的同时，也没有忘记其他神明——用作海盗图标的，还有雅典娜的猫头鹰、宙斯的鹰、狄安娜的鹿。

到11世纪时，丹麦海盗用绣品来装饰自己的旗，绣的图案是一只展开翅膀和张着喙的黑乌鸦。征服者威廉的旗舰"莫拉"号的桅杆上有画着十字架的纹章，而艉柱上则有吹号角的天使形象。

诺曼人的旗上（指战船）画的一般都是龙，商船上用的图案则是羊羔。在这两种船上，旗都是从右面安在船首的。

最著名的海盗象征标记，当属所谓的"快乐的罗杰"——海盗们在攻击敌船前升到自己桅杆上去的画着骷髅头和骨架的黑旗。这面旗的历史又长又复杂，其中有许多模糊之处，大致可归纳如下。

历史学家们断言，画在红色大幅布上的裹着缠头的白色骷髅头，起源于16世纪著名的瓦尔瓦里海盗巴巴罗萨二世。这种旗正是在他的船上开始升起来的。

至于说到较晚一些的时代，那么英国的武装民运船按照国王的命令，从 1694 年起，在打接舷战之前，除了国旗外，务必还要在自己桅杆上升一面红色旗。它似乎是在警告被攻击者：要是进行反抗，那就得不到宽恕。

然而，随着时间推移，红色的海盗旗开始越来越频繁地让位于黑色的海盗旗——"快乐的罗杰"。这一名称的出处没有人能弄得清楚。

有人认为，它出现于 17 世纪末至 18 世纪初时，并且不是别的什么东西，而正是法国海盗所使用的法国用语"Joli Ronge"的洋泾浜说法。

第二种推测是，这一名称源自于东方海域，并表示封号"Ali Raja（阿里·拉贾）"，即"大海之王"。英国人把这两个词读成"Olly Roger"（奥里·罗杰）。

还有另一种解释是，这一说法源自于单词"roger"——乞讨的流浪汉。英国 1725 年出版的词典里有一个词组"Old Roger（老罗杰）"，意思是魔鬼。

正如后人所见到的那样，一开始，海盗们升的或是红色旗，或是黑色旗，旗上均无图案。有人认为，骷髅头和骨架作为海盗的专用标志，是于 1700 年出现在法国海盗伊曼纽尔·韦的旗上的。除了骷髅骨头，旗上还画了一只计时的沙漏。它同样也有明确的意义：向被攻击者暗示，在沙漏里的沙漏光时，他们还有时间考虑一下自己的处境，并作出投降的决定。

还有一种旗，上面画的是一具骷髅，它的一只手里握着沙漏，另一只手里则握着一颗还在滴血的被镖矛击穿的心。

有证据说，一些海盗使用画着黑色骷髅头和骨架的白色旗，图案下面还有一句题词："为了上帝和自由。"

海盗们还会经常升起两面旗：先升骷髅旗"快乐的罗杰"，然后升红色旗。第一面旗似乎是邀请对方自愿投降。要是邀请被拒绝，那么海盗船的桅杆上就会飘扬起一面猩红色旗。它证明敌人将得不到宽恕。

但是，从上述的一切中，到底该得出什么结论呢？毫无疑问，只有一个：无论海盗们在自己的船上升什么旗——黑色旗、白色旗或红色旗，它们始终都是同一种死亡之旗。

[俄]鲍里斯·沃罗比耶夫．死神旗下．学林出版社，2001

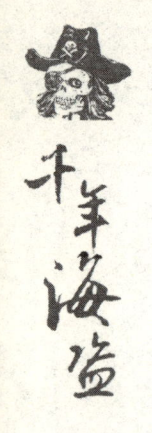

4 亡命大洋，自尝苦果

这是一群简单的人，他们选择了简单的生活，然后简单地活着。

在好莱坞大片里，"黄金时代"的海盗们往往被描述成英雄般伟大，生活也很潇洒和浪漫。但真相并不是这样，冒险还是时时地地存在，干海盗的常常是半只脚踏在棺材里，工作如惊涛骇浪一样，生命也很短暂。常年在外航海，最可怕的不是剿灭海盗的军舰，而是飓风和疾病，特别是疾病。长年飘流海上，缺乏淡水，也很少能吃到蔬菜和水果，每天都要和发霉的面粉、吃腻的咸肉、在太阳下曝晒数星期之久的陈啤酒、蒸馏提取的白兰地打交道，坏血病流行，医疗条件无法保障，生活是极其恶劣的。由于长期缺少维生素，他们的牙齿、头发早早脱落，身腰佝偻，显得既丑陋又苍老。他们也没有那么缠绵、多情、慷慨，而是非常冷酷、残忍。

海盗们最喜欢的酒是朗姆酒。据说，此酒一能消毒伤口，二能驱寒，三能壮胆、忘却忧伤。

还有就是由白兰地、茶、柠檬汁与各种香料调制而成的奇怪混合饮品。据说，加入柠檬主要是为了避免坏血病与佝偻病。还有钉着铁钉的木菠萝、芒果、香蕉与苹果。钉上铁钉，是为了在水果里加入铁质来防止贫血。非常时期的配菜——海鸟、猫、狗、老鼠与臭虫，而在饥饿把海盗们逼到生死存亡的时刻，传说有的海盗船上曾经吃过人肉。

朗姆酒

像所有铤而走险的人一样，海盗们过一天算一天，不惜一切寻欢作乐，今朝有酒今朝醉。信奉这一条生活原则的，不仅仅是普通海盗，而且还有他们的头头。因此，使大家团结在一起的只是一件应办的事：快一点把抢来的钱吃光喝光，然后再去寻找新的猎物。

在 Tortuga 也好，以及后来在牙买加也好——在他们的京都巴斯特尔和罗伊雅尔港——每天都是一派狂欢的景象。海盗们身穿华服，手戴贵重的嵌宝戒指，成群结队地在马路上闲逛，决不错过任何一家小酒馆和任何一个娱乐场所。整笔整笔的财产都会在大吃大喝中花掉，因为那里端上来的酒都是最好的，而饭菜都是用金银餐具端上来的。要是开始赌博，那就会一连赌上几天几夜，谁也数不清有多少金币或皮具从一些人的钱包转移到另一些人的钱包里去了。

海盗在紧张的生活之余，懒得去详细讨论海盗法典的细则，一般来说法典都会显得比较简单。但是，海盗兵也有自己的一套去限制他们至高无上的船长，以防止他将个人利益置于全船利益之上……

在海盗船上，船长并不像皇帝那样至高无上，每个人都可以闯进他的房间，咒骂他、调戏他；甚至拿走他的一些食物和水。大家在很多海盗电影中经常可以看到，因为某些事情，船员集中起来，向船长发出挑战等有趣的画面。

海盗也是水手，当他们艰难地用尽全力勉强在甲板上拖拉很粗的缆绳，或者把胸脯压在绞盘棒上，把锚拉上来时，就诞生了被称之为水手号子的独特的歌曲，它们在 17 世纪的船队里得到了特别快的发展。因为当时出现了大帆船，船上配备着一整套大帆和几只相当沉重的锚。这些锚是用竖式绞盘拉上来的，绞盘头部插着专用的杠棒——绞盘棒，甲板前部的船员边兜圈子边推自己面前的绞盘棒。在这种时候，助他们一臂之力的正是有着各种不同名称的水手号子：起锚号子、绞车号子、竖式绞盘号子。它们有自己独特的节奏，这种节奏会给在绞盘上干活的水手们指出，什么时候该多用一点力，而什么时候则刚好相反——要松一点劲。

下面就是这样一种号子：

> 拉缆索吧！真吓人呀！
> 长长的缆绳！你真没用！
> 棒小伙子们！抓住绳头！
> 肉——撕烂啦！上衣——破啦！
> 背上布满伤疤！真糟糕！
> 辫子是棕红色的！

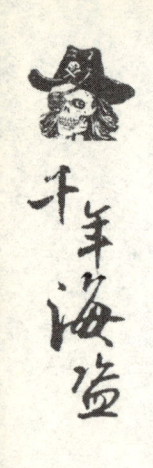

背再低一点!

快动手吧,平民百姓!

跳板正在等着你们!

老老少少一起上呀!无一例外!

拉吧!拉紧!叫得应天响吧!

不难看出,这首水手号子是典型的劳动歌曲,就像著名的俄罗斯"船夫曲"一样粗犷奔放。

正如在任何人的生活中一样,在海盗的生活中,生命的乐趣是以最出人意料的方式,包括痛苦、死亡交织在一起的。经常受强烈欲望(通常是一些卑鄙的欲望)控制的海盗们,即使不说每小时,那也是每天都在扮演着为自己所干的事和所犯的罪而受惩罚的角色。如果有过失的人没有招来死刑,那么他们有时也会遭受以死亡而告终的肉刑。

鞭打、上镣铐、吊在桅杆上、"侧放"——就是这种刑罚。

在海盗船长约翰·菲利普斯的船员们于1723年签署的那份协议书中,有一条就是:"假如有人亮出武器,在舱里用无盖的烟斗抽烟,或拿着无插座的点亮的蜡烛,那么他就要按'摩西法规'在光背上挨40缺1下多尾皮鞭的抽打。"

要想知道"40缺1下鞭打"是怎么一回事,就需要明白,惩罚是用所谓的"九尾猫皮鞭"来执行的。这种皮鞭从古希腊罗马的大桡船时代起就已臭名昭彰,在19世纪初的舰队上也保留着这种皮鞭。它是手柄上装了9根皮条的鞭子。因此,每用这种鞭子抽一下,就会在受罚者的背上留下9条血痕。被打"40缺1下"后,这人就皮开肉绽、疼痛哀号了。

给有过失的人戴上镣铐是较轻的惩罚。尽管他要戴着镣铐,只靠面包和水在黑洞洞的牢房里一连待上几星期,但是他不会受到别的体罚,只会受到一点惊吓,且体重减轻几公斤。

吊桅杆的惩罚是把绳子捆在受罚者腋下,并把他吊到主桅顶上。不管天气和海面上的情况如何,他都得在上面吊一夜。

但是,最残酷的刑罚(这里不把死刑算在内)是所谓的"侧放",也就是把人放在船的龙骨下拖行。这种惩罚在古希腊罗马时代是否有,后人不得而知,但证实存在这种惩罚的文件最早出现在13世纪,人们在那时的"汉萨同盟"的一份指令中找到了这样一段话:"凡是说下流话、赌博、滥用自己的武器或在值班时睡觉的人,都应该被放在龙骨下拖行。"

"侧放"时,就像吊上桅杆时一样,要用绳子捆住受罚者,把他放在船下面,从船的一侧拖到另一侧,再从另一侧拖回来。受罚者需要有强壮的身体素质,才能挺得住"侧放"的全过程而又不呛水。施用这种刑罚时,绳子把被惩罚者绞住的情况经常发生⋯⋯

水手和海盗们所面临的来自四面八方的危险,早在远古时代就迫使他们想出某种似乎能使航海者免遭打击命运的奇异记号,即一种有艺术趣味的誓愿——也就是文身,因为它的原始功能就是要吓退恶鬼和敌人。后来它才变成一种装饰。

海上流浪者们身上的文身图案非常丰富多彩。但是,表现得最多的,按照水手的说法,还是那些能帮助他们安然无恙地回家的有关日常生活的标志。

很流行的一种文身是,在肩上或胸脯上刺上爱人的名字,旁边再加刺一个带耶稣受难像的十字架。据说,拥有这种记号的人可以免遭各种各样的灾难。另一种文身图案是爱人置身于帆船和灯塔之间的画面。

这两种情况(用爱人的名字和她的肖像作文身)表达同一种意思:有这种文身的水手应当是一定能回到故居的。因为,据说女人具有一种能加快船的航速,并使它回到故乡海岸的本领;女人的画像也象征着成功和顺风。这大概就是中国人所说的"归心似箭"吧!

海盗们所喜爱的文身图案,还有被视为爱情之花的玫瑰,以及象征着至死不渝爱情的两颗快要被火焰吞没的交叉在一起的心。有一点虽说很奇怪,但却是事实:当海盗们在进行袭击和血洗时,既不会怜惜女人,也不会可怜孩子,却非常喜欢突出他们对女士的"温柔"态度。在上面提到过的约翰·菲利普斯的那份协议书的最后一条中,人们可以读到一段非常著名的记载:"假如我们遇到一个可敬的女人,而又有一个人在未经她许可的情况下就追求她,那他将被当场处死。"

文身的图案中,还有会使水手的敌人们感到害怕的蛇,以及刺在身体各个部位上的十字架。他们把这些被认为是针对鲨鱼的咒语刻在身上,据说,要是有这种文身的人掉到了海里,鲨鱼是不敢去攻击他的。

但是,海盗的生命迟早(往往是很早)会消亡。他可能会因临阵怯战或

开小差而被吊挂在桅杆上,可能会在冲锋时溺死或在打接舷战时倒下。假如海盗被浪头卷走,那就一了百了,其他船员无须忙碌;假如他是在船上牺牲或死掉的,船员们就会急于替他操办葬礼。的确是急急忙忙地办丧事的,因为按海上的常识,死人久搁在船上,就预示着它的船员们将要倒霉。因此,他们毫不耽搁地把死人缝进帆里,在他的两只脚上系上重物(往往是炮弹),把尸体放在一块搁在船舷上的木板上,读过祈祷词后,就把死者从板上放到水里。正如常言所说,死得既无十字架,又无桂冠。

关于这一点,在一首名为《水手的坟墓》的古老的水手号子中是这样唱的:

后甲板上发出了命令:
"全都到操帆索旁去!操帆停泊!"
降下的半旗不再飘扬,
有个人夭折了。
照水手中形成的习惯,
尸体被裹进帆里,
再用绳子捆紧一点,
然后就把他推到船外去。
海面上既没有十字架,
也没有一朵花。
水手的坟墓上方,
只有波浪,只有霞光。

后　记

首先要感谢祝敏小姐，"海盗"这个选题最初是她给我的建议。

其次，在本书具体的写作过程中，我从各个渠道搜集了许多文献资料，一些注明了出处，一些没有；又找到了许多老照片与相关图片，因为时间仓促，来不及一一与各位取得联系，在此向提供这些内容的人们表示感谢。如您觉得我应该向您支付些什么，就请尽管同我联系吧。我的联系方式：gxlzc@vip.sina.com。

第三是感谢重庆出版集团的各位编辑以及北京旌歌时代科技发展有限公司的李媛，感谢所有为此书制作、宣传、发行作过贡献的机构与人们。

第四是感谢广大读者的支持和厚爱。

本书若有什么错误与不足，敬请大家批评指正，我将表示感谢并乐意接受。

李子迟

2009 年 3 月